트랜스 컬처를 향하여

문학·철학·영화·회화·건축·연극·미디어아트·문화기획

허 정 아 지음

연세대학교 출판부

항상 새로운 세계에 대한 도전정신을 가르쳐주신

아버지께!

'트랜스'로 가는 길

전 세계적으로 초학제간 연구 또는 간학문이 유행하고 있다. 한국에서도 몇 년 전부터 거의 모든 학문 분야에서 이에 대한 필요성을 인식하며 많은 논의를 해오고 있다. 근대로부터 세분화되고 전문화된 서구의 학문이 이제는 자신과 다른 영역의 지식을 필요로 하고 있다. 20세기 후반부터 가장 두드러진 현상 중 하나가 바로 예술이나 학문 분야에 있어서 경계가 허물어졌다는 것이다. 특히 후기구조주의나 해체주의가 등장하면서부터 이러한 현상은 전 세계적으로 확산되었다. 푸코, 들뢰즈, 데리다 등은 모두 문학텍스트나 영화, 회화에서 자양분을 얻는 동시에 그 분야들에 영향을 끼쳤다. 해체라는 것 자체가 자신의 테두리나 중심으로부터 벗어나 다른 각도에서 재조명하는 것으로부터 출발한다.

한국에서는 특히 문화분야에서 이러한 초학제적 또는 초분야적 융합의 필요성을 절감하고 있는 듯하다. 아직은 그 융합의 정도가 아주 만족스럽지는 않다하더라도 향후 미래의 사회가 이러한 융합을 필요로 한다는 것에는 모두가 공감하고 있다.

그런데 나는 이러한 초학제적 융합이 단순히 이질적인 것들의 결합이 아니라 트랜스(trans)의 개념을 가져야 한다고 생각한다. 젠더(gender)의 개념을 빌어 설명하자면, 여성이 남성적인 것을 받아들이거나 남성이 여성적인 것을 받아들이는 차원이 아니라

아예 트랜스 젠더의 수술을 받아야 한다고 생각한다.

나의 전공은 프랑스 문학, 더 정확하게는 프랑스 현대시이다. 석사와 박사 학위를 모두 현대시로 받았다. 그런데 학위를 받은 후 쓴 대부분의 글들은 문학 이외의 것들이다. 그렇다고 해서 문학과 무관한 것도 아니었다. 그것은 문학을 바탕으로 한 여러 다른 영역들과의 접목이었다. 문학과 철학, 문학과 영화, 건축과 철학, 철학과 회화, 예술과 매체, 미디어아트, 한국영화 등의 접목이었다. 그리고 이제는 문화기획에 열정을 쏟고 있다. 처음부터 뚜렷한 방향을 가진 것은 아니었던 것 같다. 그 때 그 때 나의 관심이 어디로 향하고 있는지에 따라 글을 썼다. 최근 얼마 전까지만 해도 나는 왜 이런 여정을 밟아왔는지에 대해 깊이 생각해보지 않았다. 그런데 갑자기 지금 내가 열정을 쏟고 있는 일이 내가 이제까지 밟아온 여정과 무관하지 않다는 것을 깨닫게 되었다. 그리고 이제 알 수 있다. 이제까지의 과정들이 바로 '트랜스'를 향한 여정이었다는 것을. 프랑시스 퐁주로부터 데리다, 푸코, 들뢰즈, 레네, 로브 그리예, 장 누벨, 츄미, 보드리야르, 백남준, 자크 시반, 베르나르 에섹, 엔리코 카사그란데, 그들과의 만남은 트랜스로 향하는 과정이었다. 이것이 바로 내가 용기를 내어 이 책을 엮게 된 이유이자 목적이다.

나의 출발점은 문학, 프랑시스 퐁주였다. 그는 단순히 내게 프랑스 현대시가 무엇인지를 알게 한 학문적 연구대상이 아니었다. 그는 내가 지금 하고 있는 활동들에서 실현시키려고 하는 트랜스의 개념을 일깨워준 첫 단추였다. 내가 프랑스 문학을 하려고 한 것은 많은 다른 사람들처럼 프랑스 문학에 대한 동경 때문이었다. 당연히 석사와 박사 역시 낭만적이고 좀 더 프랑스적인 작가에게 바치고 싶었다. 그런데 우연인지 필연인지 나는 프랑시스 퐁주를 선택하게 되었다. 그리고 상당한 기간 동안 그를 프랑스적이지도 않고 나의 감수성에도 어울리지 않는 문학인이라고 생각했다. 그런데 그게 아니었다. 그는 내가 가진 나의 울타리로부터 벗어나 문학이 진정 무엇이어야 하는지를 또는 예술이 인생에서 어떤 역할을 해야 하는지, 나아가서는 우리의 일상에서의 문화를 어떻게 받아들이고 어떻게 생각해야하는지를 자성토록 한 사람이었다.

퐁주의 작품 세계가 내게 가르쳐준 가장 중요한 것은 '과정'이다. 퐁주는 하나의 사물에 대해 짧게는 30분에서 길게는 20년을 넘도록 글을 썼다. 그는 하나의 사물에 바쳐지는 시 한 편을 완성해나가는 과정 자체를 작품화 한다. 그런데 그 과정은 단순한 글쓰기의 과정이 아니라 우리 인생의 과정 자체이기도 하다. 글을 써나가는 과정이 바로 우리의 일상적 삶의 과정이다. 그는 사물에 바치는 글쓰기 과정 자체에 만족했고 바로 그 과정이 엄청난 가치를 가진다는 것을 깨달은 유일한 시인인 것 같다. 이처럼 과정 자체를 작품화하는 것은 문학사에 있어서 획기적인 사건이었다. 그 누구도 과정 자체를 작품의 모티브로 삼지는 않았다. 이는 어떻게 보면 문학의 절대적 기준을 바꾸는 일이었다. 그리고 그러한 전환은 동시대 다른 예술이나 철학에 많은 영향을 끼쳤다. 내가 그를 통해 배운 이 과정의 중요성은 내가 트랜스 컬처를 향해 나가는 계기를 마련해준 것이었다. 우리는 우리의 인생에서 얼마나 많은 과정들을 놓치고 있는가. 내가 문화기획을 하면서 절실하게 깨달은 사실이 바로 결과로서의 최종작품이 아니라 과정 자체가 기획이고 과정을 작품화하는 것이 바로 새로운 문화 트랜드라는 것이다.

해체주의 사상에서 서구의 이분법적인 논리를 해체하기 위하여 모든 것의 중심을 없애야 한다고 한 주장이 바로 프랑시스 퐁주가 사물을 통해서 실현해내려고 하였던 글쓰기의 핵심이었다. 데리다가 퐁주에게 관심을 가진 것은 당연한 일이다. 퐁주와 해체주의가 경계하고 무너뜨리려고 한 것은 결국 이제까지 아무런 자성 없이 믿어왔던 절대적 가치들이었다. 후기구조주의 및 해체주의가 예술과 학문의 장르들 간의 벽을 허물고자 한 것 역시 당연한 귀결이었다. 문학이 19세기까지 신비롭게 쌓아올렸던 이상을 일상으로까지 끌어내리고 모든 이데올로기를 움직이는 중심을 해체한 것은 단순히 문학이나 학문에 국한된 것이 아니었다. 인류 역사의 패러다임이 바뀌면서 빚어지는 현상들 중의 하나였다. 이러한 현상은 문화에도 많은 영향을 미쳤다. 20세기 후반에 들어서면서 문화의 시대적 패러다임이 고급문화 중심에서 일반 대중문화 중심으로 바뀌게 된 것은 문화적 현상에 국한된 것이 아니라 이 같은 여러 영역에서의 패러다임의 변화를 단적으로 반영해주는 것이라고 할 수 있다. 문화가 20세기 후반부에 시대를 주도하는 중요한 요소로 부상하는 시점이 해체주의와 맞물리는 것은 결코 우연이 아닐 것이다.

〈경계를 넘어〉는 '자기반영성'을 중심으로 한 글들로서 다소 학술적인 성격을 띤다. 문학, 회화, 영화, 건축이 철학과 맺고 있는 관계를 조명하는 것이기 때문에 철학적 논조를 배제하지 못하고 있다. 특히 프랑스의 후기구조주의자들은 자신의 문체를 중요하게 내세운다. 망설임 끝에 일반화시키는 작업을 하지 못한 채 이 글들을 싣는 것에 대해 부끄러움을 감출 수 없다. 하지만 마음 한편으로는 꼼꼼하게 인내심을 가지고 글들을 따라가다 보면 여과되지 않은 철학의 정신만은 건져 올릴 수 있지 않을까라는 기대를 해본다. 적어도 나의 경우는 골치 아프고 어려운 이런 철학적 사색 속에서 트랜스 컬처에 대한 기본 마인드가 길러졌다고 말할 수 있다. 독자들의 너그러운 양해를 바란다.

다소 철학적이고 학문적인 데리다, 푸코, 들뢰즈와 같은 후기구조주의자들에 대한 글을 싣는 것은 그들에 대한 연구가 분명 나를 트랜스 컬처로 향하게 한 원동력이 되었기 때문이다. 그들이 문학이나 영화, 사회학, 회화와 접목된 철학에서 끊임없이 해체시키려고 했던 것이 서구가 2천년을 넘게 믿어왔던 진리를 파기시켰고, 그 해체는 20세기 후반 문화의 중요한 패러다임을 형성하는데 결정적인 역할을 하였다. 프랑스의 후기구조주의자들의 영역 간의 접목들은 문화예술 전반에 있어서 서구 중심, 엘리트 중심 또는 고급문화 중심으로부터 벗어나 이질적인 것을 받아들이고 다양성을 수용하는 문화로의 움직임에 커다란 영향을 끼쳤던 것이다.

돌이켜보면 문화를 바라보는 나의 시각을 형성시켜준 것은 이처럼 문학과 철학을 기반으로 한 다른 영역과의 접목들에서 비롯된다. 그러나 문학과 철학에 대한 나의 관심 역시 언제나 각 영역들의 경계였던 것 같다. 나의 퐁주에 대한 관심은 전통적으로 생각하는 시인이라기보다는 오히려 시인이기를 거부하는 점에 초점이 맞추어졌고, 현대소설에 관한 글 역시 소설이 안고 있는 위기의식에 대한 관심이었으며, 후기구조주의자들에 대한 관심 역시 그들의 전통적 철학사상보다는 그들이 전통으로부터 벗어나기 위해 취했던 다른 분야와의 융합에 대한 관심이었다. 이후 나의 관심이 문학 이외의 매체나 연극, 영화로 이어졌던 것은 아마도 이러한 전초에서 비롯된 것이 아닐까. 이러한 나의 관심을 〈하이브리드 미학 속으로〉라는 제목으로 묶어보았다. 여기에는 문학이 문자매체 이외의 다른 매체를 수용하는 아방가르드적 시도들에 대한 글과 오늘날 예술의 큰 특징을 이루는 장르들 간의 혼합, 그리고 그에 따른 매체들의 혼성을 회화와 연극, 영화와 비디오아트를 통하여 살펴본 글들을 실었다.

〈트랜스 컬처의 현장에서〉는 주로 프랑스와 영국에서의 활동들에 대한 글들이다. 우연한 기회에 프랑스에서 한국 영화에 대한 강의 제안을 받아 한 학기동안 영화학과 학생들에게 한국 영화를 가르칠 기회가 있었다. 〈한국형 블록버스터〉는 강의를 하며 느꼈던 한국영화의 쟁점을 중심으로 프랑스의 학술지에 실었던 글이다. 그리고 〈대학과 문화〉는 문화기획자로서의 많은 경험을 쌓게 해주었던 '서울-신촌아트페스티벌'에 관한 글로서 프랑스의 문화예술경영학과 학생들을 대상으로 한 특강의 내용을 바탕으로 한 것이다. 이와 함께 〈프랑스에서의 한국영화〉는 '한국 영화의 국제적 수용'이라는 주제로 열렸던 2005년 부산국제영화제 10주년 기념 국제학술대회에서 발표한 글이다. 〈샤머니즘과 미디어아트〉는 영국에서 개최되었던 세미나에서 발표한 것이다. 영국과의 인연은 로이 에스콧과의 만남으로부터 시작되었다. 그는 현재 다양한 영역들의 사람들과 그야말로 장르와 영역의 '트랜스'를 실천하고 있는 아티스트이자 학자이다. 프랑스와 영국과의 교류에서 나는 자연스럽게 나의 근본으로부터 출발하지 않을 수 없었다. 이제 나는 문화의 현장에서 나의 근본을 생각하고 있는 중이다.

책을 내며 감사드리고 싶은 분들이 있다. 우선 이런 잡다한 글들을 감히 책으로 엮을 용기와 자신감을 준 남편에게 감사한다. 멀리 미국에서 응원해준 아들에게도 사랑과 고마움을 보내고 싶다. 그리고 이 책이 나오기까지 한결같이 자료 정리와 모든 일들을 체계있게 도와준 김나현 연구원에게도 깊은 고마움을 전한다.

2006. 10.
신촌의 디지털문화경영연구소에서
허정아

차 례

제 3 부 하이브리드 미학 속으로

제 4 부 트랜스 컬처의 현장에서

제 1 부

문턱에서

1. 사물이 말하다
2. 문학이 자신을 돌아보다

예술의 여러 장르 중 문학은 유독 외로운 장르인 것 같다. 문학 작품은 고립된 상황에서 개인적이고 독립적인 형태로 대중과 만난다. 그럼에도 불구하고 문학이 다른 예술에 비해 영향력을 가지는 것은 개인적 감수성을 통하여 우리의 일상 깊은 곳과 관계하기 때문이다. 낭만주의, 상징주의를 비롯하여 다다이즘이나 초현실주의와 같은 20세기 아방가르드 문학은 회화나 건축 등 다른 분야에 대해 선도적인 역할을 해왔다. 어떤 의미에서 문학은 20세기 후반 예술의 여러 장르들의 융합에 초석을 마련했다고 할 수 있다. 오늘날 테크놀로지의 힘으로 실현되고 있는 많은 콘텐츠들은 사실 오래전부터 문학에서 꿈꾸고 상상했던 것들이 아닌가. 그리스·로마 신화로부터 중세의 여러 문학들 그리고 공상과학소설들에서 오늘날 실현되고 있는 테크놀로지의 전신들을 쉽게 찾아볼 수 있다. 『아라비안나이트』의 '열려라, 참깨'는 자동문의 전신이었고, 『걸리버 여행기』에 나오는 여러 에피소드들은 오늘날 컴퓨터 세계를 정확하게 예견하고 있으며, 그밖에도 많은 문학작품들에서 이러한 예들을 찾아낼 수 있다. 문학은 단순히 작가 개인의 감수성이나 자신만의 세계를 토로하는 것이 아닌 인간 정신세계의 모험이다. 문학은 모든 것의 출발점이 될 수 있다.

여기서는 문학의 모든 것을 다루지는 않을 것이다. 그럴 수도 없을 것이다. 단지 구체적인 몇몇 예들을 통하여 20세기의 문학이 어떻게 변화되었고, 그 변화가 20세기 문화의 패러다임과 어떤 관계를 맺고 있는지를 보여줄 수 있을 뿐이다. 하나의 작은 사물을 통하여 거대한 우주의 한 부분을 볼 수 있는 것처럼.

프랑시스 퐁주 Francis Ponge는 하나의 사물을 통하여 거대한 우주를 보려고 했던 20세기 프랑스의 한 시인이다. 그는 한 알의 작은 모래에서 거대한 우주의 신비를 볼 수 있다고 말했다. 퐁주는 한평생을 사물에 대한 글쓰기에 바친 시인이다. 그는 전통적인 문학으로부터 현대로의 전환점을 이루는 작가라고 할 수 있다. 인간 중심주의로부터 벗어나 대상 속으로 들어가서 시인이 부여한 말로 대상이 말을 하게 했던 것이다. 그리고 저 높은 곳의 이상만을 바라보던 시를 우리의 가까운 일상으로 방향 전환시킨 전위적인 사상가라고 할 수 있다. 그러한 그의 사상 아닌 사상은 1960년대와 1970년대의 문화적 패러다임을 바꾸는데 밑거름이 되었다.

두 번째 글에서는 문학의 위기를 말하며 문학의 죽음 또는 종이문학의 종말을 논했던 20세기 말, 한 세기를 관통했던 소설을 되돌아보는 계기를 가져보았다. 20세기 소설을 관통한 쟁점들을 통하여 어쩌면 문학이 죽음을 향한 것이 아니라, 또 다른 변신을 위한 자기 성찰의 기회를 가졌던 것은 아니었는지를 확인해 볼 수 있을 것이다.

1

사물이 말하다

사물의 시인 프랑시스 퐁주

프랑시스 퐁주는 20세기 프랑스 문학사에서 독특한 위치를 차지하는 시인이다. 그는 1921년에 『무통 블랑』을 통해 등단하였고 1942년에 20여 년 간의 글들을 모아 『사물의 편』을 출간하였다. 『사물의 편』은 표현 그대로 사물을 대상으로 하여 사물의 편에 서서 글쓰기를 한다는 것이다. 빵이나 새우, 굴 등과 같이 일상생활의 양식을 소재로 하거나 자갈이나 풀밭, 비처럼 우리 주변의 일상적 사물을 통하여 시적 사유를 펼친다. 이러한 그의 글은 아주 쉬운 듯하면서도 다른 한편으로는 쉽게 파악할 수 없는 깊이를 가지고 있다. 단순성과 난해성을 함께 가지고 있는 그의 텍스트들은 초등학교 교과서에 실리기도 하지만 대학 수험생들에게는 가장 정복하기 힘든 시인 중의 하나로, 또 비평가들에게는 쉽게 평가내리기 힘든 시인으로 손꼽히고 있다.

사물을 글쓰기의 대상으로 삼는 퐁주의 시학은 우선 서정적인 시나 형이상학적 시와는 상치된다. 지금 이곳의 일상과 절대적

이상 사이의 괴리를 다루며 고뇌했던 19세기의 낭만주의나 상징주의 시들과는 달리 그는 일상 속의 사물의 편에 서서 글쓰기하기를 고집한다. 시보다는 대상의 편에 서서 그 대상에 합당한 표현과 시학을 구사하는 객관적 글을 선택한다는 것인데, 이처럼 대상의 편에 선 객관적 글쓰기가 『사물의 편』의 시학을 대변한다고 할 수 있다.

그러나 퐁주가 불문학사에서 독특한 위치를 차지하게 된 것은 단지 시적 소재의 혁신을 위하여 사물을 글쓰기 했기 때문만은 아니다. 그가 사물을 소재로 택한 최초의 유일한 시인은 아닐 것이다. 퐁주 외에도 사물을 소재로 하여 글쓰기를 한 시인들이 많겠지만, 퐁주가 그 자신만의 특유한 사물의 시학을 펴고 있다면, 그것은 그가 왜 사물을 택하였으며, 그 사물을 어떻게 글쓰기 하였는가, 또는 그 글쓰기가 시 또는 문학 자체에 대한 개념을 어떻게 바꾸어 놓았는가와 관련되기 때문이라고 볼 수 있다.

사물에 절대적 권리를 부여하며 펼쳐진 퐁주의 독특한 시학세계는 역사적 배경과 무관하지 않다. 1921년에 등단하여 1942년 『사물의 편』을 출간하기까지, 다시 말해 퐁주가 그의 작품세계의 기초를 다진 시기는 역사적 변혁의 시기였다. 인류 사상 최대의 시련이라 할 수 있는 1차 대전과 2차 대전으로 인하여, 모든 가치체계와 이데올로기가 붕괴되었고, 이 같은 재앙이 다름 아닌 인간들 자신이 초래한 것임에 대한 자성이 일고 있었던 시기였다. 이와 함께 인문과학 분야에서는 인간중심주의로부터 벗어나고자 하는 움직임이 그 싹을 틔우고 있었다. 퐁주의 사물의 선택에는 이러한 역사적 현실이 자리하고 있다. 퐁주는 인간이 모든 사유의 중심이 되어 왔던 세계관으로부터 탈피하고자 사물에게로 눈을 돌림으로써, 이제까지 인간의 감정이나 사상을 표현하기 위한 도구나 대상으로서의 역할에 국한되었던 사물이 비록 말을 하지는 못하지만 인간과 어깨를 나란히 할 수 있는 터전을 마련하였다. 1942년 레지스탕스 시절에 쓴 「나는 선동자이다」라는 미발표 텍스트에서 퐁주는 사물과 인간을 같은 선상에 놓고, "약한 자들, 예를 들어 자갈, 노동자, 새우, 나무 등걸, 즉 무의식의 세계나 말하지 않는 모든 것"에 대한 연민의 정을 피력한다. 이와 함께 "강한 자들을 끌어 내리는 것보다는 약한 자들을 찬양하는 것에 더 흥미를 느낀다"고 하며, 사물에 대한 연민의 정에 있어서 그의 미학적 견해가 정치적 견해와도 연관이 있음을 시사한다.

전후의 역사적 배경과 관련된 퐁주의 사물의 선택은 다른 한편으로는 당시의 문학사조와는 조금 다른 경향을 보이며 미래를 준비하는 작업이었다. 1차 대전 후 문단에서는 영감을 통한 무의식의 잠재적 언어를 일깨워 내려는 '자동기술'을 기치로 한 초현실주의가 상당한 반향을 불러일으키고 있었다. 그리고 2차 대전 후에는 폐허 위의 인간적 삶을 가능하게 해줄 수 있는 새로운 휴머니즘을 내세우며, 문학 속에서 철학적 성찰과 정치적 참여를 실현시키려는 실존주의 문학이 전 세계적으로 유행을 일으키고 있었다. 그런데 퐁주는 이러한 커다란 문학사조가 일고 있을 무렵, 그 어디에도 동조하지 않으며 독자적으로 사물에 대한 집요한 글쓰기를 해나가고 있었다. 이 같은 그의 글은 1960년대

텔켈 Tel Quel 그룹의 구조주의 활동들과 그 맥을 같이 하는 것이었다.

텔켈그룹을 말할 때 퐁주는 빼놓을 수 없는 중요한 인물이다. 이 그룹은 초현실주의와 실존주의가 그 빛을 바래어 가고, 누보로망이 문학의 새로운 지평을 열고 있을 무렵, 1960년 필립 솔레르스를 필두로 하여 구조주의의 좌익파 젊은이들이 형성한 그룹이다. 이들이 내세운 문학의 새로운 좌표는 '있는 그대로 tel quel'의 문학이었다. 그들은 창간호의 선언문에서 "가장 단순한 사물들이 여태 말해지지 않았음"을 상기시키며, 그 사물들과의 관계를 나타내는 글쓰기를 통하여 우리의 관념이 배제된, 있는 그대로의 세상을 보여주어야 함을 주장한다. 이러한 그들의 주창에는 "나는 세상을 원하고, 그 세상을 있는 그대로 원한다"라는 니체의 사상이 뒷받침하고 있다. 이와 함께 사물에 역점을 두고 있는 퐁주의 글쓰기 역시 그들의 정신적 지주가 되었다. 퐁주는 그들의 청에 의하여 첫 호에 「무화과」를 싣고, 1974년에 정치적 이유로 결별하기까지 꾸준히 글을 싣는다.

텔켈그룹과의 인연 외에도 퐁주는 오랫동안 사물의 시인으로서 20세기의 문학과 비평의 커다란 흐름들의 중심부에 자리하게 된다. 그러나 퐁주 자신은 자신에게 그 어떠한 명칭도 붙여지기를 거부한다. 그것은 그의 글쓰기가 편협한 일방적 해석을 하기에는 너무 다양하고 복합적인 특색을 지녔거나 아니면 반대로 너무 단순한, 예를 들면 우리의 삶의 단면 같은 것을 말하고 있기 때문일지도 모른다. 1940년대 사르트르는 『사물의 편』에 대하여 사회현상학적 관점에서 명석한 분석을 하였지만 결국은 퐁주의 시에 나타나는 언어의 역할을 최소화시켰고, 1960년대 구조주의자들은 언어에만 치중한 나머지 모든 시발점과 귀착점을 언어에 국한시켰다. 이러한 관점들은 퐁주가 기호의 세계와 똑같이 외적 현실세계도 인정하고 존중하였음을 간과한 것이라고 볼 수 있다.

사물의 편

퐁주의 대표작 『사물의 편』에 실린 대부분의 텍스트들은 이후 다른 텍스트들과는 달리 짧고 간결하게 완성된 형태를 갖추고 있다. 그것은 『사물의 편』이 생활비를 벌기 위하여 자신의 문학 수업과는 거리가 먼 아쉐트사의 판매직으로 일하고 있을 당시에 씌어졌기 때문이다. 그는 후일 「사파트에 대한 서문」(1950)에서 당시의 고된 일과에 대하여 '노역'으로 표현하기도 하는데, 직장생활의 힘든 일상 속에서 자구책으로 매일 밤 잠자리에 들기 전 삼십분 간의 짧은 '글쓰기 연습'을 자신에게 부과한다. 이러한 퐁주 작업 환경은 그의 작품 개념을 이해하는데 도움을 준다. 시적 작업이란 위대한 사상의 심오한 숙성과정을 거침으로써만이 탄생하는 것이 아니라, 책상 위에서 하는 일종의 노동과 다를 바 없는 일상생활의 일부였던 것이다. 몸을 의자 등받이에 비스듬히 누위고 두 발은 책상 위에 올려놓은 채, 그는 자신의 주변에 존재하고 있는 사물들에게로 눈을 낮추어 그것들을 바라본다. 양초, 오렌지, 문, 자갈, 빵, 물 컵……. 프랑스문학사에 커다란 한 획을 긋도록 해준 그의 『사물의 편』은 이렇게 씌어졌다. 이후로도 퐁주의 일생을 통하여 사물은 그에게 글을 쓰게 해주는 동기이자 열쇠가 되었으며, 인생의 동반자가 되었다. 사물은 그에게 글을 쓰도록 하고, 그는 그 사물을 글쓰기하고, 그렇게 그는 그의 삶을 살았다. 송림, 나무, 자갈, 책상과 같은 사물들은 그의 습관적인 사고나 행동양태까지도 바꾸게 하여 새로운 형태의 사랑을 일깨워 주었다. 어떤 의미에서 그것은 새로운 정신의 탄생을 가능케 한 것이었다. 퐁주의 유작 『테이블』에서 '테이블'은 글쓰기를 가능하게 해주는 사물의 역할을 대변한다. 『테이블』에서는 사물이 퐁주를 위로하고 글을 주도해나가며 언제나 기댈 수 있는 어머니와 같은 존재로 작용한다.

이렇듯 눈앞의 일상적 사물을 응시하며 그 사물의 편에 서서 씌어진 글쓰기는 형이상학적 심각성과는 거리가 먼 것이었다. 퐁주는 시를 사상의 도구로 삼는 형이상학적, 존재론적 글이나 이데올로기적 글을 '혐오'한다. 그에게 있어 시란 심오하고 위대한 사상의 메마른 우물에 헛되이 두레박질을 하다가 현실과 이상 사이의 괴리로 인한 '존재론적 자살'에 이르는 것이 아니어야 함을 여러 텍스트들에서 역설한다. 이러한 맥락에서 그는 헤겔과 쇼펜하우어보다 라퐁텐느를 선호한다고 서슴없이 공표한다.

사물의 위상

퐁주에게 있어서 사물은 단순히 시를 만들어내기 위한 구실이나 대상이 아니다. 사물에 대한 글쓰기에서 퐁주는 "절대로 사물들을 조종하려 들지 말 것. 사물과 시는 양립될 수 없다"라고 단언한다. 그리고 시보다는 사물의 편에 서서 "대상의 가장 큰 권리, 즉 모든 시에 대항할 수 있는 절대 불가침의 권리"를 인정하는 것이 그의 시학임을 밝힌다. 사물은 그만의 절대적인 권리를 가지고 있으므로 인간이 그 권리에 대해 어떤 권리를 행사한다는 것은 부조리하다는 것이다. 사물은 시적인 표현을 위하여 희생될 수 있는 것이 아니며 희생되어서도 안 된다고 주장한다. 시를 만들어내기 위한 것이라기보다는 사물을 이해하기 위한 것이 퐁주의 글쓰기의 선택이다. 그의 글은 인간위주의 사고방식으로부터 벗어나 새로운 시각으로 사물을 인식하는 과정들을 보여주며, 이와 함께 우리에게 이제까지 당연하게 받아들여졌던 모든 것을 다시 처음으로 되돌려 시작하게 한다. 사물을 바라보는 시선이나 말하는 방식, 글쓰는 행위, 글자들, 글자들의 생김새 등에 관심을 가지며 사물이나 언어, 글을 이제까지와는 다른 새로운 관점에서 출발시키고 있다. 특히 사물에 대한 접근 방법에 있어서는 그 출발부터가 특별하다. 그는 『풀밭의 제작』에서 사물에 대한 글쓰기를 사유하면서, "하나의 풀밭이 있다. 그러나 그것은 너무 먼 거리에 있다. 어떻게 그곳에 있지 않은 채로 가질 수 있을 것인가. 요컨대 어떻게 존재하지 않고서 소유할 수 있을 것인가"라고 하며, 어떻게 사물에 대한 글쓰기를 해나갈 것인지를 사유한다. 그리고 그에 대한 해결책으로 모든 지식과 관념을 떨쳐버리고 처음부터 다시 시작해야함을 강조한다. 그는 사물에 대한 기존의 선입견을 떠나 '백지상태 table rase'

에서 출발한다. 마치 처음 그 사물을 바라보는 것처럼 가장 단순한 시각에서 출발하여 기본적인 정의로써 사물을 묘사하는 것이다. 오늘날처럼 과학이나 지식이 발달하고 분화된 시대에 있어서 그 모든 지식을 습득하기란 몇 생을 거쳐도 불가능한 일일 것이다. 퐁주는 이렇게 말한다. "가장 간단한 방법은 풀밭에 드러누워 모든 것을 처음부터 다시 시작하는 거야"라고.

사물과 말

사물은 글쓰기 이전의 외부 세계의 현실적 실재로서 존재하는 것이다. 이러한 사물의 특성은 우선 침묵한다는 것과 글쓰기의 주체와는 무관하게 절대적 권리를 가지고 있다는 것이다. 바로 이러한 사실 때문에 사물이 일단 표현이라는 문제에 부딪히면 문제는 달라진다. 절대적 침묵으로 우리들 눈앞에 명확하고 분명하게 존재하는 사물은 바로 그 명확성 때문에 오히려 불투명한 두께와 무게를 가지고 짓누르며, 표현을 불가능하게 만드는 것이다. 퐁주는 이와 같은 표현의 어려움을 여러 텍스트들에서 글쓰기한다. 『표현의 광란』에 나오는 「라 무닌느」의 경우, 프로방스의 하늘이 침묵하는 사물의 이미지에 대한 상징으로 나타나고 있다. 프로방스 하늘은 마치 퐁주에게 표현을 해주기를 말없이 간청하고 있는 듯한데, 이에 대해 시인은 그 어떠한 표현도 할 수 없다는 것에 절망한다. 이 같은 절망은 시인에게 짓눌림과 고통, 심지어는 흐느낌으로 이어진다. 그리하여 짓누르는 듯한 잿빛 프로방스 하늘은 말라르메의 경우처럼 저주하는 창공의 이미지를 담게 된다. 이 텍스트에서 퐁주는 침묵하는 사물에 대하여 자신이 느끼는 절망과 비극적인 감동이 과연 무엇인지를 사유하며 스스로에게 그 원인을 해명하기 위한 글쓰기를 해나간다.

그런데 사물이 침묵한다는 것은 표현을 어렵게 만드는 요인이기도 하지만 동시에 표현을 가능하게 하고 또 필연적으로 말을 부여하지 않을 수 없는 요인이기도 하다. 만약 사물 스스로가 말을 한다면 우리가 사물에 부여할 말은 없기 때문이다. 퐁주는 침묵하는 사물 앞에서 표현을 해야만 하는 것이 절체절명의 과제라고 한다. 『사물의 편』과 쌍벽을 이루는 『표현의 광란』은 사물과 표현의 관계를 시사한다. 사물의 편에 선다는 것은 표현과 접목될 수밖에 없다는 것이다.

퐁주는 「침묵의 세계가 우리의 유일한 고향이다」(1952)라는 텍스트에서 침묵하는 사물 앞에서 "확고하게 말해야만 하는" '인간적 결의'에 대해 언급한다. 또 『프로엠므』에서는 "말해야만 한다. (…) 침묵은 이 세상에서 가장 위험한 것이다. 모든 것에 대해 속게 된다. (…) 우선 말해야만 한다. 그리고 이 경우 무엇을 말하는지는 중요하지 않다. 무엇이건 말해야 한다. 럭비 게임에서 첫 발을 내딛는 것과 같이, 말을 통해서, 말을 거슬러, 자신과 함께 말을 훈련시키고, 그 말들과 부딪히며, 왜곡시키며 돌진하는 것이다"라고 말에 대한 중요성을 부각시켰다. 한편 퐁주가 가지고 있는 말에 대한 이러한 애착을 그의 전기적 요소와 결부시켜 이해할 수도 있을 것 같다. 그의 생애에 있어서 가장 중요한 시험이었던 고등사범학교 구술시험을 치를 때 시험관들 앞에서 끝내 묵비권을 행사함으로써 그는 시험에 실패하고 마는데, 말이나 표현에 대한 집착은 이처럼 말로 인한 참담한 실패의 흔적을 담고 있다 하겠다.

그가 글을 쓰는 이유가 사물을 이해하기 위한 것이라면, 그 사물을 이해하기 위해서는 다른 그 무엇이 아닌 말로써 이루어져야 한다는 것이다. 퐁주는 "어떤 사물들, 아니 사물들 자체가 표현될 수 있기 위해서는 오직 (아마도) 말이라는 질료의 독특한 속성에서 출발하여만 한다"고 말한다. 말은 주체와 대상 간의 단절된 커뮤니케이션을 회복시키는 열림의 기능을 담당하는 것이다. 사물의 두께 속으로의 여행에 있어서 그 안내자가 바로 말인 셈이다.

퐁주의 글쓰기에 있어서는 사물의 세계와 언어의 세계, 그 두 세계 모두가 똑같은 비중을 차지하고 있다. 사물이 명백한 현실이듯이, 언어 또한 엄연한 현실인 것이다. 퐁주가 『방법론』에서 밝힌 유명한 글쓰기 공식 "사물의 편은 곧 말에 대한 참작이다"는 이런 맥락에서 나온 말이다. 사물의 편에 서는 것이란 다름 아닌 "인간의 유일한 표현 방식인 논리적인 말들"로 표현하는 것이다. 말은 사물을 재구성하여 새롭게 발견하게 해주는 요인인 셈이다.

언어의 쇄신

퐁주의 글쓰기를 요약하자면, 그것은 사물이 어떻게 표현되는가에 대한 물음이라고 할 수 있다. 그는 사물을 취하며 사물이 과연 글쓰기에 있어서 무엇인가, 그리고 그것을 표현하는 언어란 무엇이며 어떠한 것이어야 하는지를 묻는다. 그리고 그 물음의 과정들에서 표현의 방법들을 찾아나간다. 특히 『방법론』에서는 사물이 형이상학적 개념의 시에 반하여 씌어진 것과 같이, 그를 표현하는 수단인 언어 자체에 대한 성찰 역시 자신의 시학의 중요한 관건임을 강조한다. 다시 말해 퐁주가 글쓰기의 대상으로 선택한 사물은 종래의 언어에 대한 인식과 태도에 대한 도전이자 저항을 실천하는 도구라고 할 수 있다.

퐁주는 글쓰기를 할 때, 거의 예외 없이 사전에서 낱말들을 찾고, 그 낱말들에 대한 사전적 의미를 텍스트에 기입한다. 사전은 그에게 있어 일종의 보물 상자와 같은 것이다. 그 중에서도 그는 특히 옛날 표현들이 살아 숨 쉬고 있는 『리트레』 사전을 가장 귀중한 보고로 여기며 항상 곁에 두고 글을 쓰는 습관을 가졌다. 그의 글쓰기 작업에 있어서는 사물이 중요한 만큼 언어 역시 중요한 위치를 차지한다. 하지만 이처럼 중요한 근간이 되고 있는 언어에 대하여 퐁주는 상반되는 태도를 취한다. 언어의 중요성을 깨닫고 언어를 사용하고 있지만 어떤 의미에서는 언어에 반하여 다시 말해 언어를 거스르기 위하여 사용한다 하겠다. 언어로부터 벗어난다는 것 자체가 넌센스라고 할 만큼 우리는 언어 속에 갇혀있다고 할 수 있다. 하지만 다른 한편 언어 속에서 우리는 전혀 새로운 것을 할 수 있고 얼마든지 자유로울 수 있다고 퐁주는 생각한다.

언어에 대한 퐁주의 이러한 시각은 20세기 초 러시아에서 시작된 언어 기호의 절대성에 반발하는 언어 혁명을 읽을 수 있게 해준다. 즉 언어 기호란 절대적인 것이 아니라, 사회적 인습체계로서의 규약에 불과한 자의적인 것이라는 것이다. 따라서 언어의 모순성은 언어 자체에서 기인하는 모순이라기보다는 오염된 언어 구조에 기인하는 것이라 할 수 있다. 1942년 『사물의 편』이 발표된 후 비평가들의 관심이 고조되고 있을 무렵, 사르트르는 1947년 『상황 I』에서 퐁주의 시작(詩作)을 오염된 언어의 '때벗김'의 과정임을 지적한다. 이것은 퐁주가 구사하는 언어가 무엇인가를 위한 도구로 여겼던 종래의 태도로부터 언어를 세탁하고 쇄신시키기 위한 것임을 간파한 것이라 하겠다. 퐁주는 『비누』에서 비누로 '지적 세수'를 하여 젊은이들을 자살로 몰아넣는 언어를 세탁하여 일상의 오염된 언어를 쇄신할 것을 역설한다. 이와 함께 그는 글쓰기를 '언어의 재교육 연습'으로 정의한다. 그리고 일상의 혼탁한 언어를 '때벗김'하여 언어 본래의 순수한 기능을 되찾아 침묵하고 있는 사물의 세계를 해독해 내어야함을 강조한다.

언어를 세탁하여 언어 본래의 기능을 되찾고자 하는 퐁주는 언어기호를 의미관계에 앞서 보다 근본적 기능, 즉 그래픽 차원이나 음성적 차원에서 인식하고자 한다. 다시 말해 종이 위에 씌어진 글씨는 실재의 사물을 지시하기에 앞서 모음과 자음이라는 소리와 형태들의 흔적이라는 것이다. 그러한 퐁주의 언어는 문자 발명 이전의 의사소통의 몸짓들이나 춤과도 같은 것이다. 퐁주는 "이제 인간은 더 이상 춤을 출 줄도 모르고, 몸짓의 비밀이나 동작으로 직접 표현하는 과학이나 용기도 없다"라고 하며, 언어가 없었던 원시시대에 대한 향수를 토로하기도 한다. 이런 맥락에서 한 때 피카소는 퐁주의 말들이 마치 조각상이나 춤, 또는 그림과 같다고 말하기도 한다.

말하는 사물

말을 통한 퐁주의 상상력 속에서는 사물이 사물 자신의 정체성을 가진 개체가 된다. 말은 사물의 내부로 들어가는 통로를 마련해서 이제까지 우리가 보지 못하고 느끼지 못했던 또 다른 세계를 경험토록 한다. 침묵 속에서 꼼짝 않던 돌들이 눈꺼풀을 깜박이며 "그래"라고 말을 하기도 하고, 자갈의 표면이 감각적으로 변하여 몸 전체가 '젊음의 눈'으로 빛나게 되기도 한다. 이것은 글쓰기가 진행됨에 따라 우리가 사물을 바라보는 것이 아니라, 사물이 우리를 바라본다는 것을 의미한다. 다시 말해 사물이 글쓰기를 주도하는 하나의 개체가 된다는 것이다.

퐁주의 글에서 가장 재미있는 부분이 바로 사물이 일인칭으로 말하는 부분이라 할 수 있다. 「염소」나 「말벌」, 「새를 위한 단상들」 등과 같은 텍스트에서 퐁주는 변형된 오브제의 위상을 우화적으로 표현하고 있다. 그는 사물에 말을 부여하는 글쓰기의 시학적 완성을 오브제가 일인칭으로 말하게 되는 것에 둔다. 그리하여 텍스트에서 말을 부여받은 오브제는 드디어 일인칭으로 말을 하기에 이른다. 하지만 일인칭으로 말을 할 수 있게 된 오브제는 자기 정체성을 가진 개체로서 사고하며, 결국 말을 하는 자신은 실재가 아닌 텍스트 속에서 제작되어진 인공물에 불과하다는 사실을 깨닫고는 반항을 하게 된다. 이러한 사물 앞에서 결국 일인칭으로 말하는 말벌에 대해서는 발로 으깨어 죽이는 수밖에 없음을 확인한다. 퐁주는 「구술적 시도」에서 역시 이 문제를 다룬다. 어느 날 한 나무가 나무꾼이 내리치는 도끼에 죽어간다. 피를 흘리며 죽어가는 순간 나무는 자신을 죽음으로 몰아넣는 도끼가 바로 자신의 일부로 만들어진 것임을 알아차리게 된다. 이 나무의 우화는 말의 작용에 의한 글쓰기에 있어서 사형수이자 사형 집행인으로서의 오브제의 위상을 우화화한 것이라 할 수 있다. 우화적으로 표현된 이러한 현상은 글쓰기에는 표현하려는 실재 사물과 말로 만들어진 텍스트 속의 사물 사이의 괴리가 있을 수밖에 없다는 사실을 말해주는 것이다. 「비평적 주석을 단 덧창」에서 퐁주는 이처럼 양립할 수 없는 두 세계를 "완전히 닫혀진 덧창"과 "완전히 열려진 덧창"을 대조시켜 다룬다. 덧창이 완전히 닫히면 바깥을 전혀 볼 수가 없고, 덧창이 완전히 열리면 덧창 자체를 볼 수가 없게 되는 것이다.

자기 지우기

절대적 권리를 누리게 되는 퐁주의 사물의 위상은 종래의 글쓰기에 있어서의 주체와 객체를 전도시키기에 이른다. 이제까지 우리의 감정이나 생각들을 표현하기 위한 수단에 불과했던 사물이 퐁주의 글쓰기 속에서는 오히려 시인에게 절대적인 권리를 행사하게 된다는 것이다. 이와 같은 사물의 절대적 권리는 곧 시인에 대한 명령으로 이어진다. 다시 말해 사물은 시인에게 그 어떠한 자신의 말이나 표현을 주지 않은 채 침묵함으로써 시인에게 글쓰기를 명령한다는 것이다. 그리하여 익명의 무인칭이었던 사물이 이제는 "절대적 침묵으로 명령을 내리는" 일인칭의 주체로 전도된다. 이와 함께 글쓰기의 주체로서의 저자는 삼인칭으로 불리는가 하면 비인칭화되어 버리기도 한다. 텍스트의 탄생에 있어서는 시인이 절대적 권리를 가지고 시인 자신의 감정이나 사상을 사물에 부여하며 텍스트를 탄생시키는 것이 아니다. 시인은 단지 사물을 통하여 사물에 의한 글쓰기를 하는 것이고, 그러한 글쓰기에 대하여 시인 자신은 텍스트를 서명하는 서명인에 불과하게 된다. 다시 말해 텍스트의 탄생과 함께 저자는 사물에게 자리를 내어주고 자기 지우기를 한다는 것이다.

『풀밭의 제작』은 이러한 자기 지우기에 대한 좋은 예가 된다. 텍스트로서의 풀밭은 일종의 결투의 장소이다. 프랑스어 표현에서 누군가를 풀밭으로 불러낸다는 것은 결정을 내린다는 것을 뜻한다. 그는 독자가 좀 더 실감나게 느낄 수 있도록 『풀밭의 제작』에서 이런 결투의 장면을 나타내는 그림을 삽화로 넣기도 한다. 요약하자면, 처음에는 수직의 두 사람이 있고, 그 다음엔 비스듬한 결투, 그리고는 하나 혹은 둘 모두가 풀밭에 수평으로 쓰러진다. 이렇게 쓰러진 둘은 풀밭 밑 땅 속에 묻혀버린다. 그런데 수직으로 서있던 둘은 땅에 묻혀버린 반면, 풀밭은 땅 표면 위에 그대로 존재한다. 이것은 저자와 사물의 죽음을 통해 텍스트가 탄생된다는 것을 우화적으로 말해주는 것이다. 그가 글을 마치면서 식자공들에게 퐁주 자신이 만들어 놓은 풀이름

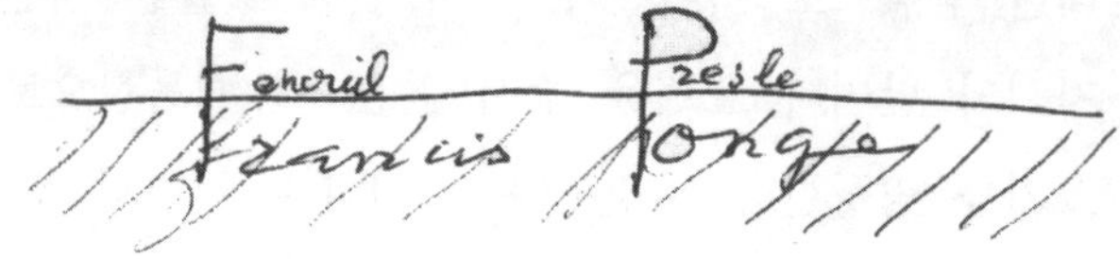

❚ 퐁주의 서명 ❚

(퐁주 이름의 이니셜과 같은 이름을 가진 풀들) 아래에 Francis Ponge라는 이름을 묻어주기를 요구한 것도 이런 맥락에서이다.

텍스트가 탄생하기 위해서는 글쓰기의 주체와 더불어 대상의 죽음이 따른다는 것이다. 침묵을 깨고 말을 부여한다는 것은 어떤 필연적인 욕망으로부터 비롯된다. 그런데 그 욕망은 물리적이고 생리적인 것으로서 일종의 섹스 행위와도 같다. 종족 보존의 기능을 완수하기 위한 남자의 사랑의 행위는 자신을 내어줌으로써 죽음을 향해 다가가는 것이라고도 할 수 있다. 사랑과 죽음, 에로스와 타나토스는 불가분의 쌍이다. 텍스트의 탄생도 이와 같아서 저자의 죽음이 없이는 텍스트가 탄생될 수 없다. 그리고 욕망의 대상으로서의 사물도 죽어야 한다. 만약 사물이 텍스트적인 오브제가 되지 않고 실재 현실 속의 사물이어야 한다면 텍스트는 존재할 수 없는 것이다.

텍스트

텍스트는 사물과 말, 주체와 오브제가 서로를 작용시키고 변화시킴으로써, 양자들 중 그 어느 것도 아닌 '다른 것', 즉 글쓰기가 된 사물로서 의미작용을 일으키는 것이라 할 수 있다. '다른 것'으로서의 텍스트란 결국 사물을 글쓰기한다는 것이 이미 존재하는 원본에 대한 모방으로서의 텍스트가 아니라, '제작된' 텍스트라는 것을 의미한다. 퐁주에게 있어서 사물을 글쓰기한다는 것은 사물의 절대성을 그대로 복사하는 것이 아니라, 그 절대성으로부터 '다른 것'을 인정하는 것이라 할 수 있다. 그러한 글쓰기가 바로 '다른 것'으로서의 절대적 타자인 사물을 진정으로 이해하고 받아들이는 것일 것이다. 퐁주의 글쓰기가 출발하는 지점이 절대적으로 침묵하는 사물을 이해하기 위하여 말을 부여하는 것이라면, 그 도착점은 부여된 말과 사물 사이의 거리를 완전히 좁힌다는 것이 불가능하다는 것에 대한 한계를 확인하고 인정하는 것이라 할 수 있다. 다시 말해 사물을 말로 취하기란 사물과의 거리가 완전히 없어진 그 존재와의 겹침이 아니라, 적당한 거리 속에서 언어를 작용시킨 것이다. 그리하여 사물을 정복하는 대신 '다른 것'으로 인정하며, 고갈시키는 대신 시도하는 것 자체에서 유희적 기쁨을 느끼는 것이다. 사물을 글쓰기 하는 퐁주의 시학은 이처럼 우리에게 텍스트라는 또 다른 사물, 결코 고갈시킬 수 없고 정복할 수 없으며, 따라서 말과의 관계 맺기의 과정 자체를 담을 수밖에 없는 사물의 또 다른 모습을 보여주는데, 문학에서 담아낼 수 있는 사물의 모습이란 다름 아닌 언어로 제작된 텍스트라는 성찰을 시사해주고 있다. 그리고 바로 그러한 텍스트로부터 순수한 말의 즐거움, 글쓰기의 기쁨이 있다는 것이다.

반복

퐁주 글쓰기의 가장 큰 특징 중의 하나는 반복이다. 하나의 사물에 대하여 몇 년에 걸쳐 글쓰기를 하고, 그리고 그 사물의 글쓰기 자체에 대한 끊임없는 반추와 반복적인 성찰로 이어지고 있다. 그 결과 텍스트는 특별히 시작이랄 것도 또한 뚜렷이 끝이라고 이름 지을 수도 없이 마치 미완성으로 끝나는 듯한 인상을 주게 되는데, 이러한 작품 경향은 『사물의 편』 이후의 거의 대부분의 텍스트들에서 공통적으로 나타난다.

그는 하나의 사물에 대하여 대부분 몇 년에 걸쳐 글쓰기 작업을 한다. 그리고 『비누』, 『풀밭의 제작』, 『무화과나무의 어떻게와 왜』 등과 같이 하나의 사물이 하나의 작품이 된다. 『테이블』의 경우만 해도 집필기간이 1967년에서 1973년까지였고 어떤 작품은 20년을 넘게 이어졌다. 「물 컵」이라는 텍스트는 2차대전에 씌어졌는데, 그는 6개월 동안 다른 일은 전혀 하지 않은 채 꼼짝 않고 물 컵만을 바라보았다고 한다. 물 컵을 앞에 두고 물리학자가 되어보기도 하고 음향가 또는 사전편찬가가 되어보기도 했으며, 물맛을 천천히 음미해보기도 했다. 컵에 물을 채웠다가 비우고, 다시 채웠다가 가만히 두기도 했으며, 오래된 물 컵에서 피어오르는 물방울을 바라보기만 하기도 하였다. 그렇게 수개월 동안 물 컵을 바라보며 사물의 내부로 들어가 사물이 스스로 표현하기를 기다리며 지냈다. 하나의 사물에 대하여 끝없이 반복적으로 씌어지는 그의 글은 이러한 과정을 거쳤다.

반복은 결코 정복될 수 없고 고갈될 수 없는 사물의 위상에서 비롯되는 것이라 할 수 있다. 하나의 사물은 단번에 정의 내릴 수 있고 결정지울 수 있는 것이 아니며, 끊임없이 글쓰기를 하여도 고갈시킬 수가 없는 것이다. 매일 매일의 일상 속에서 반복적인 시도를 할 수 있을 뿐이다. 그것은 같은 것에 대한 동일한 반복이 아니라, 같은 것을 조금씩 자리이동 시켜가며 변화를 일으키는 것이라 할 수 있다. 텍스트 「달팽이」는 이런 문제를 다루고 있는데, 움직이지 않는 것처럼 아주 조금씩 나아가는 달팽이처럼 말에 의해 텍스트는 조금씩 자리 이동을 반복한다. 그것은 아주 작지만 급진적인 자리이동이다. 이러한 글쓰기 양상은 완성된 형태보다는 과정 그 자체를 중시하고 있는 퐁주의 작품세계를 이해할 수 있게 해준다. 퐁주는 작품의 의미 그 자체보다는 어떻게, 무엇에 의해 의미가 이루어지는가의 과정을 작품의 모티브로 삼는다. 반복적인 그의 글에는 글쓰기에 대한 독특한 미학이 담겨있다. 그는 완성된 최종본보다는 초고나 낙서, 연습한 종이, 메모들, 단상들이 오히려 더 큰 가치가 있다고 생각했다. 그리고 그것을 작품화했다. 일기 형식으로 매일 매일의 작품의 제작과정을 모두 보여주고 있는 그의 글은 완성된 작품의 최종 업적보다는 글쓰기의 행위와 경험 자체를 목적으로 삼는 것이라 하겠다.

이러한 텍스트의 개념은 상당히 시대를 앞선 것이었다. 특히 후기 구조주의자들이 이제까지의 창작개념을 전면적으로 바꾸기 위하여 시도했던 해체작업과 일맥상통하는 것이었다. 데리다가 퐁주의 텍스트에 관심과 애정을 기울인 것은 우연이 아닐 것이다. 데리다의 『시네퐁주 Signéponge』는 그 어떤 비평가보다도 퐁주의 해체적 글쓰기 작업을 가장 잘 조명한 작품이다. 한편 작품의 최종형태보다 제작과정을 중시하며 저자나 작품의 개념을 해체하고 있는 퐁주의 글쓰기 개념은 최근 시도되고 있는 하이퍼텍스트의 개념과도 상당 부분 공통점이 있다. 하이퍼텍스트의 창작개념에서는 이제까지 절대적이라고 생각되었던 것들이 그 절대성을 상실하고 있다. 예를 들어 하이퍼텍스트에 있어서 저자는 여러 명이 될 수도 있고, 작품 역시 고정되어 있는 것이 아니며, 독자가 어떤 선택을 하여 읽느냐에 따라 매번 달라질 수 있다. 그 결과 작품의 의미를 결정지울 수 있는 절대적인 기준이 모호해지는데, 이런 개념들은 퐁주의 텍스트 속에서 이미 그 흔적들을 찾을 수 있다. 그는 끊임없이 독자들을 호출하여 참여시키며 글쓰기를 완성시켜간다. 그리고 하나의 사물에 대해 여러 변형본들을 보여줌으로써 작품의 의미를 하나로 고정시키는 대신 유동적으로 열어둔다. 『송림수첩』에서는 몇 개의 이행시들을 가지고 수학적인 조합을 통해 여러 가지 변형본들을 만들기도 했는데, 그것이 시도된 1960년대의 상황을 고려해 볼 때, 그런 시도는 상당히 시대를 앞선 것이었다. 그에 대한 한 예를 인용해 보자.

주註 NOTE BENE

이 마지막 변형본을 채택한다고 볼 때, 이행시 PA와 DO, 그리고 3 연음표 SDS는 변형시킬 수 없는 반면, 이것들의 순서와 R행과 Q행의 순서는 마음대로 바꿀 수 있다. 그러나 Q는 항상 R 다음에 와야 한다.

다음이 변형시킬 수 없는 요소들이다:

1 [P 거울로 둘러싸인 자주색 나무 손잡이들의
A 초록 털 타래 무성한 이 솔빗숲에

2 [D 측면으로 증기가 피어나는 바다나 호수의
O 욕조에서 나온 반짝이는 육체로부터는

3 [R 그 많은 무심한 꼭대기들이 저기서 흔들어 만든
S 향기 나는 머리핀들의

4 [D 탄력적인 진홍빛 두터운 땅 위에
S 잠 없는 파리들의 보고에 의하면

5 [Q 태양의 얼룩진 그늘로 된 실내복 하나만이 남아 있다

따라서 우리는 다음과 같은 요소들을 마음대로 배열시킬 수 있다:

12345 14235
12435 14325
12354 14352
13245
13542 23451
13425 24351
13254
13524 23145
13452 등등.

그러나 4에서 1로 배열시키는 것은 권할만한 것이 못 된다(그 많은 무심한 꼭대기들이, 이 솔빗숲에 ……).

오브줘 l'Objeu

퐁주의 오브제의 시학에서 빼놓을 수 없는 두 가지 용어가 있다. 그 중 하나가 '오브줘'('대상유희' 정도로 번역할 수 있다)이다. 이것은 오브제 objet와 주체 je, 그리고 유희 jeu를 합성하여 만든 퐁주의 신조어이다. 말 그대로 이 용어는 유희적 성격을 지니는데, 이때 유희성은 고정된 의미관계로부터 벗어난 자유로운 말의 유희를 이른다. 위에서 강조한 바와 같이, 이 말의 유희는 무엇보다 오브제와의 관계에서 이루어지며, 오브제는 사물과 말 모두를 가리킨다. 이러한 '오브줘'는 텍스트를 안과 밖을 향하여 이중적으로 움직이게 하는 원동력이 된다. 다시 말해 사물에 부여되는 말들은 밖을 향한 지시적인 작용과 텍스트의 안을 향한 말들의 작용을 동시에 가진다는 것이다. 그것은 의미의 관계망들을 교차시키며, 의미의 고리들을 다양화시킨다. 퐁주 시학의 핵심은 바로 이러한 이중적 작용을 하는 오브제의 유희성에 있다 하겠다. "오브제 그것이 시학이다"라는 퐁주의 표현은 그의 이러한 시학을 잘 대변하고 있다. 이 용어가 처음 씌어진 『시편들 Pièces』 속의 「심연에 놓인 태양」에서, 퐁주는 '오브줘'란 "관계들의 내적인 증가, 언어의 근원에서 형성된 관계들, 그리고 이중으로 작용하는 의미관계들"로부터 "세상의 조화와 다양성, 질료적 깊이를 설명할 수 있는 (텍스트의) 기능"이라고 말한다.

오브주아 l'Objoie

오브제와 관련한 퐁주의 또 다른 신조어에 '오브주아'('대상기쁨' 정도로 번역할 수 있다)가 있다. '오브제 objet'와 환희나 기쁨을 뜻하는 'joie'를 합성시켜 만든 이 신조어는 오브제의 텍스트적 작용이 가져다주는 기쁨이라 할 수 있다. 퐁주는 이 용어에 대하여 "내가 '오브주아'라고 부르는 것, 그것은 모든 기호체계가 스스로 의미작용을 하는 세계, 즉 일곱 번째 하늘에 도달함으로써 얻는 오르가슴이다"라고 설명한다. '오브주아'는 이처럼 스스로 의미작용을 일으키는 텍스트를 이르는 것인데, 이것은 현실 속의 사물이나 그 사물에 말을 부여한 저자 그 모두로부터 떠나 텍스트 자체가 스스로 작용하는 것에 대한 시학적 성찰을 반영한다. 퐁주는 이러한 텍스트의 작용에 대하여 얼마간 돌리고 난 후 저절로 돌아가는 팽이나 발사된 후 스스로 궤도 운행을 하는 로켓에 비유하기도 한다.

퐁주의 글쓰기

퐁주는 자신이 사물의 편에 서서 글쓰기를 한다는 것이 사물을 바꾸기 위한 것이 아니라고 강조한다. 그는 사물에 대한 글쓰기를 통하여 인간이 자신의 편견과 에고를 버리고 세상에 대한 새로운 비전을 갖기를 바랐고 그것을 궁극적으로 추구했다. 어떤 의미에서 사물은 '세상의 형태'를 대변하며 세상에 대한 비전을 제시하기를 원한다. 글쓰기를 통하여 만들어진 텍스트 속에서 사물은 우주를 바라보게 해주는 망원경의 역할을 함으로써, 소우주와 대우주가 서로 오가며 '세상의 형태'를 제시해줄 수 있기를 원한다. 퐁주는 텍스트가 세상의 조화와 다양성을 말해주어야 한다고 생각하며, 시가 아니라 '우주론'을 원했다. 그런 맥락에서 시인이 거친 칼로 힘들게 연 '굴'의 내부는 창공이 되고, '무화과'의 내부는 영롱한 촛불이 밝혀진 로마교회의 제단이 된다. 그리고 '자갈'은 영겁의 세월을 거쳐 시간과 공간을 초월한 우주의 발생론을 증명하는 오브제가 된다. 또한 '빵'의 겉 표면은 알프스 산이나 안데스 산맥이 되기도 하고, '조개'는 상상 속의 다른 상황에 놓여짐으로써 앙코르의 사원이나 쌩마클루 혹은 피라미드처럼 거대한 기념물이 된다. 이처럼 퐁주의 글에서 사물은 우주의 축소판이고, 우주는 보잘 것 없는 하나의 사물 속에서 그 모습을 드러낸다.

오늘날 문학은 과거 그 어느 때보다 최대의 위기를 맞고 있다. 사회 전반에서 과학이 대두되며 기계가 인간의 감성을 대신하고 있는 요즘, 과연 문학, 그것도 가장 은밀하고 개인적인 시가 존속할 수 있을까라는 우려까지도 나오고 있다. 역사적으로 시대가 바뀔 때마다 그리고 특히 그 바뀌는 양상이 급격할 때마다 인류는 갖가지 우려를 해왔다. 사실 그 어느 때보다 급격하게 사회가 변하고 있는 현 상황에서 앞으로의 변화를 예측하기조차 힘들지만, 인간이라는 종이 존속하는 한 인간의 감정이나 감수성 자체를 없앨 수는 없을 것이다. 로봇이 인간을 대신할 수는 없을 것이다. 그렇다면 문학과 예술은 존속하지 않을 수 없지 않겠는가. 그 표현양식과 형태는 변할 수 있어도 존재 자체가 사라지지는 않을 것이다.

시인이란 어떤 의미에서 이미 외롭고 궁핍하게 살기를 선택한 자들이며 그것이 유일한 길이라고 생각하는 자들이다. 하지만 밑에서 출발하기 때문에 항상 올라 갈 가능성이 있는 사람들이기도 하다. 퐁주가 생각하는 의미에서의 시인이란 같이 나누고 싶은 감동이나 말할 것이 너무 강해서 모든 규칙이나 장애, 어려움을 무릅쓰고서라도 말하지 않을 수 없는 자, 그리고 자신이 말하려는 것을 결코 잊지 않는 자, 언젠가는 기필코 그것을 말하는 자, 그리고 그것을 자명한 이치로 받아들이게 할 수 있는 자이다. 퐁주는 그의 역작 『풀밭』에서 이렇게 말한다.

이것이 내 삶의 이유이다.
(…)
아무 것도 하지 않은 채,
천천히, 하양 위에 까망을, 아주 천천히,
주의 깊게, 아주 하얀 것 위에 아주 까만 것을
오직 글쓰기 하였을 뿐이다.
나는 사람과 사물들 곁에 누웠다. 손에는 펜을,
무릎에는 글쓰기용 책상(하얀 종이)을 놓고서,
나는 썼고, 그것이 출판되었다. 나는 삶을 살았다.

2
문학이 자신을 돌아보다

20세기 현대소설의 쟁점들

현대로부터 1차 대전 이후 문학의 흐름을 주도한 가장 큰 특징 중의 하나는 아마도 문학 자체에 대한 자성인 것 같다. 그 자성을 다른 말로 표현한다면 문학의 특수성에 대한 자각이라 할 수 있는데, 그것은 문학은 문학 외적인 요인이 없이도 그 자체로 충분히 창조될 수 있다는 관점의 변화라고 할 수 있다. 그 관점의 변화는 무엇보다도 언어에 대한 각성에서 비롯되었다. 이제까지 매체나 수단, 도구로 여겨져 부차적 위치에 있었던 언어를 독자적 작용의 힘을 가진 주도적 위치로 되돌려놓자는 것이었다. 20세기 초, 비평 분야에서 문학작품을 문학 외적인 잣대, 예를 들어 과학적 실증주의나 결정주의적 역사관, 박학한 지식 등에 대입하던 경향에 반하여, 러시아 형식주의나 이탈리아의 미래학파는 문학의 언어적 특성, 즉 형식에 대한 중요성을 주장하였다.

문학텍스트가 스스로를 생산하며, 스스로 그 자신에 대하여 말한다는 것은 문학 자신이 그의 기원이자 목적이며 수단이라는 자가 충족성을 의미한다. 이 자가 충족성이 바로 후기 구조주의에서 말하는 '자기반영성'으로서 텍스트는 '스스로 의미하는' 글쓰기이며 말 그 자체, 언어 그 자체, 사건 그 자체의 구조를 반영한다는 것이다. 그런데 이 '자기반영성'은 결국 문학텍스트가 '인위적 가공물'이라는 점에 대한 강조와 다르지 않다. 즉 문학텍스트에는 그 원형이 없다는 것이다. 신이 창조한 이 세상을 어떻게 재현해내느냐가 예술에 있어서의 근본문제라고 볼 때, 문학은 본래의 원형에 대한 모방이 아니라는 것이 현대 이후의 문학 및 예술에 대한 시각을 지배한다. 문학의 기원이 원초적으로 부재한다는 이러한 관점은 후기 구조주의의 '글쓰기' 개념의 골자이다.

문학작품이 원형이 없는 인위적 가공물이라는 관점을 달리 표현해 본다면, 작품이 현실의 경험에 속박된 노예상태로부터 벗어나 진정한 창조행위임에 대한 자각이라 할 수 있다. 그것은 경험에 예속되는 것이 아니라, 경험을 창조하는 것이며, 그 창조를 통하여 과거와 미래로부터 자유롭게 현재를 경험할 수 있는 가능성을 여는 것이다. 작가는 언어로써 현실을 변형하는 것이 아니라, 언어로 현실을 창조해낸다는 것이다.

20세기 말 문학의 현주소를 가늠하면서 가장 먼저 떠올릴 수 있는 것은 '위기'라는 말이다. 그것은 이미 오래 전 헤겔이 예견했던 예술의 죽음 내지는 소설의 죽음, 메타설화의 종식 등을 의미하며, 소설에서의 포스트 모던적 현상을 대변하는 것이라 할 수 있다.

20세기 프랑스 현대소설을 주도해온 커다란 움직임들을 정리해보자면, 우선 양차 대전 후 의 실존주의를 들 수 있고, 그 후 1950년대 초 인도차이나 반도와 알제리의 식민해방운동 앞에서 무력함을 보인 실존주의에서 대한 반항으로 순수문학을 주창하는 '경기병그룹'과 이제까지의 소설적 전통에 반기를 들고 새로운 기법을 추구하는 1950년대 중반의 '누보로망' 그리고 1960년대 초에 시작된 텔켈그룹의 활동과 구조주의, 프랑스 사회를 뒤흔들어놓았던 68운동 이후의 후기구조주의의 활동, 1970년대 미뉘 출판사를 중심으로 한 미니멀리스트 작가들의 활동, 그리고 프랑스 비평계와 문단의 한 특이한 현상으로 자리 잡고 있는 시와 비평, 철학, 소설 등의 장르들이 혼용되는 글쓰기 개념 등을 들 수 있다. 그런데 이 흐름들을 관통하는 맥은 다음과 같은 질문들을 둘러싼 문제의식에서 출발한다. 1930~40년대에 사르트르는 실존주의 문학의 구현을 위하여 '문학이란 무엇인가?'라는 질문으로부터, 1960년대 구조주의는 언어의 구조물로서 텍스트를 조명하기 위하여 '비평이란 무엇인가?'라는 질문으로부터, 그리고 1970년대부터 후기 구조주의는 '글쓰기란 무엇인가?'라는 질문으로부터 출발하였다.

소설의 오늘에 대한 질문을 하기 위해서는 20세기를 주도한 이러한 움직임들과 함께 이 움직임들의 가장 중요한 축이 되고 있는 실재와 허구 사이의 '재현'의 문제가 어떻게 맞물린 고리들로 각인되며 변화되어 왔는지를 살펴보는 것이 바람직할 듯하다. 왜냐하면 역사의 고리들은 그 각각이 독자적으로 떨어진 것이 아니라, 하나의 고리는 언제나 닫혀지려는 과거로부터 나와 미래로의 문을 여는 '사이'의 경첩적 역할 또는 작용과 다르지 않을 것이기 때문이다.

재현의 위기

프랑수와 리요타르는 그의 『포스트모더니즘의 조건』에서 단절과 파기, 위기를 포스트모더니즘의 특징으로 꼽고 있다. 그리고 이 단절과 위기는 미학적 관점에서 비롯된 것임을 강조한다. 특히 현대소설분야에서는 실재와 허구 사이의 재현의 문제를 쟁점으로 삼으며 사실주의와의 단절을 꾀한다. 프랑스 소설사에서는 1789년 대혁명 이후를 소설의 발전과 개화의 시기로 보고 있는데, 이는 소설이 당시 시나 연극에서처럼 규칙이나 관습에 얽매이지 않고 자유롭게 현실을 그려내어 일반 서민 독자층을 확보하였기 때문이다. 이후 소설에서는 이 현실과의 관계를 어떠한 관점에서 얼마나 반영하는가가 중요한 쟁점이 된다. 현실과 픽션 중 어느 쪽에 비중을 두느냐가 소설역사의 흐름을 바꾸는 구심축이 되었던 것이다.

• 사실주의

사실주의란 무엇인가? 표현 그대로 그것은 현실의 묘사에 있어서, 어떻게 하면 그 현실이 허구에 가장 가깝게 혹은 허구가 현실에 가장 가깝게 묘사되느냐를 목적으로 한다. 그리고 이 실재와 허구 사이의 모방의 중앙에는 진실, 즉 사실성이나 그럴듯함이라는 잣대가 설치되어 있다. 사실주의 작가들의 경우 잡보기사나 가문의 연대기 등의 현실적 정보들을 창작의 바탕으로 삼았는데, 그 변형의 과정에서 사실성과 신빙성을 부여하기 위하여 부단한 노력을 기울였다. 스탕달은 베르테 사건의 기록으로부터 영감을 얻어 『적과 흑』을 쓰면서 "상상력은 현실의 법칙을 배울 필요가 있다"라고 서술했으며, 플로베르는 실제 가문의 연대기를 바탕으로 마치 섬세한 세공술사의 작업과 같이 세심한 묘사의 묘를 살려 53일 만에 『파름므의 승원』을 탄생시켰다. 사실주의에 있어서 중요한 것은 무엇보다 창작에는 원형과 모형이 있으며, 되도록이면 이 둘 사이의 거리를 좁히는 것이 상상력을 동원한 창조적 변형의 열쇠라는 사실이었다. 이와 함께 소설적 상상을 통한 변형의 과정에서 창조되는 작중인물들은 작가 자신들의 변형체들이었다. 소설적 몽상은 자기 탐구의 변형체들을 생산해내는 것에 불과했던 것이다. 우리는 잠시 후 누보로망에서 이 점이 어떻게 접근되고 있는지를 살펴보게 될 것이다. 현대소설의 기반이 다져진 시기를 1850년경으로 잡고 있는데, 이는 이 시기에 발자크로부터 플로베르에 이르기까지 소설의 내적논리가 변화를 겪었기 때문이다. 특히 1857년 『보바리 부인』은 소설사의 전환점을 가져온 가장 중요한 작품으로 기록되고 있는데, 그것은 이 작품이 '로마네스크한 것' 즉 '소설적인 것'을 배제시켰기 때문이었다. 발자크의 경우, 현실의 사실들을 치밀한 플롯과 여러 가지 효과들과 배합하여 창조적으로 변형함으로써 '소설적인 것'이 '자연스러운 것'으로 보이게 하기 위하여 부단한 노력을 기울였던 반면, 플로베르의 경우는 이를 역으로 변형시켰던 것이다.

어느 지방신문의 조그만 잡보기사에서 발췌한 소재를 '소설적인 것'을 위하여 각색하는 대신에 오히려 조그만 시골의 단조롭고 무미건조한 있는 그대로의 현실 속 에피소드들로 살려냄으로써 엠마의 숙명적 비극을 더욱 실감나게 묘사하는데 성공했다. 현실을 '소설적인 것'으로 만드는 대신 현실과 꿈 사이에서 갈등하는 작중인물 엠마의 상상과 몽상을 통하여 '소설적인 것'이 거꾸로 소설의 현실로 되는 과정을 실현시킨 셈이었다.

전반적인 인간사의 정보들을 바탕으로 하여 허구의 진실을 만들어내고자 하는 이러한 사실주의는 이후 일련의 작가들에 의해 비난을 받게 된다. 이들은 외적 사실들의 관찰보다는 내면의 감수성이나 의식에 관심을 가지고 창작을 한다. 그 중에서도 특히 프루스트는 발자크에서 졸라에 이르기까지의 사실주의와 자연주의를 "인간 성격에 관한 서류들의 상점"으로 치부하고, "사물들을 묘사하고 거기에 단지 표면적인 사실들의 보잘 것 없는 명세서를 만드는 것에 만족하는 문학은 사실적이라고 자처하지만, 실은 사실로부터 가장 먼 문학이다"라고 피력함으로써 사실주의 문학에 대한 반박과 함께 '소설적인 것'의 위기를 예고한다. 프루스트에게 있어서 소설적인 것은 현실의 삶과 다른 것이 아니었다. 문제는 작품의 창조적 예외의 순간들을 통하여 그 이면에 숨겨진 진실을 되살려내는 것이었다.

이렇듯, 리얼한 묘사를 위하여 외적현실에 좀 더 충실하려는 사실주의에 이어 내면의 의식의 흐름을 따라가려는 움직임은 작가에게 외부의 제약으로부터 보다 자유롭게 소설을 구성하도록 하는 계기를 마련하였다. 문장은 묘사의 진실성을 위한 논리성 대신 의식의 변덕스러운 흐름을 따라가기 때문에 오히려 뒤죽박죽의 비논리가 자리 잡았으며, 소설은 기승전결의 플롯보다는 의식의 기능과 작용을 다루는 심리적인 것이나 내적독백으로 그 지평을 넓히게 되었다. 여기서 우리는 1929년 프랑스에 번역, 소개되어 많은 반향과 함께 영향을 끼쳤던 제임스 조이스의 『율리시즈』와 카프카의 작품들을 떠올릴 수 있다. 한편 의식의 흐름을 따라가는 소설의 기법은 독자의 위치에 변화를 가져오기도 했다. 독자는 작가가 설정한 이야기의 플롯을 따라가는 수동적 위치로부터 작중인물과 함께 의식의 흐름을 따라 읽어가는 동반자의 위치에 서게 된 것이었다. 이러한 의식의 흐름을 좀 더 극단적으로 몰고 가 그 자유로운 연상 작용을 과학적으로 연구하려는 시도를 한 것이 바로 초현실주의라 할 수 있다. 요컨대 19세기의 사실주의로부터 내적인 의식의 흐름에 눈을 뜨면서부터 재현의 문제에 있어서의 '소설적인 것'은 위기를 맞게 된 것이다. 그리고 이와 함께 소설은 외적현실을 구사하는 '이야기'와 구분이 된다.

• 실존주의

'소설적인 것'이 사실상 종지부를 찍게 되는 것은 실존주의 소설의 작가들에 의해서라고 볼 수 있다. 실존주의에서는 '소설적인 것'의 이야기가 부재하게 되는데, 이는 '문학이란 무엇인가'라는 물음에서 출발한다. 1947년 사르트르는 『상황』에서 이제까지 문학 자체에 대한 질문이 없었던 점을 환기시키며 문학은 '무엇'이어야 하는가라는 질문으로 문학에 필연적인 목적론을 부여한다. 인류 역사상 최대의 시련이었던 2차 대전으로 인해서 이제까지 인류를 지탱시켜 왔던 모든 가치체계와 이데올로기가 무용지물이 되고, 전후의 폐허 속에서 인간적 삶을 가능하게 해줄 새로운 철학이 필요했던 당시의 상황에서 작가는 어떠한 형태로든 그가 처한 사회적, 역사적 '상황' 속에 '참여'해야 할 의무가 있다는 것이었다. 실제로 나치 정권 하에서 작가들은 정치적 선택을 하지 않을 수 없었다. 정치적 선택을 한 작가들의 예로는 나치 정권에 동조하여 자살로 생을 마감한 드리외 라 로셸의 극단적 경우로부터 직접 전쟁에 참여하여 전사한 쌩 텍쥐페리와 장 프레보스트, 레지스탕스 운동에 적극 참여한 르네 샤르나 앙드레 말로(그는 그 활약으로 드골 정권에서 장관까지 지내게 된다), 또는 레지스탕스 문학에 참여한 아라공이나 엘뤼아르, 카뮈와 장 폴랑을 들 수 있을 것이다. 이러한 상황은 당시 실존주의가 문학에 정치적인 행동과 철학적 사색을 결부시키게 된 연유를 이해할 수 있게 해준다. 사르트르나 시몬느 드 보봐르는 나약하고 감상주의적인 예술을 위한 예술을 비난하고 문학은 행동이 뒷받침되어야함을 주장한다. 특히 사르트르는 예술의 절대성과 실존을 분리시켜야 하고, 의식과 세계 사이의 근원적인 관계 속에서 실존을 드러내야 한다고 주장했다. 이를 위해서는 '이야기 꾸미기'를 배제시켜야 하는데, 이 때 '소설'은 '이야기'와는 대립적 의미를 갖는다. 이야기 속의 사건이 이미 일어난 것이라면, 소설에서의 사건은 작품 속에서 일어나는 현전성을 띠는 것이다. 다시 말해 이야기는 단순히 일어난 사건들을 알리는 것이고, 소설은 작품의 상황 속에서 사건을 발생시키는 것이라 할 수 있다. 이렇게 볼 때, 소설의 현전성은 저자의 의도를 떠나 미확정의 상황에서 실존의 자유를 구현시키기 위한 의도에서 나오는 것이라고 볼 수 있다. 소설의 현전성은 장황하고 자세한 묘사 대신 건조하고 간결한 문장으로 처리된 인물들의 행동에서 잘 나타나는데, 소설 속에서 일어나고 있는 작중 인물들의 다양한 현실들을 객관적으로 제시하기 위해서 동시에 여러 개의 초점을 갖는 '동시성 기법'을 사용하기도 하였다. 이러한 실존주의의 행동주의적 기법은 1930년대 미국의 '잃어버린 세대'의 도스 파소스, 포크너, 헤밍웨이 등에게 영향을 받은 것이었다. 이렇듯 실존주의 소설에서는 이제까지의 모험, 사건, 플롯 위주의 이야기를 대신해서 철학적 단상들이 담긴 에세이 형식이 등장하게 되고, '소설적인 것'의 종말을 보게 된다. 실존주의는 문학과 철학을 결부시킴으로써 프랑스 철학이 문학적 글쓰기와 가까워지며 융합되는 전통을 마련했다고 할 수 있다. 모리스 블랑쇼나 조르쥬 바타이유, 또는 바슐라르나 메를로 퐁티, 롤랑 바르트, 푸코, 데리다 등의 글쓰기가 그 예들이다. 물론 문학과 철학의 결합 전통은 실존주의 이전으로 거슬러 올라갈 수 있을 것이지만, 어쨌든 이러한 전통은 한편으로 독일의 정통철학에 대한 프랑스 철학의 약세를 만회시켜주는 계기가 되었다.

객관적 실존주의문학의 걸작으로는 프랑스 소설의 신기원을 세운 카뮈의 『이방인』을 들 수 있을 것이다. 당시 세계 독자들에게 커다란 반향을 불러일으킨 이 작품에서는 일체의 감정을 배제시키고 있는 그대로의 행동만을 제시하는 간결성이 강한 원동력으로 작용한다. 랭보가 시에서 '나는 타자이다'라는 유명한

문구와 함께 타자성의 문제를 다루었다면, 카뮈는 소설에서 작중 인물과 저자를 각각 타자화시켜 타자성의 문제를 다루었다고 할 수 있다.

실존주의는 사르트르, 보봐르, 카뮈와 같은 몇몇 거장들의 뛰어난 활약과 세계적 명성을 제외하고는 그다지 큰 문학적 성과를 거두지 못했다. 1952년, 정치적 이유로 사르트르와 카뮈가 결별하고 한국전쟁과 미소냉전, 인도차이나와 알제리 식민지해방운동 등으로 실존주의가 외쳤던 휴머니즘이 다시 한 번 그 나약한 이중성을 드러내자 실존주의는 그 빛이 바래어갔고, 장 지오노와 줄리앙 그락처럼 자신들의 독자적 세계를 고수하던 작가들이 참여문학에 대한 강한 반발심을 노출시켰다. 그들은 철학적, 정치적 투쟁과 참여 대신 다시 문학의 특권인 꿈과 환상, 고뇌와 번민이 가지는 예술성 높은 매력적인 문체로 독자들의 관심을 모았다. 특히 로제 니미에를 중심으로 한 쟈크 로랑, 앙트완 블롱뎅, 미쉘 데오 등의 '경기병 학파'는 다시 '소설적인 것'을 부활시키는 신고전주의적 경향을 표방했다.

• 누보로망

1950년대 중반에 이르러서는 이제까지의 모든 문학사조의 흐름을 전면적으로 거부하는 '누보로망'이 나타남으로써, 소설에 있어서의 허구성의 문제가 다시 한 번 전면적인 수정·검토의 과정을 겪게 된다. 누보로망은 모든 사실주의의 잔재를 와해, 해체시키고자 하였다. 누보로망은 처음부터 어떤 주의를 주창하기 위한 단체적 성격을 띤 것이 아니라, 거의 같은 시기에 형성된 동시대적 움직임이라 할 수 있다. 1953년에서 1958년 사이에 주로 제롬므 렝동 출판사와 미뉘 출판사에서 발표된 로브 그리예, 미쉘 뷔토르, 나탈리 사로트, 클로드 시몽과 같은 일련의 작가들에게서 공통적으로 엿볼 수 있는 경향을 비평가들이 한 그룹으로 일컫기 위하여 쓴 표현이었다. 새로움을 뜻하는 이 '누보'라는 형용사는 어떤 가치 기준을 제시하는 것은 아니었다. '누보'는 예술 창작에서의 근본적인 '독창성'을 말하는 것이 아니라, 방법의 '변화'를 뜻하는 것이었다. 방법의 변화란 소설을 그 자체의 법칙을 가진 것으로 보아 형식을 쇄신시키려는 시도를 말한다. 이로써 소설은 더 이상 현실을 문제 삼지 않아도 되었고, 이러한 맥락에서 이들은 각자의 방법으로 전통적 관점에서의 소설의 죽음을 선포하고 소설에 대한 비판적 성찰과 탐구를 작품화시켰다. 후안 미로가 '회화의 살인'을 말한 것처럼, 이들은 세상을 재현하는 '소설적인 것'을 거부하며 소설 자체를 부정하기에 이른다.

소설의 허구성에 대한 부인은 있는 그대로의 객관적인 세상을 그려내는 시도로 이어진다. 있는 그대로의 세상이란 인간이 그 의미를 부여하는 인간중심적 세계가 아니다. 누보로망은 이전의 소설과는 달리 인간적 관념이 배제된 대상들의 세계를 있는 그대로 보여주고자 하였다.

있는 그대로의 세상을 객관적으로 그려냄에 있어서는 이미 현실과 허구를 일치시키려는 '그럴듯함'이 문제가 되지 않고, 대상에 대한 묘사는 아무런 목적을 지니지 않은 채 마치 사진술처럼 정확하고 세밀한 광학적 과학성을 띤 기법을 구사하게 된다.

1962년에 발표된 로브 그리예의 『스냅 사진』은 대상에 비추어진 시각을 그려내는 기법을 잘 보여주는 작품이다. 그는 이 작품에서 관찰자와 관찰 대상 사이의 경계가 의식 속에서 모호해짐으로써 관점이 상대화될 수 있다는 것을 보여주었다. 실제로 로브 그리예는 적지 않게 영화감독과 공동작업을 하였으며, 여러 편의 영화를 직접 만들기도 하였다. 롤랑 바르트는 로브 그리예를 '저기 있는 것'으로서의 '오브제'의 작가로 지칭하며, '깊이의 신화'를 폐기시킨 점을 극찬하였다. 르 클레지오의 경우 역시 몽타주 기법이나 거울에 비치는 상 그대로를 묘사하는 기법을 통하여 가공시키지 않은 사물들의 세계를 그대로 드러내고자 하였다. 그리고 설명을 동반하지 않은 채 일인칭과 삼인칭을 혼용함으로써 어떻게 현실과 허구의 경계가 무너지는지를 보여주었다.

소설 자체에 대한 탐색과 그 실험성은 소설에서 메타적 요소를 배제하고, 소설을 일종의 '소설 속의 소설'로 만들었다. 사르트르는 나탈리 사로트가 쓴 『미지인의 초상』에 대한 서문에서 이러한 '소설의 소설'을 가리켜, 17세기에 샤를르 소렐이 자신의 『괴짜 목동』에 대하여 썼던 표현을 빌려 '반(反) 소설'로 부르기도 하였다. 이미 20세기 초 앙드레 지드의 『사전꾼들』에서 그 싹이 엿보였던 이러한 소설에 대한 소설의 비평적 자세는 누보로망에 이르러 문학창조의 개념을 변화시키는 원동력이 되었다. 사실주의에 대한 반발로 '소설적인 것'을 배제한다는 것은 소설의 허구성 자체가 오히려 소설을 가능하게 한다는 것을 인식하는 것이다. 허구성의 논란이 되는 현실을 아예 무시하고 소설 자체가 소설이 된다는 것이 바로 소설의 소설, 소설에 대한 소설인 셈이다. 이러한 관점은 문학의 자기반영성에 대한 성찰이라 할 수 있겠다. 로브 그리예는 누보로망에 대한 자신의 이론이 한창 무르익을 무렵에 쓴 단편집 『스냅사진들』 중의 「반사된 세 개의 장면」에서 작품 속에서의 현실과 허구의 반사성을 거울과 유리를 통한 광학적 반사로 다루고 있다. 광학적 묘사는 물체가 그대로 통과되어 보이는 유리창이 다시 거울에 비춰 보이고, 또 물체를 비추는 거울이 다시 거울 속에 비춰지며 시각이 이중화, 삼중화되는 현상을 보이는데, 이를 통하여 실상과 허상, 현실과 허구의 문제를 탐구하였다.

누보로망에서는 이와 함께 사회적 조건에 의하여 리얼하게 살아 숨 쉴 수 있었던 사실주의 소설에서의 인물이 사실주의적 각색이 없이도 충분히 제작될 수 있다는 것을 보여준다. 나탈리 사로트의 『트로피즘』은 소설의 인물에 대한 이론을 펴고 있는데, 이 작품은 소설의 인물이 실제 살아 있는 인물보다 더 실재에 가깝다고 말한다. 그리고 『미지인의 초상』에서는 톨스토이의 『전쟁과 평화』 속에서 사실주의적 요소들로 구성되었던 볼론스키 공작이 어떻게 다시 허구의 언어로 태어나는지를 보여준다. 물론 이러한 시도는 금세기 초에 이미 인물을 우화 속에 설정하여 사회적 배경보다는 존재의 조건에 밀착시킨 카프카나 조이스 등에서 그 조짐을 보였던 것이다. 다른 한편 소설에 대한 소설의 개념은 문학창조가 무에서의 창조가 아니라, 이미 존재하는 다른 텍스트들에 대한 모방 내지는 산종이라는 점을 부각시킨다. 미쉘 뷔토르의 『모빌』은 미국 백화점의 카탈로그, 메뉴판, 제퍼슨 대통령의 연설문, 아이스크림의 향들을 소재로 하거나 그 외에도 표지판, 건물 설계도, 시간표, 알파벳 등을 소재로 다룬다. 그리고 미쉘 투르니에는 『방드르디 혹은 태평양의 끝』에서 신화를 재구성하는가 하면, 나탈리 사로트는 발자크 소설의 주인공들을 자신의 소설 속에 재등장시키기도 한다. 이들의 시도들은 문학텍스트가 어떻게 언어의 재구성을 통하여 의미를 제작하는지를 보여준다.

소설을 하나의 탐색 과정의 장으로 보는 관점은 소설의 완성은 불가능하다는 허구성의 한계에 대한 자각이라고 볼 수 있다. 이러한 경향은 특히 나탈리 사로트나 마르그리트 뒤라스(정확히 말해 뒤라스는 누보로망 2세대라고 할 수 있다)의 작품에서 엿볼 수 있다. 뒤라스의 『모데라토 칸타빌레』는 작가가 설정한 시공간 속에서 아무런 사건도 일어나지 않은 채 이야기의 완성이 불가능하게 된다. 즉 소설은 작가가 단정적으로 완성시켜 제시할 수 있는 것이 아니라, 독자와의 유대적 관계 속에서 작용할 뿐이라는 것이다. 이를 가리켜 완성된 소설의 전단계 혹은 준비단계라는 의미에서 '소설 이전의 소설'이라 부르기도 한다. 이러한 비결정의 상대적 소설관은 독자를 수동적 수용의 위치로부터 능동적 참여의 위치로 바꾸어놓게 된다. 미쉘 뷔토르는 그의 『라 모디피카시옹』에서 이인칭의 직접적 호칭으로 소설 속의 인물과 독자를 혼용하거나 혼동케 하여 독자의 참여를 의도적으로 드러낸다. 작가는 관찰하는 대상에 대한 생각을 담을 수 있는 그림들을 제시할 뿐이고, 독자는 수수께끼를 풀어나가듯 이를 재구성하는 언어유희에 동참하게 된다. 이러한 소설에서는 흔히 탐정소설의 기법을 차용하고 있는데 여기서 작가는 단지 카메라의 시선으로 묘사를 할 뿐이고, 그것을 퍼즐처럼 끼워 맞춰가며 판독하는 것은 독자의 몫으로 돌아간다. 이러한 탐정 소설의 기법은 특히 로브 그리예, 뷔토르, 그리고 최근의 파트릭 모디아노의 소설에서 두드러진다.

글쓰기와 해체적 자기반영성

재현의 위기라는 관점으로 사실주의에서 누보로망에 이르기까지 소설의 허구성이 어떻게 변화되어 왔는지를 살펴보았는데, 사실 누보로망 이후의 새로운 소설, 다시 말해 또 다른 누보로망을 말한다는 것이 의미가 있는가라는 의문이 들 정도로 누보로망에서는 소설의 기법에 관한 거의 모든 실험과 성찰을 했던 것 같다.

현실과 허구 사이에서 방황하던 '소설적인 것'이 종지부를 찍고 허구 자체를 문제로 삼아 소설에 대한 소설, 소설 속의 소설을 추구하여 온 누보로망 이후, 소설은 이제 현실이라고 믿는 것의 허구성을 드러냄으로써 현실과 허구의 경계가 없음을 드러내고자 한다. 다시 말해 소설의 허구성은 이제 제로 상태, 아니면 오히려 무한대가 되었다고 할 수 있겠다. 롤랑 바르트는 그의 『롤랑 바르트 / 롤랑 바르트』에서 가장 자전적인 요소조차 허구적인 것이 될 수 있음을 글쓰기 한 바 있다. 요컨대 누보로망 이후 1970년대와 1980년대를 거쳐 오늘에 이르기까지 두드러진 경향 중의 하나가 바로 이러한 소설의 허구성에 대한 자기반영적 성격이라 할 수 있다. 그 대표적인 예로 우리에게 잘 알려진 밀란 쿤데라를 들 수 있을 것이다. 그는 현실이 어떻게 허구로 변형되는지 그리고 그 변형의 과정에서 허구가 어떻게 다시 현실로 되는지를 보여주며 철학적 '깊이'의 사색을 '웃음'과 '망각'으로 표층화시킨다.

파트릭 모디아노의 경우는 이 허구성의 해체가 좀 더 내재적으로 이루어지고 있다. 주로 추억에 대한 회상을 서술하는 그의 작품 세계는 얼핏 보아서는 전통적 의미에서의 소설의 형식과 크게 다를 바가 없다. 그러나 그 형식의 단순성은 오히려 소설의 자기반영적 파괴를 더욱 두르러지게 하는 효과를 자아낸다. 그의 작품 세계의 완숙도를 보여주는 『팔월의 일요일들』은, 지극히 평범한 사건(사랑하는 여인이 보석과 함께 사라짐), 영화의 카메라 렌즈가 포착하는 것과 같은 장소에 대한 사실적이면서도 절제된 묘사, 극소화된 등장인물들(두 연인, 연인의 전 남편, 보석을 빼앗기 위해 미국인 외교관으로 가장한 어느 부부)로 구성된 아주 단순한 구조를 가진다. 그러한 구조 속에서 소설적 시간은 기억의 파편들이 난무하며 불연속적으로 전개된다. 인물들 역시 점차로 익명화 되어 가고, 사건 역시 미궁 속에 빠지며 사건 자체가 부재하게 된다. 이와 함께 추억에 대한 회상 자체가 실재인지 허구인지를 알 수 없게 만든다. 어쩌면 여기까지는 쿤데라와 모디아노 모두 누보로망과 크게 다를 바가 없다 하겠다. 그러나 쿤데라는 현실과 허구의 경계를 지우는 것에 그치지 않고, 같은 주제를 이야기, 에세이, 꿈, 상상, 일상적 일화 등의 여러 다른 형태의 담론으로 전개시킨다. 그리고 이러한 반복을 통하여 허구와 현실의 경계가 모호하며 결정적으로 '이야기될 수 없음'을 드러낸다. 모디아노의 경우는 일인칭의 화자가 소설적 이야기를 들려주며 독자로 하여금 탐정처럼 풀어내도록 하는데, 그 과정 속에서 화자가 들려주는 이야기가 허구임을 재반추시킨다. 그리고 실재와 허구를 결정할 수 없게 만드는 그 재반추의 과정에서 유일하게 찾을 수 있는 작품의 의미라는 것은 다름 아닌 실재와 허구 사이를 넘나드는 글쓰기의 행위 자체임을 강하게 시사한다.

이처럼 허구성을 드러내되 작품에서 드러난 허구성에 대하여 어떠한 태도를 취하느냐가 누보로망과 오늘의 메타픽션적 작가들과의 차이점이라 할 수 있을 것 같다. 좀 도식적으로 표현한다면, 누보로망이 문학의 자기반영성을 주제로 삼았다면, 오늘은 그 자기반영성을 다시 파괴하고 있다고나 할까.

소설은 그 자신 속에서 위반과 부정의 법칙을 실행해나가는 글쓰기라고 할 수 있을 것이다. 소설은 작가가 엮어낸 이야기나 줄거리, 인물들의 기승전결을 통하여 작품의 총체적 의미를 만들어내거나 또는 그 만들어진 의미를 독자에게 전달해야 하는 공간일 수가 없게 된다. 대신, 저자와 독자가 글쓰기와 글읽기의 행위 속에서 작품이 결국은 언어라는 매체를 통한 인위적 가공물임을 확인하고 또 그것을 즐기기도 할 수 있는 유희의 장소로 탈바꿈한다. 모디아노의 소설에서, 미궁에 빠진 사건과 사랑하는 여인의 영원한 실종, 되찾을 수 없는 내레이터의 자기정체성 등과 같은 비극적인 목소리가 반짝거리는 활자들의 유희로 탈바꿈하며 소설의 끝이 열리는 것도 이런 맥락에서일 것이다.

제2부

경계를 넘어

이 장에서는 상이한 두 영역들 '사이'에서 쓴 글들을 모아보았다. 문학, 철학, 회화, 영화, 건축 등 서로 다른 영역들 사이를 접목시키는 글들이다. 이러한 접목은 20세기 후반 후기 구조주의자들에게서 발견할 수 있는 두드러진 현상이다. 그들은 이제까지의 전통적인 철학적 관점으로부터 탈피하기 위하여 다른 영역들과의 접목에서 철학적 자양분을 찾았다. 데리다와 푸코, 들뢰즈는 모두 문학을 비롯하여 회화, 영화 등에서 자신들 특유의 철학적 글쓰기를 실천하였다.

〈데리다의 글쓰기〉, 〈데리다와 퐁주〉는 데리다의 철학적 글쓰기와 문학의 관계를 조명하고, 〈푸코와 벨라스케즈〉는 철학과 회화의 관계, 〈후기 구조주의와 영화 이미지의 자기반영성〉과 〈들뢰즈의 '운동 이미지'와 '시간 이미지'〉는 철학과 영화의 관계를 보여준다. 이외에도 영화 '지난 해 마리엥바드에서'를 분석하는 〈알랭 레네와 로브 그리예〉는 소설과 영화의 관계를 보여주며, 〈베르나르 츄미의 해체주의 건축미학〉은 건축과 철학의 관계를 고찰한다.

이러한 접목적 글쓰기들이 공통적으로 가지고 있는 주제 중의 하나는 바로 '자기반영성'이다. 자기반영성은 문학을 비롯한 예술에서 20세기를 관통하는 주된 움직임들 중의 하나이다. 다른 영역과 맞대면함으로써, 고유한 영역에서는 바라볼 수 없었던 자신의 한계와 취약점을 확인하고 자신의 테두리를 벗어날 수 있는 방편이 바로 자기반영성이기 때문이다. 그것은 나르시스적인 갇힌 세계로부터 타자를 향한 열림을 가능하게 해주는 출발점이라고 할 수 있다.

1

데리다의 글쓰기

문학적 글쓰기, 철학적 글쓰기

혹자는 데리다를 가리켜 문학적 글쓰기와 철학적 글쓰기의 경계의 혼합을 가장 멀리까지 밀고 간 사람 중 하나라고 한다. 그러나 그가 없애려는 것이 비단 문학과 철학 사이를 구분 짓고 갈라놓는 경계선만은 아니다. 그는 문학적 글쓰기와 철학적 글쓰기를 혼용하여 문학과 철학을 서로에 대한 대안으로서가 아니라, 그 각각을 작용시키는 관계망으로서 구축한다. 이는 다시 말해 문학과 철학의 경계를 지우고 그 사이에서 글쓰기 자체가 작용할 수 있도록 한다는 것이다. 1954년의 그의 첫 논문 「후설 철학에 있어서의 기원의 문제」와 1962년의 「기하학의 기원」은 모두 후설 철학이 시사하고 있는 '글쓰기'의 문제를 다루고 있으며, 『기하학의 기원에 관한 입문』과 『목소리와 현상』 그리고 『그라마톨로지』에서 이 글쓰기의 문제를 좀더 구체적으로 체계화시키고 있다. 글쓰기는 데리다의 해체 사상의 핵심이 되는 것으로서, 철학이나 문학, 미학, 심리학 등 학제간의 영역을 초월한

‘언어 속에서의 경험’이라 할 수 있다. 『입장들』이나 『철학의 여백』에서 데리다는 자신의 철학에 대한 입장을 철학적 담론을 뛰어넘지 않고 그 경계에 위치하는 것이라고 밝히고 있다. 그러한 입장은 철학의 안과 밖에 동시에 위치한다는 것을 뜻하며, 근본적으로 철학이 순수하게 자연발생적이라는 것에 대한 부정이라 할 수 있다. 따라서 데리다의 텍스트, 혹은 그의 텍스트 이론은 여러 영역이 접목된 텍스트들로서, 각 영역들은 그 접합 지점에서 나란히 동행할 수 있게 된다. 그것이 바로 접속사 ‘그리고’가 접목시키는 효과로 철학적 문학이 아니라 철학과 문학, 언어학과 문법학, 철학과 심리학이 함께 작용하는 글쓰기의 장이라 할 수 있다.

데리다를 이해하기 위해서는 그의 글쓰기의 문학적 기반과 취향을 이해할 필요가 있다. 데리다 특유의 사유를 문학적으로 접근하여 조명한다는 것은 그의 문학에 대한 근본적인 관심은 무엇을 의미하며, 또 이러한 문학에 대한 관심이 그의 철학적 텍스트의 작업과 맺고 있는 관계는 무엇인지, 그리고 그의 문학적 글쓰기 속에서 철학적 사색이 어떻게 흔적지워지고 있는지를 이해할 수 있게 해준다. 우리는 두 대담을 인용하여 데리다 자신의 말을 직접 들어볼 것이다. 그 중 하나는 아직 우리나라에 소개되지 않은 것으로 1989년 4월 라구나 비치에서 데렉 아트리지와 이틀에 걸쳐 ‘문학이라 불리는 이상한 제도’라는 제목 하에 가졌던 대담인데, 1992년 루트리지출판사에서 출간한 『문학 행위』의 제 1장에 실리고 있다. 다른 하나는 『마가진 리테레르』 286호(1991. 3)의 프랑수와 에왈드와의 대담에서 부분 발췌한 것이다.

데리다는 여러 대담들에서 사춘기 시절의 문학 입문을 얘기한다. 그는 알제리의 유태인 집단 사회 속에서, 그의 표현에 의하면 "공부보다는 발로 뛰는 축구 같은 것에 훨씬 더 많은 관심을 가지고 있었던 '무리'들 속에서 젊은 부랑자와 같은 생활을 영위하고" 있었으며, 다른 한편으로는 이미 문학과 철학에 '들어가기' 시작 했다고 피력한다. 당시부터 그의 꿈은 글을 쓰는 것이었으며, 몇몇 인물들이 그 꿈의 형태를 잡아주고 있었다. 2차 대전이 끝나갈 무렵 프랑스로부터 해방된 알제리에 문학잡지와 새로운 출판사들이 증가하며 일종의 문학의 수도와 같은 분위기가 형성되고 있었다. 당시 그는 지드의『지상의 양식』과『사랑의 감정』에 매료되었고, 니체와 발레리, 루소를 탐독했다. 그리고 중학교 철학 시간을 통하여 철학적 소양 교육에 매우 중요한 베르그송과 사르트르를 읽기 시작했고, 짧은 시들을 써서 북아프리카에서 발행되는 잡지들에 싣기도 하였다. 사춘기 시절의 문학에 대한 관심은 그가 1980년 국가박사학위 논문 심사에서 "철학에 대한 관심에 앞서, 나는 중단 없는 최대의 관심을 문학, 즉 문학이라 불리는 글쓰기에 기울여왔다"라고 말할 정도로 그에게 깊이 각인되었다

하지만 그가 말하는 '최대의 관심'은 철학과 문학 사이에서의 또 다른 현실, 즉 글쓰기임을 간과해서는 안 된다. 그것은 문학이나 철학 그 어느 한쪽에 속함이 없이, 사막의 모래처럼 사라져가는 '일어나고 있는 것'에 대한 흔적을 각인시키고자 하는 욕망에서 출발하는 것이다.

나는 절대로 최대의 근원적 관심이 철학보다 문학 쪽을 향했다고 말할 수는 없을 것입니다. 여기서 절대성이란 위험한 것일 수 있습니다. 왜냐하면 나는 나 자신의 상투적 틀로부터 탈피하고 싶기 때문입니다. 이를 위해서는 무엇보다 나의 청년기 시절에 '문학'이나 '철학'으로 불렸던 것이 무엇인가를 정의해야 할 것 같습니다. 당시 적어도 프랑스에서는 이 문학과 철학이 그 시기에 지배적이었던 작품을 통하여 서로 만나고 있었습니다. 사르트르와 카뮈의 실존주의가 어디에나 풍미하고 있었으며, 초현실주의의 잔재가 아직도 남아 있었던 것입니다. 그리고 만약 이러한 글들이 철학과 문학 사이의 새로운 접촉을 시도하는 것이었다면, 그것은 이미 프랑스적 전통과 일선 학교에서 굳건히 다져진 모델들에 의해 그 기반이 마련된 덕분이라 볼 수 있습니다. 물론 내가 철학과 문학 사이에서 망설였다는 것은 의심의 여지가 없습니다. 아마 그 어느 것도 포기함이 없이, 막연하게나마 이 둘 사이의 경계가 단지 역사적, 이론적 사변에 의해서가 아니라 글쓰기 자체 속에서 생각되어질 수 있고, 나아가서는 그 경계선이 자리 이동을 할 수 있는 그러한 자리를 찾고 있었던 것 같습니다. 그 이후로 오늘에 이르기까지 나의 관심을 끌고 있는 것은 엄밀히 말해 문학이나 철학이라고 부르는 것이라고는 할 수 없습니다. 나의 청년기 시절의 욕망 – 지금으로서는 이렇게 부르기로 합시다 – 이 나를 철학이나 문학 그 어느 것이라고도 할 수 없는 글쓰기와 같은 그 어떤 것으로 향하게 했다고 생각합니다. 그 어떤 것이란 무엇이었을까요?

이것을 설명하기에 '자서전'은 가장 부절적한 것 같습니다. 왜냐하면 그것은 오늘날까지도 내게 가장 풀 수 없는 수수께끼로 남아 있기 때문입니다. 내게 글을 쓰고자 하는 욕망이 찾아왔을 때 무슨 일이 일어났는지를 회상하고 있는 지금 이 순간에도, 나는 일반적으로 우리가 '자서전적'이라고 부를 수 있는 그러한 방법으로, 다시 말해 충동적인 것만큼이나 모호하고, 힘이 없는 것만큼이나 권위적인 그러한 방법으로 말하고 있는 것입니다. 요컨대 당시 일어났던 것은 바로 자서전적 욕망과 같은 것이었습니다. '청년기적' 자기 정체성의 '나르시스적'시기에 (당시 내가 해둔 메모들에는 그것이 종종 지드의 프로메테우스적 주제와 강하게 연관되어 있는 것을 알 수 있습니다) 그것은 무엇보다 단지 몇몇 기억들을 각인시켜 두고자 하는 욕망이었습니다. 나는 '단지'라고 말하고 있는데, 이는 이미 그 당시에 그것이 불가능하고 끝이 없는 임무라는 것을 알고 있었다는 것을 의미합니다. 곰곰이 생각해 보면, 거기에는 비밀 얘기를 털어놓는 고백처럼 어떤 서정적 감정이 있었던 것 같습니다. 오늘날에까지도 내게는 일어나는 것 – 혹은 일어날 뻔한 것 – 을 메모의 형태로 중단되지 않은 각인 속에 간직하고자 하는 집요한 욕망이 남아 있습니다. (…) 다시 말해 나의 청년 시절의 꿈은 나를 가로질러 가고 있었던, 혹은 거의 그러하다고 할 수 있는 목소리들, 그리고 너무나 소중하고, 특별하며, 환각적이고도 사변적인, 그런 모든 목소리들에 대한 흔적을 간직하고자 하는 것이었습니다. 일어나고 있는 것 – 다시 말해 아주 독특하여 그 흔적을 살려두고 싶은 사건 – 을 사실로 기록해 두기 위하여, 내가 '일어날 뻔 한 것' 그리고 '거의 그러하다고 할 수 있는'이라고 말한 것은, 그것이 일어나지 않고 있는 것이 일어나야 한다는 욕망 그 자체라는 사실과, 따라서 이미 그 자체 내에서 사건이 '사실'의 기록과 '픽션'의 기록을 교차시키고 있는 하나의 '이야기'라는 사실을 기록하기 위한 것이었습니다. 바로 여기에 우리가 역사적 담화와 문학적 픽션, 그리고 철학적 사색을 분리시키는데 어려움이 있는 것입니다.

(…) 내가 꿈꾸는 것은 문학 작품이나 철학 작품이 아니라, 내게

> 일어나는 것, 혹은 일어날 뻔 한 것이 마치 봉인되어 있는 (봉인의 구조가 가지고 있는 모든 모순과 함께, 바로 그 봉인의 형태 속에, 그리고 진짜 서명과 같은 바로 그러한 서명 속에 유보되어 보전을 위해 숨겨져 있는) 것과 같은 그런 것입니다.(데리다와 데렉 아트리지와의 대담, 『문학 행위』, 루트리지, 1992)

그가 사춘기 시절부터 키워온 글쓰기에 대한 욕망은 결국 흔적을 각인시키고자 하는 욕망으로부터 출발하고 있음을 알 수 있다. 그리고 이 흔적은 모든 학제간의 경계를 벗어나 글쓰기의 근본적인 해체적 성격을 작용시키는 것이다. 다시 말해 흔적은 '일어나고 있는 것'의 현전의 부재 속에서 '허구의 가능성' 자체를 실천해 가는 것이다. 바로 이 점에서 흔적은 서명의 구조 속에 각인되어 있는 일종의 '약속'과 만나고 있다.

> 내가 중요하다고 생각하는 것은 글을 쓰는 행위, 아니 어쩌면 글을 쓴다는 경험입니다. 엄밀히 말해 그것은 행위라고는 할 수 없기 때문이죠. 그것은 그어지고 있는 흔적, 심지어는 글을 쓰는 저자나 그 글이 처음으로 각인되는 현재가 없이도 지낼 수 있도록 운명지워진 그러한 흔적을 남긴다는 것입니다. 이러한 것은 그 어떠한 것보다도 현재나 기원, 죽음, 삶, 생존에 대해 생각하게 해줍니다. 흔적이란 그것이 다른 현재에 보내져 분열되지 않는 한, 결코 현전할 수 없는 것이라고 볼 때, 현재에 있다는 것, 즉 현재의 현전이란 무엇을 말하겠습니까? 이러한 흔적에의 가능성은 아마도 예술이나 문학, 혹은 이러한 이름으로 부를 수 있는 모든 제도들 너머에 있는 것 같습니다. 철학이나 과학과 마찬가지로, 문학은 하나의 제도 그 이상의 것이 아닙니

다. 문학은 제도인 동시에 반-제도라고 할 수 있습니다. 왜냐하면 문학은, 제도가 그 자신과 떨어지기 위하여 그 자신과 모퉁이를 만드는 지점에서, 제도와 떨어진 곳에 위치하기 때문입니다. 제가 보기에 만약 문학이 어떤 특권을 누리고 있다면, 거기에는 두 가지 이유를 들 수 있을 것 같습니다. 한편으로는 문학이 글쓰기라는 사건을 주제화시키고 있기 때문이며, 다른 한편으로는 문학이 그 정치적 역사 속에서, 소위 말하는 진리, 허구, 모사, 과학, 철학, 법칙, 권리, 민주주의와 아주 특이한 방법으로 관계를 맺음으로써, '모든 것을 말할 수 있다'는 원칙적인 허락을 가지고 있기 때문입니다 …….

왜 흔적(현전도 부재도 아니며, 존재와 현존 너머에 있는 것으로서, 내게 언제나 흥미를 느끼게 해주는 부정적 신학의 근간이 되는 것인데, 특히 '어떻게 말하지 않을 수 있는가' (『프쉬케』)에서 다루어지고 있습니다)은 철학을 움직이게 하고, 또 그러한 움직임으로 인하여 스스로를 거부케 하며, 순수하게 존재적이고, 초월적이며, 철학적인 이해를 저해하고 있는 것입니까? 철학과 무관한 것은 아니지만, 그렇다고 철학이지도, 또 이론적이거나 비평적이지도 않은, 일종의 시도로서의 흔적은 글쓰기의 새로운 실체들, 다른 서명들의 담보물들, 그리고 철학이나 문학, 나아가 어쩌면 일반적인 지식들이 이제까지 우리가 그것들에게 부여했던 이미지나 역사와는 닮아 있지 않은 그러한 새로운 실체들을 약속하고(흔적은 이 약속자체라고 할 수 있습니다), 책임지고 있는 것이라 할 수 있습니다.(데리다와 프랑소와 에왈드와의 대담, 『마가진느 리테레르』, No. 286)

글쓰기의 흔적이 해체의 근간이 되고 있는 까닭은 흔적이 '일어나고 있는 것'의 부재와 도래하는 것 사이에서 언제나 '타자'

를 작용시키기 때문이다. 데리다에게 있어서 절대불변의 진리가 존재하지 않듯이 글쓰기에 있어서도 자아가 절대적 주체의 자리를 차지하지 않는다. 다시 말해 '자아는 어떤 주어진 순간에 이러저러한 이유로 글쓰기에 자신을 저당잡히도록 형성되어진 주체가 아니'라, '글쓰기에 의하여, 주어진 타자에 의하여 있는 것'이다. 이 때 '주어진 타자'란 '주어지고, 인도되고, 제공되고, 배반되도록 태어난' 것을 말한다.

이는 다시 말해 글쓰는 자가 자신의 고유한 생각으로 의미를 부여하는 글이 사실은 이미 주체와 객체의 경계를 지우고 이중적으로 작용한다는 것이다. 왜냐하면 씌어진 글은 그 흔적의 반복성 속에 이미 타자와의 공유를 전제하고 있기 때문이다. 바벨탑의 비극 이후 우리는 언어를 통하여 언어 이상의 수많은 형이상학적 의미를 부여하며 언어를 단지 수단으로 여겨 왔으며, 음성의 직접적 현전에 대한 부차적 대체물로 전락시켰다. 하지만 언어는 글쓰기의 주체와 객체 그 어디에도 예속되어 있지 않다. 언어도 인간이나 사물과 동등한 자격과 활동을 가진다. 그렇기 때문에 언어의 사용에 있어서는 사용자의 주체와 대상이라는 이분법이 있을 수 없으며, 각 항들이 서로의 타자적 경험과 관계 속에서 작용할 뿐이라는 것이다. 해체의 가장 근본적인 프로젝트는 이중적 작용의 드러내기이다. 위계지워진 중심은 주변적인 것의 작용이 없이는 중심이 아니며, 같음은 단지 다른 것의 다른 것일 따름인 것이다. 그러므로 해체에는 언제나 이 이중성의 작용과 그 이중성을 작용케 하는 타자성에의 경험이 방법론 아닌 방법론으로 작용하고 있음을 상기해야 한다.

반 – 제도적 문학

데리다는 문학을 다른 학문 분야와 마찬가지로 하나의 제도로 본다. 하지만 그것은 '제도인 동시에 반 – 제도'로서, '모든 것을 말하도록 허용된 이상한 제도'이다. 그리고 이 '이상한 제도'는 다름 아닌 문학이 가지는 '모순적 구조'에서 기인한다. 즉 모든 것을 말하도록 허용되어 있음은 문학의 힘이 됨과 동시에 취약점이 되기도 한다는 것이다. 데리다는 문학의 이러한 '모순적 구조'를 일찍이 그의 문학에 대한 열정과 함께 직감하고 있었다. 그리고 어쩌면 그 때문에 문학과 철학을 함께 수용할 수 있는 '그 어떤 것'에 대한 욕망을 가졌는지도 모른다.

> 우리가 문학이라고 부르는 것(문예나 시가 아닙니다)은 저자에게 그가 원하는 모든 것, 혹은 그가 할 수 있는 모든 것을 말하도록 되어 있으며, 따라서 그것이 종교적이건 정치적이건 간에 모든 종류의 검열로부터 면제되고, 보호받는다는 것을 의미합니다. 호메이니가 루시디의 살인자를 데려오라고 떠들어댔을 때, 나는 비록 그 내용 전반에 있어서는 동의하지 않았지만, 문학은 '비평적 기능'을 가져야한다는 텍스트에 서명을 한 적이 있습니다. 물론 이 '비평적 기능'이라는 말이 옳은 것인지는 모르겠지만 말입니다. 무엇보다 이 말은 문학을 단 하나의 임무에 고정시킴으로써 문학을 제한하고 있습니다. 그것은 다시 말해 문학이 다른 중요한 기능들을 가지거나, 혹은 그 어떠한 기능도 가지지 않을 수도 있고, 그 자신의 밖과는 아무런 관계를 가지지 않을 수도 있음에도 불구하고, 문학을 목적화시킴과 동시에 의미와 프로그램, 규정된 이상을 갖도록 고정시키는 것일 수도

있습니다. (…) 모든 것을 말할 수 있는 자유는 매우 강력한 정치적 무기이지만, 즉각적으로 자신을 하나의 허구로 중화시킬 수 있는 것이기도 합니다. 즉 이 같은 혁명적인 힘이 매우 보수적으로 될 수도 있다는 것이죠. 작가는 무책임할 수도 있습니다. 그럴 수 있습니다. 나아가 작가는 때로는 적어도 이데올로기적 힘에 관한 한 무책임을 요구해야 한다고도 할 수 있습니다……. 제정된 힘들을 부추기는 생각과 글을 대변하는 것에 대한 거부와 무책임의 의무, 이것이 아마도 가장 수준 높은 책임의 형태일 것입니다…….

사춘기 시절, 나는 내가 허락되어 있지 않은 것을 말한다는 것, 아니면 적어도 작가가 허락되지 않은 것을 말해야 하는 그러한 상황에 관심을 가진다는 것이 어려우면서도 그 때문에 더욱 더 절실하게 필요했던 상황 속에 살고 있다는 느낌을 항상 가지고 있었습니다. 내게 있어서 1940년대의 알제리(비시정권, 공공연한 반유태주의, 1942년 말의 연합군 상륙, 알제리 전쟁을 예고하는 첫 번째의 심각한 돌발적 폭동과 함께 1945년의 알제리 저항에 대한 지독한 식민지 압제 정책)는 나의 가족적 배경이기도 했지만, 그와 동시에 내면 일기나 문학에 대한 나의 관심이 부추겼던, 가족에 대한 전형적인 반항을 의미하기도 했습니다. 당시 내가 많이 읽었던 니체나 루소 그리고 지드에 대한 나의 열정은 무엇보다도 '가족이여, 나는 그대들을 증오하노라'라는 것을 의미하는 것이었습니다. 나는 문학을 가족이나 그것이 반영하고 있는 사회와 양립될 수 없는 것으로 생각했습니다. 비록 그 가족 역시 다른 형태로 박해를 받고 있었다 하더라도 말입니다. 당시 알제리에서는 인종차별주의가 어디에나 갖가지 형태로 만연해 있었습니다. 유태인으로서 반유태주의의 희생자라고 하더라도, 그것이 드러난 형태로든, 드러나지 않은 형태로든 내 주변의 곳곳에서 느끼고 있었던 반아랍주의를 면하게 할 수는 없었습니다. 일종의

'모든 것을 말할 수 있는' 약속으로서의 문학은 어떤 의미로 보면 그 당시 내가 처해 있었던 가족적, 사회적 상황 속에서 나를 부르고 내게 손짓을 하는 어떤 것이라고 할 수 있었습니다. 그러나 물론 그것은 지금 제가 이 자리에서 몇 마디로 요약해서 말하기에는 너무나 복잡하고 단정 짓기 힘든 것입니다. 이와 아울러 나는 매우 일찍이 문학이란 불만이나 결핍 또는 무기력한 경험일 수도 있다는 사실을 알았던 것 같습니다. 만약 철학적 문제가 적어도 내게 있어서 필요한 것으로 보였다면, 그것은 아마도 문학이 때로는 순진하고 무책임하며 심지어는 무기력할 수도 있다는 것을 예감하고 있었기 때문일 것입니다. 그것은 문학에 있어서는 결과에 대한 아무런 책임이 없이 모든 것을 말할 수 있을 뿐만 아니라, 요컨대 그러한 사실로 인하여 작가가 문학의 본질에 대해서는 질문을 하지 않기 때문이라고 생각합니다. 어쩌면 나는 내가 항상 갈망해 왔지만 언제나 내 자신으로부터 멀리 좀 더 높은 곳에 위치시키려고 했던 문학적 글쓰기가 직면하고 있었던 무기력이나 제지의 배경이 되는 것으로부터 벗어나서, 재빨리 문학에 대하여 질문을 할 수 있는 문학의 형태, 혹은 말하기와 글쓰기 사이의 관계를 질문할 수 있는 철학적 형태의 활동에 관심을 가졌던 것 같습니다. 어떤 의미에서 철학은 정치적 심각성과 또 그것이 요구하는 논리적 일관성으로 문학보다 문학의 문제를 좀 더 정치적으로 다룰 수 있는, 좀 더 정치적인 것이라고 볼 수 있을 것 같습니다.

나는 허구의 가능성, 즉 허구성에 관심을 가졌습니다. 그러나 깊이 생각해보면 허구와 그 허구의 소설을 읽는 것으로부터는, 글쓰기의 역할 내지는 일종의 순진한 자기 동화를 분석하는 것으로부터 얻는 즐거움 이상의 큰 만족은 한번도 느껴본 적이 없었다는 것을 말해두어야 할 것 같습니다. 나는 일종의 허구의 연습, 다시 말해 철학적

> 글쓰기 속에 그 어떤 효과적인 모조품이나 혼란을 끼워 넣는 것을 좋아합니다. 그러나 스토리들을 말하거나 지어내는 것 그 자체에는 특별한 흥미가 없습니다.(『문학 행위』)

문학과 초월성

데리다는 특수한 구조를 가진 문학에 대해서는 다른 방식으로 접근을 해야 하며, 또 다른 '공리'를 세워야 함을 강조한다. 이 점에 있어서 데리다는 사르트르가 문학 텍스트를 대함에 있어서 '문학이란 무엇인가?'라는 질문으로 결국은 문학을 진리와 맞대면시킴으로써, 문학을 문학 외적인 형이상학적 질문으로 '취조'하는 결과를 낳았다고 반박한다. 이 점에서 데리다는 퐁주의 사물의 글쓰기에 대한 사르트르의 글을 가장 못마땅하게 여기기도 한다. 그리고 문학 텍스트 읽기는 '문학과 진리 사이, 문학과 무엇인가라는 질문에 해야 할 답변 사이'의 '이중 회합'임을 강조한다.

> '문학이란 무엇인가?'라는 사르트르의 질문은 필요하기는 하지만 불충분한 것이라고 생각합니다. 그것은 지나치게 사회역사적이고 형이상학적인 동시에 문학 구조의 특수성을 간과한 것이라 생각합니다. 사르트르는 문학 구조의 특수성에 대해서는 질문을 하지 않으며, 매우 한정된 문학적 모델을 중심으로 해석의 전(前) 단계를 밟고 있다고 봅니다(예를 들어 현대의 문학적 글쓰기에 대한 이해 부족으로, 조이스나 아르토와 같은 작가에 대해서는 거의 언급하지 않

고 있으며, 말라르메나 장 주네에 대해서는 말하고 있다 해도 아주 피상적인 것입니다. 내가 경탄해 마지않는 퐁주와 블랑쇼, 바타이유에 대한 그의 글에 대해서는 말할 필요도 없습니다). 문학에 대한 사회정치적 혹은 사회역사적 척도를 가늠하기 위해서는(문학의 기능은 무엇인가? 혹은 저자는 사회에서 무엇을 하는가? 등의 질문으로), 문학을 다른 식으로 읽어야만 하며, 다른 공리를 세워야만 하는 것입니다. 그것이 어떤 것인지는 제게 묻지는 말아주십시오. 그것은 제가 이런 상황에서 할 수 있는 것이 아니니까요. 하지만 그것은 제가 다른 곳에서, 저의 거의 모든 텍스트들에서 시도하고 있는 것이기도 합니다.(『마가진느 리테레르』)

데리다는 문학의 특수성을 감안한 다른 '공리'를 위해서는 무엇보다 문학 텍스트에 대한 '초월적 글읽기', 다시 말해 텍스트를 의미나 지시 관계에 국한시키거나 중심을 향한 초월적 좌표를 설정하는 것을 '중단'해야 한다고 한다. 문학 텍스트를 문학적으로 만드는 것, 즉 문학성이라는 것은 의미나 지시 관계에 대한 일종의 '정지된' 관계 속에서 스스로를 '능가'하고 있으며, 언제나 텍스트의 안과 밖의 상호 이중적 작용에 그 기반을 두고 있기 때문이다. 문학 텍스트와 텍스트 읽기가 이 '초월성'과 맺고 있는 관계에 대하여 데리다는 이렇게 말한다.

어떤 의미에서 문학은 그 어떠한 순수한 독창성도 가지고 있지 않다고 할 수 있습니다. 철학적, 과학적, 저널리즘적 담화들은 '비초월적' 방식으로 읽혀질 수 있습니다. 여기서 '초월'하다는 의미 관계나 형태, 언어('텍스트'라고 말하지 않는 점을 유의하시기 바랍니다)에 대한 관심을 의미나 지시(이것은 사르트르가 산문을 단순하고 편리하게 정리하기 위하여 사용한 것입니다) 쪽으로 향하게 하는 것을 뜻합니다. 하지만 그 어떠한 텍스트에 대해서도 전적으로 비초월적 글읽기를 할 수 있는 것은 아닙니다. 나아가서는 그 자체로 문학적인 텍스트는 없다고도 할 수 있습니다. 문학성이라는 것이 텍스트의 자연적 본질 내지는 고유한 특성은 아닙니다. 그것은 텍스트와 의도적으로 맺고 있는 관계와 상관이 있는 것입니다. 이 의도적 관계란, 구성적 내지는 의도적 층위로서, 규약적, 제도적, 사회적인 규칙들을 어느 정도 의식적으로, 그 자신 속에 통합시키는 것을 말합니다. 물론 이것은 문학성이 단지 경험적 주관성이나 독자에 따라 달라질 수 있다는 의미에서의 자기반영적 내지는 주관적이라는 것을 뜻하지는 않습니다. 텍스트의 문학적 성격은 단지 행위의 주관적 측면에서만이 아니라, 노에마의 구조 속에서의 의도적 대상의 측면에도 각인되어 있습니다. 텍스트 '속에는' 문학적 글읽기를 요구하면서도 규약이나 제도, 혹은 문학의 역사를 생각토록 하는 특징들이 있는 것입니다. 이러한 노에마적 구조는(후설이 말하는 '비실제적'의 의미로) 주관성 속에 포함되어 있습니다. 그러나 이 주관성은 비-경험적인 것으로서, 상호주관적인 초월론적 공동체에 연결되어 있습니다. 나는 이러한 현상학적 유형의 언어가 필요하다고 생각합니다. 비록 그것이 어떤 의미에서 글쓰기나 글읽기, 특히 문학적 글쓰기나 글읽기의 상황에서 현상학을 제도나 규범의 개념과 마찬가지로 위기에 빠뜨리는 것에 굴복해야만 하더라도 말입니다. 우리가 구태여 초월적 글읽기를 중단하지 않더라도 텍스트에 대한 우리의 태도를 바꿈으로써, 언제나 문학적 공간 속에, 예를 들어 신문 기사나 과학적 원리, 대화의 단편적 부분과 같은 진술들을 재각인시킬 수 있는 것입니다. 그러므로 문학의 본질(본래적 혹은 비역사적)이라기보다는 문학적 작용하기와 문학적 의도성, 혹은 경험이 있는 것입니다. 문학의 본질은, 편의상의 본질이라는 말을 그대로 사용하자면, 각인과 글읽기 '행위들'의 독창적 역사 속에서의 일련의 객관적 법칙들로 만들어 지는 것입니다.

그러나 문학을 다루고, 텍스트를 문학적 텍스트로 읽기 위해서는 초월적 글읽기를 중단하는 것만으로는 충분치 않습니다. 이를 위해서 우리는 언어의 작용과 각인의 제반 구조들에 관심을 가질 수도 있겠습니다. 그런데 그것은 지시성 자체를 중단시키는 것이 아니라(그것은 불가능합니다), 대상을 반드시 문학적 대상으로 파악함이 없이 의미나 지시 대상에 대한 독단적 관계를 중단시키는 것을 말합니다. 그리고 이러한 사실로부터 문학적 의도성의 특수성을 만드는 것이 무엇인가를 파악하는 데 어려움이 따르는 것입니다. 그 어떠한 경우에 있어서도, 텍스트 스스로가 '초월적' 글읽기에 내맡겨지는 것을 피할 수는 없습니다. 문학이란 초월성이 스스로 제거되는 것을 금지하는 것이기 때문입니다. 이러한 '초월성'은 제어될 수 있는 것이 아니지만, 뒤얽혀서 접혀질 수는 있습니다. 바로 이러한 접혀진 주름의 효과 속에서 문학들 간의 차이와 문학적인 것과 비문학적인 것 사이의 차이 또는 여러 유형의 비문학적 텍스트들 사이의 차이가 각인되는 것입니다. 현대 문학이 초월적 글읽기에 더욱 잘 저항한다고 말하는 것은 역사를 유형학적으로 이해하는 것이라 할 수 있습니다. 다른 것들보다 초월적 글읽기에 더 잘 저항하는 유형의 텍스트들이 있으며 한 텍스트 안에서도 그런 순간들이 있는 것입니다. 문헌 이전의 문학이나 서사시(『오디세이』나 『율리시즈』에서와 같이)에서도, 이러한 지시성과 불가역적 의도성이 의미나 지시대상에 대한 '독단적'이며 순진한 믿음을 중단시킬 수 있는 것입니다.

시와 문학은 비록 그 성격이 다르다 하더라도 한 가지 공통된 특색을 가지고 있는데, 그것은 초월적 글읽기에 대한 '독단적' 순진성을 중단시킨다는 것입니다. 이것은 또한 이러한 경험들이 철학적 힘, 다시 말해 현상성이나 의미, 대상을 생각하도록 하는 힘을 가지고 있다는 것을 설명해 주기도 합니다. 그런데 이러한 힘은 텍스트 속에 어떠한 실체로서 숨겨져 있는 것이 아니기 때문에, 글읽기의 경험을 통하여, 즉 반응을 통하여 개발될 수 있는 철학적 가능태로서 잠재적인 것이라 할 수 있습니다. 시와 문학은 논제를 있는 그대로의 논제로 만드는 것에 대한 '현상학적' 접근을 하게 해주거나 그것을 용이하게 해줍니다. 문학적 경험, 글쓰기 혹은 글읽기는 철학적 내용이나 이러저러한 '논제'를 가지기에 앞서서 논제를 생각하게 함으로써 중화되고, 중화시키는 '철학적' 경험인 것입니다. 왜냐하면 그것은 논제나 믿음, 입장, 순진성, 그리고, 후설이 '본래적 태도'라고 부르는 것에 대한 비논제적 경험이기 때문입니다. 그가 말하고 있는 '초월론적 환원', 즉 시선의 응시의 현상학적 전환이 아마도 문학의 조건일 것입니다(나는 그것이 본래적 조건이라고는 말하지 않겠습니다). 그러나 한편, 이러한 사실을 극단적으로 밀고 나가 볼 때, 내가 지금 제시하고 있는 현상학적 언어가 결국은 그 확실성(절대적 초월론적 의식이나 의심의 여지없는 코기토와 같은 자기 – 현전)으로부터 내쫓기게 된다는 것을 말하고 싶은 것도 사실입니다. 다시 말해 바로 문학의 극단적 경험이나 심지어는 단순히 픽션이나 언어에 대한 경험에 의해서도 현상학적 언어는 자신의 자리를 내어준다는 것입니다. (『문학 행위』)

문학의 위기

루소나 플로베르를 제외하고 데리다가 읽고 있는 텍스트들은 거의 20세기의 작품들로서 문학사적으로 볼 때 비전통적인 현대의 작품들이다. 이러한 텍스트들의 공통점은 그것이 '문학의 위기적 경험 속에 각인되어 있다'는 것인데, 이 문학의 '위기'란 곧 '문학의 종말'로도 통한다. 이는 문학에 있어서 기원 자체를 부정하는 것으로서, 재현의 관점에서 볼 때 문학은 재현해야 할 원형을 가지지 않는다는 것이다. 이것은 곧 텍스트에 대상이 있기는 하되 대상 자체가 근원이 될 수 없다는 것을 말한다. 텍스트는 자가 생산적이며 스스로 그 자신에 대하여 말하는 과정과 작용을 보여주며 스스로를 의미하게 된다. 이것이 바로 텍스트의 '자기반영성'으로서, '텍스트 자체의 가능성에 대한 사고가 바로 그 텍스트 속에서 이루어짐'을 보여준다. 데리다가 내세우는 이러한 텍스트의 '자기반영성'은 구조주의와 차이를 가진다. 구조주의가 자기반영적 성격으로 텍스트를 갇힌 구조로 보는 반면, 데리다는 그 자기반영적 성격이 텍스트를 열린 구조로 만든다고 본다. 즉 텍스트 스스로가 자가 지시적 언어를 통하여 자기반영성을 해체하고 타자를 수용한다는 것이다. 이와 함께 자기반영성은 문학 텍스트의 허구성과 인위성 또는 발명성의 근간이 된다.

> 내가 그것들(문학 텍스트들)에 관하여, 함께, 향하여, 위하여, 그리고 그것들의 이름으로, 그것들을 존중하여, 그것들에 반하여, 또 어쩌면 그것들 쪽으로 가며 쓰고 있는 문학 텍스트들은 (…) 대개의 경우 말라르메나 조이스 혹은 셀랑, 바타이유, 아르토, 블랑쇼 등과 같은 현대 작가들이었습니다. 그러나 이것이 충분한 설명이 되지는 못

합니다(왜냐하면 루소나 플로베르도 있기 때문입니다). 이러한 '20세기의 현대적 내지는 비전통적 텍스트들'의 공통점은 그것이 문학의 위기적 경험 속에 각인되어 있다는 것입니다. 그 텍스트들은 그 자체에서, 다시 말해 그 텍스트들이 실행에 옮기고 있는 문학적 행위 속에서 잉태된 것들입니다. 그 문학적 행위란 하나의 질문, 즉 같은 것이지만 매번 다르게 특이하게 되풀이되는 질문을 하는 것이라고 볼 수 있습니다. 예를 들어 '문학이란 무엇인가?' 혹은, '문학은 어디로부터 오는 것인가?', '우리는 문학으로 무엇을 해야만 하는가?' 등의 질문 말입니다. 이러한 텍스트들은 일종의 반송을 실행하고 있다고 할 수 있습니다. 다시 말해 이 텍스트들은 자신을 문학적 제도로 돌려보냄으로써 자신이 될 수 있는 것입니다. 그런데 그것은 흔히 어리석고도 근거 없는 풍설이 주장하듯이, 그 텍스트들이 단지 반영적이고, 반사적이며, 사변적이며, 자신 이외의 다른 것에 대한 지시를 거부하기 때문이 아닙니다. 그 텍스트들이 가지는 사건적 힘이란 텍스트 자체의 가능성(일반적인 동시에 특이한)에 대한 사고가 바로 그 텍스트 속에서 이루어진다는 사실에 기인합니다. 그리고 그것이 특이한 작품을 만드는 것입니다. 방금 말씀드린 바와 같이 나는 이러한 문학적 제도의 위기(그 어떤 다른 것보다도 위기 그 자체라 할 수 있는)에 매우 민감한 텍스트들에 훨씬 더 쉽게 접근하게 되었던 것입니다. 그 문학적 위기란, 다시 말해 '존재하지 않는' '절대적 시'를 뛰어넘어 말라르메로부터 블랑쇼에 이르기까지의 '문학의 종말'이라고 불리는 것이라 할 수 있습니다. 그러나 문학이라 불리는 것의 모순적 구조를 생각해볼 때, 그 시작이 바로 그 끝입니다. 그것은 일종의 문학 자체가 제도성과 맺고 있는 관계, 다시 말해 그 취약성과 특수성의 부재, 대상의 부재로부터 시작되는 것입니다. 문학의 기원에 대한 질문은 곧바로 문학의 종말에 대한 질문인 것입니다. 문학의 역사는 마치 근본적으로 결코 존재한 적이 없는 기념물의 폐허와 같이 구조되어 있습니다. 그것은 얘기되어질 사건을 만들어내는 기억의 담화 내지는 폐허의 역사입니다. 하지만 그것은 결코 현전한 적이 없었던 것입니다. 그 어떠한 것도 이보다 더 '역사적'일 수 없습니다. 그러나 이러한 역사는 단지 사물들을 바꿈으로써, 특히 현전에 대한 이러한 논제나 혹은 가정을 바꿈으로써만 생각되어질 수 있는 것입니다. 이러한 역사보다 더 '혁명적'인 것은 없습니다. 그러나 이 '혁명' 역시 바뀌어야만 합니다. 일어나고 있는 것 정도라고 해둘까요…….

홍미로운 것은 아마도 질문이나 그 질문에 관계있는 이론적 법칙들을 충분히 형식화할 수 있는 특이성이라는 사건인 것 같습니다. 물론 여기서 우리는 이 '힘'이라는 말을 다시 한번 생각해야 할 것입니다. '힘'이라는 것은 어떠한 언어나 글쓰기가 할 수 있다는 능력이나 힘이 있다고 할 때 쓰이는 것으로서, 그 특이한 표시는 흔적으로서 되풀이될 수 있고, 반복될 수 있는 것이어야 합니다. 그것은 다시 말해 그 자신으로부터 이질화되기 시작하여 본보기가 되고, 그럼으로써 일반성을 가지게 된다는 것을 의미합니다. 이러한 본보기적 반복의 경제성은 그 자신에 대한 공식화라고 할 수 있습니다. 그것은 또한 역사에 대한 공식화, 혹은 압축이라고 할 수 있습니다. 조이스의 텍스트는 경계를 지을 수 있는 역사에 대한 응축이라고도 할 수 있습니다. 그러나 역사, 언어, 백과사전에 대한 이러한 응축은 절대적으로 특이한 사건이나 절대적으로 독특한 서명과 불가분의 관계에 놓임으로써, 그 응축은 또한 날짜나 언어, 그리고 자서전적 각인의 응축이 되기도 합니다. 그 어떠한 사소한 자서전적 형태 속에도 아주 커다란 역사적, 이론적, 언어학적, 철학적, 문화의 잠재성이 내재되어 있을 수 있는 것입니다. 이것이 바로 진정으로 나의 흥미를 끄는 것입니다. 물론 내가 이러한 경제적 힘에 관심을 갖는 유일한 사람은 아닐 것입니다. 단지 나는 그에 대한 법칙을 이해하고 이러한 법칙에 대한 공식화는 절대로 완성되거나 닫힐 수 없다는 관점을 강조하려고 노력하고 있을 뿐입니다. 왜냐하면, 날짜나 특징적인 것 혹은 서명 – 다시 말해 유일한 것의 대체될 수 없고, 번역될 수 없는 특이성 – 이 그처럼 반복될 수 있다는 바로 그 이유 때문에, 그것은 응축된 흔적의 부분이 될 수 있음과 동시에 되지 않을 수도 있는 것입니다. 이러한 모순을 강조한다는 것이 비과학적이라고는 볼 수 없습니다. 오히려 그 반대라고 할 수 있습니다. 소위 말하는 이성이나 상식의 논리라는 미명하에 이러한 모순을 거부하는 것이야말로 바로 현대적 반계몽주의의 형태로 간주되는 계몽주의의 표상이라고 할 수 있습니다.

이 모든 것은 무엇보다 우리를 다른 방법으로 일반적인 '문맥'에 대하여 생각하도록 합니다. 내게 있어서, 문학의 '경제성'은 때때로 그 어떤 다른 형태의 담화, 예를 들어 역사적, 철학적 담화보다도 더욱 힘이 있는 것으로 여겨집니다. 때때로라고 한 것은 그것이 그 특이성과 문맥적 상황에 따라 다르기 때문입니다. 문학은 잠재적으로 더욱 잠재적일 수 있습니다.(『문학 행위』)

문학과 문학 비평

데리다는 문학에 대한 이러한 견해와 관련하여, 문학과 문학 비평의 관계에 대해 다음과 같이 말한다.

'문학'과 '문학 비평'을 엄격하게 구분을 한다거나 혹은 그 둘을 혼합시킨다는 것, 그 어느 것도 확정지어 말할 수는 없을 것 같습니다. 이 둘 사이의 엄격한 경계는 무엇이겠습니까? 유일하게 가치가 있는, '좋은' 문학 비평이란 행위, 다시 말해 문학적 서명이나 연서, 언어의 그리고, 언어 속에서의 발명적 경험, 그리고 읽혀지는 텍스트 안에서 이루어지는 읽는 행위의 각인을 포함하고 있습니다. 이러한 텍스트는 결코, 그 자신을 완전하게 '대상화'되도록 내버려두지 않습니다. 그렇기 때문에 더더욱, 이 둘 모두를 뒤섞어, 모든 종류의 '문학적' 혹은 '비평적' 산물 사이에 존재하는 구분들을 없애버릴 수 있다고 말할 수가 없는 것입니다(그렇기 때문에 문학적 작품이라고 불리는 것 '속에' '비평적' 기능이 있다고 할 수 있습니다). 따라서 어떠한 형태의 문학과 어떠한 형태의 그 무엇 사이를 적절하게 구분할 수 있는 다른 공간을 결정하거나 한계 지을 필요가 있습니다. 그것에 어떠한 이름을 부여해야 할지는 모르겠습니다. 아마 문학의 한계를 변형시키기는 하지만 여전히 문학에 속하는 그러한 '비평적' 발명품들 중의 하나를 발명해내야만 할 것입니다. 어쨌거나 나는 '문학'과 '문학 비평'을 구분하고 싶지는 않지만, 그렇다고 모든 형태의 글쓰기와 글읽기를 동화시키고 싶지도 않습니다. 그것을 새롭게 구분 짓기 위해서는, 그것들 사이의 순수한 직선적 경계를 없애야 할 것입니다. 그러한 새로운 형태의 구분들……. 문학과 비평 사이, 혹은 글읽기 내지는 문학적 해석 사이의, 그러한 모든 대립들을 서로 오염시킬 수 있는 근본적인 가능성을 가진 엄격하면서도 유연성 있는 그런 형태여야 할 것입니다…….

문학 비평이 '문학적'이라고 공언된 텍스트들을 다루고 있으며, 그 텍스트들이 형이상학적 논제를 중단시키고 있다는 사실이 비평에 영향을 주어야만 합니다. 문학 비평에 대하여 일반적으로 말한다는 것은 어려운 일입니다. 그것은 비평이 19세기 초 유럽의 현대적 대학들이 생겨날 무렵 문학 자체보다 훨씬 더 이론적이고 철학적이고자 했었던 하나의 제도라는 사실 때문에 더욱 그러합니다. 이러한 점에서 비평은 아마도 그것이 말하고 있는 문학 텍스트보다 훨씬 더 형이상학적이라 할 수 있습니다. 일반적으로 문학 비평은 그 분야의 전문가들이 비록 철학자로서 훈련을 받지 않고 철학을 불신하고 있다 해도, 그 형태에 있어서 매우 철학적입니다. 문학 비평은 아마도 구조적으로 철학적인 것 같습니다.(『문학 행위』)

2
데리다와 퐁주

해체와 텍스트 읽기

어떤 의미에서 해체는 매우 간단하다. 지금 우리가 쓰고 있는 이 문자의 흔적 자체가 이미 해체의 행위라고도 할 수 있다. 해체는 기존의 것을 없애거나 파괴하는 것이 아니라, 있는 것에 대한 우리의 사유 방식을 바꾸어놓는 것으로, 있는 그대로의 것에 대한 자명하고 단순한 것에 대한 사유부터 시작하도록 하고 있다. 해체는 단순히 대학 강단의 비평 활동에 국한되는 것이 아니라, 우리의 경험과 현실 속에서 일어나고 있는 모든 것에 대한 연구라고 볼 수 있다. 그것은 우리의 경직된 사고가 만들어놓은 틀과 경계를 벗어나, "대지와 세상 사이의 훨씬 더 유연하고, 모호하면서도 강력한 과정"으로 우리의 사고 영역을 유도한다.

> 해체는 항상 매우 특수한 문맥 속에서, 도래하는 것, 혹은 도래하지 않도록 되어 있는 것, 나아가서는 결국은 반복될 수밖에 없는

일종의 와해인 것입니다. 그리고 그것은 아무것도 아닌 것이라기보다는 무엇인가가 일어나고 있는 곳이면 어디에나 있습니다. 그것은 물론 예를 들어 고전 철학의 텍스트라고 불리는 곳에서 뿐만이 아니라, 일반적인 의미로 제가 이 말에 부여할 수 있는 모든 (텍스트들)속에도 있습니다. 요컨대 경험 속에, 그리고 사회적, 역사적, 경제적, 기술적, 군사적인 것과 같은 (현실)속에 있는 것입니다. 예를 들어 걸프전이라 불리던 전쟁의 사건은 이러한 해체들을 압축적으로 보여주는 비극적인 구경거리라고 할 수 있습니다. 제가 방금 말씀드린, 서구 철학사의 모든 구조와 기반들에 이미 균열이 가있는 계보학이 뒤흔들리게 되는 것도 바로 이런 대소동이나 대혼란과 같은 형태라고 할 수 있습니다. 이것이 한편으로는 이러한 계보학을 양립될 수 없는 몇 개의 영향력 있는 일원주의들로 연결시키고 있으며, 다른 한편으로는 국가적 이해관계, 민주주의와 신학적 정치로 이끌고, 나아가서는 그 어느 때보다 한계점을 드러내고 있는 국제규약의 개념을 무한정으로 발전시키고 있습니다. 왜냐하면 이 국제규약을 대표하고 천명하는 자들이 언제나 어느 특정한 헤게모니를 위하여 종용함으로써, 그깃을 아주 부적절하게도 무한이라는 것에 근접시킬 수밖에 없기 때문입니다. 뿐만 아니라, 그 규약 자체가 유럽철학의 현대성의 개념에 근거하고 (따라서 한계가 지워진) 있기 때문이기도 합니다(국민, 국가, 민주주의, 민주주의건 민주주의가 아니건 간에, 국가들 간의 의회 민주주의의 관계 등). 이러한 과격한 해체들이 지금 진행 중에 있습니다. 그것이 도래하고 있습니다. 그것은 제가 방금 간략하게 언급한 이 모든 것에 대한 철학적, 이론적 분석이 끝나도록 기다리지는 않습니다. 분석은 필요한 것이기는 하지만, 끝없이 무한한 것이며, 이러한 균열들이 가능케 해주는, 읽어내는 작업이 사건 자체를 앞지를 수는 없는 것입니다. 따라서 그것은 단지 사건에 개입을 할 뿐이며, 사건에 각인될 뿐인 것입니다(데리다와 프랑수와 에왈드의 대담, 『마가진느 리테레르』, No. 286,).

요컨대 데리다의 해체 사상은 하나의 중심을 지향하는 모든 일원주의가 초래하는 이분법적 사고 유형에서 벗어나기 위하여 사유의 관점과 방향을 끊임없이 바꾸며 사유와 전망의 절대화를 막는다. 그의 사유의 움직임은 따라서 다양하고 가변적이다. 논리적으로 내세울 만한 방법론 대신 실험적 모험적 사유의 작용과 움직임을 보여주고 있는데, 이러한 사유의 작용을 가장 극명하게 보여주는 것이 바로 텍스트 읽기라 하겠다. 형이상학적 사유의 의도성과 목적성을 배제시키기 위하여, 씌어진 것과 '말하고자 원하는 것' 사이의 간극을 파헤쳐 논리 중심적 총체성을 해체해 나가는 그 읽기는 무엇보다 언어에 의한 언어 속에서의 글쓰기 경험이라 할 수 있다. 모든 것이 '텍스트 속에서 텍스트를 다루며' 일어나기 때문에, '텍스트의 밖은 존재하지 않는' 것이다. 해체적 읽기에 있어서는 무엇보다 형이상학적 사유의 의도성과 목적성을 배제하기 때문에, 읽기의 주체가 텍스트에 대하여 주도권을 쥐고 그의 의도하는 바를 재배열시키는 것이 아니라, 오히려 사유의 대상에 따르면서 자신도 모르는 어떤 것을 향한 과정이 중시된다. 그것은 중간 과정에서 일어나는 것으로서의 읽기라 할 수 있다.

데리다의 해체사상은 여러 각도에서 연구될 수 있을 것이다. 그러나 여기에서는 문학 텍스트에 초점을 맞추기로 한다. 데리다가 그의 해체이론을 적용함에 있어서 문학 텍스트를 선호한다는 것은 주지된 사실이기 때문이다. 데리다의 해체사상의 핵심은 서구의 이분법적 대립에 대한 의문제기와 저항으로부터 출발한다. 그는 진리와 존재의 가치에 대하여 회의를 가졌던 니체사상으로부터 많은 영향을 받았다.

이분법적 논리의 사고는 형이상학적 사고방식을 유도하는 이데올로기의 전형으로서, '받아들여야 할 것과' '받아들이지 말아야 할 것' 사이에 경계를 설정한다. 진리/허위, 정신/물질, 주관/객관, 현상/본질, 의미/무의미, 선/악 등이 설정된 경계 속에서 대립의 개념들은 도덕적 기준의 잣대로 우월한 것과 하등한 것으로 위계화된다. 여기서 데리다는 이 이분법적 대립의 원인을 파헤친다. 그것은 인간의 '중심'에 대한 갈망에서 연유한다는 것이다. '중심'은 모습은 "본질, 존재, 실체, 주체, 초월성, 의식, 신, 인간" 등으로 다양하지만 한마디로 '현전의 불변체'이다. 요컨대 '중심'은 제일 원인, 로고스, 말씀의 주모자이다. 이렇게 해서 데리다는 서구의 형이상학을 '로고스중심주의'로 명명한다. 현전에의 믿음은 신이나 이데아에 대한 보다 직접적이고 선천적인 말씀에 훨씬 더 많은 중요성을 부여케 한다. 바로 이러한 이유 때문에 로고스중심주의 옆에 항상 '음성중심주의'가 단짝으로 붙어다니게 되는 것이다. 그것이 바로 데리다가 플라톤 이래 레비스트로스에 이르기까지(아리스토텔레스, 헤겔, 훗설도 포함된다), 직접적이고, 즉각적이며, 투명하게 의미를 창출·표현하게 해주는 '목소리'에 대한 찬양을 비판하는 이유가 된다. 그리고 루소가 순수하고 직접적인 말에 대한 향수로 말을 본래적이고 근원적인 것으로 간주하였고, 레비 스트로스가 문화와 자연을 대립시켜 자연 상태를 우월한 것으로 보아 잃어버린 '본래성'을 추구하는 것은 환상적인 현전의 형이상학임을 밝힌다.

당연한 귀결로서, 이분법적 사고의 구조 속에서는 말이나 살아있는 목소리에 우월성을 부여하게 되고, 글에 대한 상대적인 평가절하를 부른다. 따라서 글은 말보다 덜 직접적이고 덜 순수하고, 종속적으로 '전락'해 버리고 만다. 이에 데리다는 말에 대한 우월적 특권부여의 견해의 근저에 깔려있는 이유들을 파헤친다. '충만한' 말 앞에서, 글이 보충의 역할밖에 할 수 없는 것은 왜인가? 데리다는 『입장들』에서 "글은, 묘사의 투명함 속에서 완벽하게 표상되어 있는 말하는 주체와 그 의미나 내용, 가치를 받아들이는 자에게 즉각적으로 현전하는 살아있는 말의 충만함 앞에서 사라져야만 했으리라"고 밝힌다.

데리다는 글이 '음성중심주의'나 '로고스중심주의'를 뒷받침하는 보충이 아니며 열등한 위치에 있지 않다고 주장한다. 말의 우월성을 보장해주는 것이 결국은 의미의 직접적이고 확실한 전달이며 '현전'에 대한 믿음에서 나온다고 본다. 글은 근본적으로 '부재'를 안는다. 글은 항상 사라져버린 '현전'의 '흔적', 즉 현전의 부재일뿐이다. '부재'는 '현전'의 부정이 아니라 절대적 현재의 비어있음을 간직하고 있는 흔적이다. '부재'는 '현전'의 하위개념이 아니라 '현전'과 마주보고 있는 것이다. 데리다의 해체사상에 있어서 '부재'는 해체가 무한한 '열림'으로 향하도록 하는 개념이다. '부재'는 바로 글쓰기의 구조가 계속되게 해주는 것이고 글쓰기를 작용토록 하는 것이다. 다시 말해, 나의 씌어진 글이 발신자가 영원히 사라졌음에도 불구하고 언제나 반복하여 무한하게 읽힐 수 있는 가능성은 바로 이 '현전'이 가로막고 있지 않기 때문이다. '부재'는 또한 무한한 수신자의 자리에 대한 가능성 자체이기도 한다. 요약하자면, '현전'은 일회적이고, 즉각적이며, 따라서 결코 반복이 될 수 없다는 것이다. 반면 '부재'는 즉각적이고 직접적인 것의 없음으로 인하여, 무한히 반복될 수 있고, 그 반복 속에 타자의 개입을 가능하게 해준다. 절대적이고 일회적인 '현전'의 없음(비어있음)을 시사하는 '부재'는, 따라서 항상 그 '현전'과의 사이에 메워질 수 없는 공간적 차이와 시간적 지연의 구조를 가지고 있는 글의 기본 성격이라 볼 수 있다. 데리다는 이 반복과 타자성이 자신의 해체개념의 가장 중요한 열쇠가 된다는 점을 강조한다.

요컨대 데리다가 왜 해체하는가는 형이상학적 이분법의 위계화된 질서의 파기로부터 이해되어야 한다. 그것은 그의 해체사상의 '왜'가 무엇이 해체의 대상인가에 대한 해답을 주기 때문이다. 해체는 '현전'에 대한 집착을 불러일으키며 모든 것을 지배하는 '중심', 더욱 정확하게는 '중심'이라는 형이상학적 환상을 깨뜨리는 것이다. 그것은 다름 아닌 우리가 '현전'하고 있다고 믿었던 것, 우월성이 너무 당연하게 보장되어 왔던 것을 뒤집는 것이다. 주체와 객체로 위계지워진 것, 예를 들어 저자와 사물, 텍스트와 오브제, 의미와 무의미, 저자와 비평가, 작품과 글읽기 등과 같은 것들의 관계에 대해 다시 한 번 의문을 제기하는 것이다.

탈중심화

무엇을 해체하는가의 핵심이 '중심'이라면 해체의 방법은 그에 대한 '탈중심화'라고 볼 수 있다. 그리고 그것은 중심에 대한 전면적인 부정으로 중심을 파괴하는 것이 아니라, 중심을 벗어난다는 것을 의미한다. 왜냐하면 이제까지 서구의 역사가 지향해왔던 "중심은 중심이 아니기" 때문이다. 그것은 단지 "구조 속에서 구조를 명령하며, 구조성을 벗어나는 것"에 지나지 않는다. 즉 "구소 속에" 있음과 동시에 "구조 밖에" 있는 것이라고 볼 수 있다. 탈중심화는 중심의 좌표를 부재시킨다. 중심은 관점에 따라 어디에나 있을 수 있다. 그것은 고정된 장소가 아니라 대체적 기호들로 무한히 작용할 수 있는 장소가 아닌 '비 – 장소'이다. 해체는 중심이 없음을 확인하며 중심의 개념을 작용의 개념으로 바꾼다.

이 작용의 개념에서는 의미는 고정되지 않고 끊임없이 흩어지게 된다. 탈중심화란 현전이 없음을 무한히 작용시키는 것이다. 탈중심화는 단순히 없애거나 파괴하는 것이 아니라 구조를 탈피하는 탈구조화(우리가 보편적으로 번역하여 사용하는 해체)이다.

불가결정성

중심에 대한 해체는 유일하고 절대적이라고 믿는 것의 속성이 결국은 결정할 수 없는 것이라는 것을 드러내는 것이다. 중심에 대한 ‘탈중심화’는 그 중심에 대한 ‘불가결정성’과 다른 것이 아니다. 그것은 상반되는 대립항들의 결정될 수 없는 계기를 폭로시키는 것이다. 이것은 주로 의미를 고정시키는 기의에 대하여 기표들을 연쇄적으로 작용시켜 결정적 계기가 불가능하게 됨을 보여준다.

어떻게 중심을 해체하는가는 중심과 중심 아닌 것이 결정불가능하다는 것을 보여주는 것으로 이어진다. 중심이 결정불가능하다는 것은 대립적인 각 항들이 이중적이라는 것을 드러내어 그 경계를 지우는 것이다. 대립들을 해체하여 ‘불가결정성’ 논리로 이행하는 것은 위계질서를 전도시키는 것이라 할 수 있다. 데리다의 해체사상에 있어서 가장 중요한 개념 중의 하나가 바로 이러한 ‘전도’이다. 전도나 해체는 일회적인 것이 아니라 끊임없이 반복적으로 작용하기 때문에 그의 해체적 전략에 있어서는 ‘반복’이 필수적이고 매우 중요하다. 중심은 끊임없이 전복되고 반복될 수 있다는 것이다. 마치 니체가 영원회귀에서 주장한 것처럼 시작도 끝도 없이 반복된다는 것이다.

『시네퐁주』 읽기

『시네퐁주』는 데리다의 해체비평의 좋은 예이다. 『시네퐁주』는 데리다를 미국 해체비평의 선구자적 위치로 만든 저서라고 할 수 있다. 그러한 계기가 되었던 것은 폴 드 만 Paul de Man의 초청으로 1975년부터 1978년까지 참석했던 예일대학 세미나에서의 강의였다. 이 세미나의 주제는 사물이었는데 여기서 그는 하이데거의 사물과 퐁주의 사물을 다루었다. 『시네퐁주』는 이 세미나로부터 나온 글이다.

데리다는 문학에 대한 관심과 함께 '비전통적인 현대적' 텍스트들에 관한 글들을 많이 썼다. 그중에서도 퐁주에 대한 관심은 특별하다. 한 작가에 대한 단행본으로는 『시보레』를 제외하고는 『시네퐁주』가 유일하다. 『시네퐁주』만큼 텍스트 읽기에 대한 제반 문제들을 포괄적으로 다루고 있는 텍스트도 드물다고 하겠다. 데리다와 퐁주는 경우에 따라 그 선후를 가리기가 어려운 정도로 해체적 글쓰기에 대한 시각에서 서로 많은 부분을 공유한다. 『시네퐁주』는 데리다가 가장 데리다답게 그리고 가장 퐁주답게 퐁주의 글쓰기에 대한 읽기의 한 예를 보여준 것이다. 또한 그것은 데리다의 해체의 대상과 해체의 방법적 무기들을 이해시킴과 동시에, 그 이해를 통하여 퐁주의 글쓰기를 읽을 수 있게 해준다. 『시네퐁주』는 데리다가 읽는 퐁주를 통하여 우리는 데리다에게 가장 가깝게 다가갈 수 있게 해준다.

이러한 일련의 움직임들은 우리에게 해체 비평이 무엇이며 해체와 비평 사이의 관계는 무엇인가, 그리고 왜 텍스트 읽기에 해체가 작용해야만 하는가라는 의문들에 대한 답변도 함께 읽어나가게 해준다. 해체적 읽기는 읽기의 한 실재, 해석의 무한한 가능성들 중의 한 예를 제시할 뿐이며, 작품에 대한 '모든 종류의 지배' 혹은 '적응시키기'를 거부한다. 한 작품에 대한 전반적인 모든 것을 집대성하는 대신, 작품이라는 거대한 기념물에 대하여 단지 작은 한 부분만을 말한다. 비평 혹은 텍스트 읽기는 작품에 대하여 절대적 권리를 주장할 수가 없으며, 또한 해서도 안 된다는 것이 기본 입장이다. 이 점이 바로 텍스트에 대한 구조주의적 입장과 갈라지게 되는 분기점이라고 볼 수 있다. 언어라는 질료로 짜여진 텍스트의 구조가 텍스트를 그 구조에 대한 해석으로 가두어서는 안되며, 오히려 무한한 가능성으로 열리게 할 수밖에 없다는 것이 구조주의와의 큰 차이점이라 볼 수 있다. 해체적 글읽기는 읽는 주체의 의도를 배제시키고, 단지 텍스트 속에 담긴 흔적의 행적들을 따라 움직이는 것에 만족한다. 이러한 움직임은 형이상학적으로 인수될 수 있는 가능성을 봉쇄하려는 것이라 할 수 있다.

요컨대 해체의 움직임 자체가 어쩌면 비평에 있어 공(空)의 작용을 유발하는 것이라 할 수 있다. 그것은 비평의 부재가 아니라, 다음에 다른 흔적들이 도래할 수 있는 백지상태를 마련하는 것이다. 텍스트 읽기는 단지 한 읽기의 작은 부분이 작품집과 한데 어우러져 또 다른 '사건'이 일어날 수 있는 기회를 유발하는 것으로 만족한다. 이처럼 텍스트를 읽는 자의 의도를 배제하고 씌어진 글의 흔적들을 따라가며, 그 각각이 독특한 하나의 사건이 되고 있는 텍스트의 작용자체와 함께 하는 글읽기는 매우 독특한 움직임을 보여준다. 그것은 저자 자신이 행하고 있는 방법론을 "모방함이 없이 그와 함께 그의 작품 속에 있을 수 있는 방법"을 모색해 나가는 것이다. 그럼으로써 글쓰기의 미메시스의 차원을 넘어서서 글쓰기와 글읽기를 서로 반영시킨다. 이러한 맥락에서 데리다의 글읽기를 일종의 '병행 인용' 내지는 '기생 인용'이라고도 한다. 퐁주를 주제로 한 스리지 학회에서 데리다는 “이 학회에서 제가 하는 연설이 과연 어떠한 것이 될는지 감히 상상조차 할 수가 없습니다. 텍스트 자체가 이미 스스로를 너무나 잘 설명을 하고 있어서, 그 속에서 모든 것을 찾을 수가 있으며, 또한 설명적 담화로는 완전히 충족시킬 수 없는 나머지 잉여분까지를 담고 있는 텍스트에 대하여 아무리 그 속에서 모든 것을 준비했다 하더라도, 결국은 설명이 될 수가 없다고 믿습니다”라고 밝힐 정도로 철저하게 퐁주의 글쓰기에 자신의 읽기를 관통시킨다.

『시네퐁주』는 하나의 거대한 미로이다. 데리다는 결코 시네퐁주라는 단어가 무엇을 의미하는 선뜻 알려주지 않는다. 바로 그것이 데리다가 원하는 바이며, 과연 글쓰기라는 행위를 통해 철학과 문학의 경계가 어떻게 변화될 수 있는지를 실험하고자 하는 그의 의도를 말해주는 것이다. 이 책에서 데리다는 철학자라 불리는 자신에 대해 변명하려 할 만큼, 또 프랑시스 퐁주에 대한 놀라울 만큼의 솔직한 경탄으로 문학의 제반 문제들에 대해 깊은 관심을 보여주고 있다. 『시네퐁주』는 미국에서 데리다 열풍을 불러일으킨 촉매제였을 뿐만 아니라, 오늘날 해체주의의 선두에 선 데리다가 자신의 입지를 확고히 다질 수 있었던 중요한 계기였다는 점에서 주목되는 작품이다.

『시네퐁주』는 데리다가 퐁주의 거대한 작품 전체를 거론하지 않은 채 언어기호를 가지고 해체적 글읽기가 무엇인지를 단적으로 나타내주는 작품이다. 언어기호와 고유명사 퐁주, 서명, 스펀지 등을 합성한 이 신조어는 데리다가 철학 및 문학에서 해체시키고자 하는 모든 것을 담고 있다.

『시네퐁주』는 문학의 특수성과 고유성에 대해 사유한다. 데리다가 문학에 관심을 가지는 것은 문학이 고유성 해체에 대한 좋은 예를 제시하기 때문이다. 모든 현상의 의미론적 시작이 되고 있는 근원이라는 것이 절대불변의 자기 동일성이나 자기 현존성을 가지는 것인지에 대한 의문을 제기한다. 그리고 그러한 근원은 고정불변의 진리가 아니라는 것이다. 문학에 있어서 우리가 아무런 의심 없이 믿고 있는 텍스트와 서명, 저작권을 보유하고 있는 고유명사 사이의 관계에 대해 이의를 제기한다. 그리고 고유한 것과 고유하지 않은 것, 고유명사와 보통명사, 저자의 이름과 텍스트 사이를 비집고 들어가 간극을 벌려놓는다.

사람과 사물을 막론하고 우리가 그 각각의 고유한 것에 부여하는 이름이란 무엇인가? 이름이라는 이름은 무엇이며, 이름을 부여할 때 우리가 부여하는 것은 과연 무엇인가에 대해 사유한다. 우리가 이름을 부여하는 행위에는 실제로 구체적인 어떤 것에 주어지는 것이 아니다. 가장 고유한 어떤 것을 언어로 명명한다는 것은 자의적인 가상의 픽션이라고 할 수 있다. 따라서 명명된 이름은 "어쩌면 우리가 이름, 혹은 이름이라는 이름에 주거나 희생시켜야만 하는 것, 다시 말해 별명이나 의무라는 이름"이라 할 수 있다.

데리다는 『시네퐁주』에서 집요하게 작품과 저자의 관계, 저자의 이름이 작품과 맺고 있는 관계에 대해 질문을 던진다. 데리다의 해체적 글읽기는 이처럼 가장 확실하다고 생각하는 것에 대해 의문을 제기하는 것으로부터 출발한다.

우리는 언제나 작품집이라는 것이 무엇인지를 알고 있는 척한다. 우리가 프랑시스 퐁주의 텍스트들을 우리의 프로그램에 넣을 경우, 작가의 전기적 사실들은 염두에 두지 않는다고 하더라도, 적어도 그것이 자연적이건 계약에 의한 것이건 간에, 어떠한 텍스트와 소위 말하는 저자, 그리고 고유하다고 여겨지는 이름 사이의 관계가 무엇인지 확실히 알고 있다고 믿는다. 학계에서 문학 작품에 대하여 전기적 사실을 이용하는 것은 적어도 이러한 확신, 다시 말해 서명이나 텍스트와 저작권을 보유하고 있는 고유 명사 사이의 관계에 대해 확신을 가지고 있기 때문이다. 그런데 이러한 확신은 계약 후, 말하자면 서명이라는 사건 후에 일어나게 된다. 허위 기록들을 둘러싼 문헌학적인 분주한 활동들은 털끝만큼의 의심으로도 동요되는 법이 없다. (…) 우리는 이 작품이 정말 그 작가의 것이라고 보증할 수 있는가에 대해서는 의심을 갖는다. 하지만 서명이라는 사건에 대해서, 이러한 작용의 불가해한 기계 장치에 대해서, 저자와 그의 고유 명사 간의 거래에 대해서, 그리고 그가 진짜 서명한 것인지, 또 서명이 일어나기 전후를 비교하여 그의 고유 명사가 정말 그의 이름인지 아니면 정말로 고유한지에 대해서, 그리고 이와 관련한 무의식의 논리에 대해서, 또한 언어의 구조에 대해서, 이름과 지시 관계의 패러독스에 대해서, 명명과 묘사의 패러독스에 대해서, 보통 명사와 고유 명사 사이의 관계에 대해서 사물의 이름과 사람의 이름이 맺고 있는 관계에 대해서, 다시 말해 고유한 것과 비－고유한 것의 관계에 대해서는, 소위 문학적이라고 불리는 텍스트를 다루고 있는 그 어떠한 관련 학파에서도 이러한 질문을 제기하고 있지 않다.

Sign-é-Ponge-에퐁주 éponge

『시네퐁주 Signéponge』는 원래 퐁주가 자신의 텍스트에 서명한 'signé: Ponge(퐁주 서명)'을 데리다가 합성하여 만든 기호이다. 데리다는 『시네퐁주』 전체를 통하여 이 기호가 가지는 해면질적 구조에 대해 파헤친다.

가장 데리다다운 발상으로 Signéponge 읽기의 전환점을 가져오고 있는 것은 이 기호에 사이를 벌려 '하이픈'을 넣은 것이라 할 수 있다. 즉 'Signé-ponge'를 우선 'signe-é-ponge'로 읽으며, é의 기표를 다른 기표들과 작용시키는 것이다. 우선 'é'를 'est'로 읽으면 '기호는 퐁주'이다"'가 되고, 접속사 'et'로 읽으면 '기호와 퐁주'로, 그리고 'hait'로 읽으면 '기호는 퐁주를 증오한다'로 되며, 'é'를 그냥 퐁주에 연결시키면 'éponge'로 되어 명사일 경우는 '기호 에퐁주', 동사일 경우는 '기호는 닦는다'가 된다. 물론 이외에도 데리다는 다른 예시들을 열거하고 있으며, 또 그러한 기표들의 접목은 무한히 작용하여 열거될 수 있다고 한다.

그렇다면 'Signéponge'라는 기호에 균열을 일으켜 'é'의 기표들을 작용시킴으로써 우리가 읽어내도록 하는 것은 무엇인가? 우선 고유 명사와 보통 명사를 나란히 연결시킴으로써 고유 명사가 보통 명사에 접촉되고 오염되어(접속사의 역할) 흡수되고 지워진다(해면의 역할)는 것이다. 또 한편 이것은 Ponge라는 고유 명사 앞에 'é'를 보충적으로 가지고 있는 éponge(해면)의 이중적 교류 작용을 보여준다. 즉 해면은 고유 명사를 흡수하여 지워버리는 동시에 이름을 흡수하여 자신 속에 수용하여 지키며, 깨끗함과 더

러움, 가능성과 불가능성 등의 상반되는 각 항들 사이에서 '결정 불능인' 채로 '우유부단하며' 애매모호한 오브제의 상징이 된다.

요컨대 결정내릴 수 없는 우유부단함으로 상반되는 것 사이를 오가는 해면은 사물과 말 그 어느 쪽도 아닌 퐁주 글쓰기가 구사하는 중간적 오브제라 할 수 있다. 데리다가 각 대립항들의 이중성을 드러내고 그 사이의 이중 작용을 가리키기 위하여 이름하는 '하이멘', '하이픈', '파르마콘', 또는 '에프롱' 등의 용어와 등가적 가치를 지닌 것이라 할 수 있다. 데리다는 '불가능한 계약의 당사자들 사이를 왕래하며 지칠 줄 모르는 중재자'로서의 해면의 작용을 '이중적 매혹 속에서의 하이멘의 끝없는 작용'이라 부르며, 이러한 해면의 '활동'을 '처방시학적' '해독제'로 명명한다. 중재자로서의 해면은 대립적인 것들, 다시 말해 각각의 고유한 것들을 결합시키고 수용하게 되는데, 데리다는 이런 작용을 서명의 고유 명사 Francis라는 이름과 Ponge라는 성의 결합, 즉 결혼으로 이끌고 간다. 이로써 남성적인 것과 여성적인 것, 자르기와 융합, 결단력과 우유부단함이 해면 속에서 '내면화되고 동봉되어 반복되게' 되는 것이다.

'해면'은 고유 명사와 보통 명사 '사이'에서 단지 상반되는 것들의 채우기와 비우기를 무한히 반복하는 '용기'로서, 일종의 '근육'이나 '조직'일 뿐이다. 그것은 중간 상태의 결정지을 수 없는 어떤 작용의 힘이라 할 수 있으며, 무엇보다 '글쓰기' 자체를 가리킨 것이다. 요컨대 '사물 아닌 엄청난 사물'로서, '명명할 수 없는 것의 이름'이 '해면'인 셈이다.

또한 '사이'에서의 중간 작용을 가리키는 '해면'의 이중성은 라틴어의 sponda에서 파생한 사투리 'esponde'(가장자리를 뜻함)와 결합되기도 한다. 전혀 문법적 근거가 없는 이 두 단어를 근접시키고 있는 데리다는 이를 가리켜 '문명적 과학만능주의와 고리타분한 반계몽주의적 시학 변론자들'을 분개시키기 위함이라고 말하고 있는데, 이는 '해면'이 텍스트의 안에 속하면서도 밖을 말하며, 텍스트의 밖에 있으면서도 텍스트 곳곳에 산재해 있는 서명의 가장자리적 성격을 이름하고 있음을 말하는 것이라 할 수 있다.

이중성

데리다는 "글을 쓴다는 것은 접목하는 것과 같다"고 지적한다. 글쓰기는 현전과 부재 사이에서 그 불가결정성을 실행해 나가는 것인데, 그 실행은 상반되는 것들이 서로 접혀지게 한다는 것이다. 그것은 또 데리다가 내세우는 글쓰기의 이중성을 말하는 것으로서, 대립들을 마치 문의 경첩과 같이 겹쳐지게 하여 이어지게 하는 특성을 가진다. 글쓰기는 텍스트 속에서 안과 밖을 향하여 이중적 움직임을 해나가는데, 그 움직임은 시계추의 끊임없는 왕복운동과도 같다. 이렇듯 반복되며 접목되고 주름이 잡혀진다는 것은 서로를 반영하는 자기반영성으로 이어진다. 즉 관계가 이중적으로 패어짐으로 해서 접혀진 사이에서 이중적 효과가 발생한다는 것이다.

해체의 반복적 왕복운동은 중심을 부재시켜 그 중심에 대한

'간극'을 만들어내는 것이라고 할 수 있다. '간극'은 두 항들 간의 '사이'의 개념인데, 이 개념은 데리다를 특징짓는 모든 해체적 용어들의 모태라고 할 수 있다. 그것은 부정도 긍정도 아닌 대립적인 것들을 모두 수용하는 것으로서, '파르마콘', '하이멘', '보충', '흔적', '차연' 등의 용어들로 대체될 수 있는 개념이다. 데리다는 이 개념에 대한 설명으로 "'사이'라는 말은 그것이 혼동이나 혹은 사이 간극을 의미하거나를 떠나 어쨌든 작용의 모든 힘을 지닌다. '사이'라는 말은 그 자체로서는 아무 의미를 갖지 않는다. 열려진 채(사이에), 그것은 하나의 통사론적 허사로서, (…) 중세에서 훗설에 이르기까지의 철학자들이 불완전한 의미라고 불렀던 것이다. (…) 하지만 그 의미론적 무가 간극과 연결을 의미하고 있다. 그것은 구문론적 가능성이라는 의미를 가지며, 의미의 작용을 주도한다. 그것은 전적으로 구문적이지도, 또 의미론적이지도 않으며, 이 대립의 연결적 열림을 말해주는 것이다"라고 정의한다.

해체적 글읽기는 모든 대립적인 것들을 공략하여 그 중심을 없앰과 동시에 그것들의 경계선을 지우고 결정불가능함을 밝혀낸다. 그리고 그 대립들의 '사이'에서 부단히 움직이는 '작용의 힘'을 강조한다. 예를 들어 텍스트의 중심을 해체하기 위하여 텍스트의 기원이자 존재 이유인 '서명'에 대하여 근본적인 의문을 제기한다. 이로써 그는 텍스트의 중심이라고 할 수 있는 저자를 해체시킨다. 해체에 있어서 텍스트 자체는 절대적인 의미의 기반과 목적성을 가지지 않는다. 그리하여 텍스트를 구성하는 위계질서를 '전도'시킨다. 텍스트의 고유성을 파헤치고 '전도'시킴으로써, 글쓰기의 주체인 저자와 글쓰기의 대상인 사물의 관계를 역전시킨다. 어떤 의미에서 해체적 공략은 일종의 "주행 도중의 두 장소를 바꾸는 교착배열"같은 것으로서 주체와 사물의 '자리 바꿈'을 이행한다.

글쓰기는 '같은 것'에서 '다른 것'으로 이행되는 과정이라 할 수 있는데, 그 과정에는 '전도'와 '반복'이 끝없이 연속된다. 다시 말해 "뒤집기에서 뒤집기로, 양면적인 뒤집기로", 쉼 없이 '반복' 하는 것이다. '뒤집기'가 끝없이 '반복'되는 것은 중심이 해체되는 것을 의미한다. 그리고 이 해체된 중심, 즉 중심의 없음이 반복될 수 있다는 것은 중심이 낳은 이분법적 대립이 결정할 수 없다는 것을 증명하는 것이다. 이러한 과정들을 통하여 대립항들이 끝없이 '전복'되면서 결정불능인 채로 남는 것은 결국 그 두 대립을 결정짓는 한계를 뛰어넘는 것과 같다. '하이멘'은 대립항들이 지워지는 곳에 작용하는 '불가결정성'에 대한 은유이다. 그것은 부정에 대한 부정, 긍정에 대한 긍정, 다시 말해 이중부정과 이중긍정을 작용시키는 '사이'의 개념이다.

공범주소

'공범주소'는 데리다가 범주의 역사성을 고찰하며, 범주의 형이상학적 오염을 씻어내기 위하여 지칭하고 있는 '범주의 범주'를 가리키는 용어이다. 범주는 언어와 사고의 관계에 있어서 언어 활동의 제반 요소들을 분류하는 것으로서, 언어를 자신의 밖, 즉

'언어가 아닌 것'으로 열리게 하는 계사가 된다. 이는 다시 말해 '계사 étre'가 언어를 통하여 나타나게 된다는 것을 의미한다. 데리다는 서구의 논리와 존재론이 희랍어의 계사 문법을 통하여 형이상학 일변도로 왜곡되어 왔다고 하며, 특히 아리스토텔레스가 사유의 범주를 언어 범주에 국한시켜 존재론을 확립하려 했다는 점을 지적한다. 이와 함께 '사유의 범주들을 언어의 범주들로 축소시킨다는 것은 곧 언어를 사유, 즉 진리나 보편성, 존재론으로 귀착시킴이 얼마나 기만적인가를 시인하는 것'과 같음을 고발하고 있다. 그리고 니체가 처음으로 이러한 사유와 언어의 편협한 형이상학적 고리를 끊어 해방시킨 점을 높이 산다.

데리다는 이러한 범주의 오용을 고치기 위하여 아무런 계사적 가치가 없는 '사이'라는 말을 도입하여 '공범주소'라는 새로운 용어를 쓰고 있는데, 이것은 그 어느 것도 확신하여 결정할 수 없는 일종의 통사적 '쐐기'로 작용하는 작용소라고 볼 수 있다. '사이'라는 말은 그 자체로는 아무 의미도 없다. 열려 있는 사이로서의 그것은 통사론적 쐐기이며, 범주소가 아닌 공범주소이다. 다시 말해 "'사이'인 공범주소는 거의 빈 의미를 그 내용으로 가지고 있으며, 간극이나 분절, 간격 등을 뜻하는 것"인 셈이다. '공범주소'는 따라서 모든 기호들의 통사적 사용에 있어서 "결정할 수 없이 상반되는 이중적 가치를 지닌 '하이멘'이나 '파르마콘', '보충대리', '차연'에 해당하는 것"이라 할 수 있다.

『시네퐁주』에서는 프랑시스 퐁주라는 이름 속에서 '작용하도록 만들었던 것'에 대하여 범주소적 관계와 공범주소적 관계로 구분하고 있는데, 전자는 그의 이름이나 성이 사물이나 일반적

속성과의 의미 관계적 유사성을 나타내는 것인 반면, 후자는 두 어휘 사이에 있는 통사적 분절과 같은 것을 말하고 있다. 다시 말해 데리다가 퐁주의 이름으로부터 읽어내는 '해면'을 둘러싼 자유롭고도 다양한 방식들은 후자의 경우에 해당한다고 볼 수 있다. 그리고 그러한 방식들은 기호가 사유의 지배를 벗어나 '요행'의 법칙을 따라 부유하는 '우회적이고 신비한 언어 수행'이라 할 수 있을 것이다. 데리다의 『시네퐁주』읽기는 이처럼 어떤 현실적 근거가 없는 '사건 없는 이상한 이야기를 자생적으로 진술'해 나가는 한 보기를 보여준다. 이것은 『시네퐁주』에서 보여주고 있는 고유명사의 고유성 해체가 인위성으로 이어지고 있음을 알 수 있게 해주는 것이기도 하다.

요컨대 서명이라는 문자에 각인된 동시에, 『시네퐁주 Signéponge』에서 공범주소로 작용하고 있는 것이 바로 기호의 '요행'의 법칙을 가리키는 'si(프랑스에서 '만약'을 뜻하는 접속사)'라는 것이다.

미자나빔

미자나빔 la mise en abyme은 원래 문장학에서 방패의 모양과 방패 안에 그려진 문양이 같은 경우에 쓰인 용어인데, 앙드레 지드가 자신의 소설 『사전꾼들』에서 소설 속의 소설을 묘사하기 위하여 abîme를 abyme로 바꾸어 사용한 것이 계기가 되어, 이야기 속의 이야기 혹은 영화 속의 영화 등과 같이 텍스트의 자기반영적 성격을 일컫게 되었다. 데리다를 비롯한 후기 구조주의자들이 자기반영적 미학을 펴는데 이 용어를 자주 등장시킨다. abîme은 라틴어 abismus로부터 파생된 희랍어 abussos로서 바닥이 없는 심연을 뜻하는데, 그 심연에 놓기를 뜻하는 미자나빔은 마주보고 있는 두 개의 거울 사이에 상이 끝없이 맺히는 것을 가리킨다. 하나의 상이 끝없이 맺혀지는 것을 이름하는 미자나빔은 반복과 다양성을 만들어나가는 움직임이라는 사실을 간과해서는 안 된다. 그리고 이 움직임은 해체적 '차연 différance'과 일맥상통하는 것이다.

같음이 반영되어 그 같음이 반복되고 또 그것이 미자나빔되는 것은 곧 같음의 고유성이 해체된다는 것과도 같다. 왜냐하면 고유함과 특이성은 유일하고 일회적이기 때문이다. 즉 미자나빔은 텍스트를 고유성과 현전의 형이상학으로부터 떼어내는 메커니즘이라고 할 수 있다. 그것은 "고유한 것 속에서, 고유한 것의 구조 자체에서 타자적인 것으로 넘어가 자신을 심연 속에 빠뜨리고 스스로를 역전시키고 오염시키며 분열시키는" 것이다. 같음이 반영되어 반복적으로 다양하게 펼쳐진다는 것은 대립항들에 대한 공략의 해체가 결국은 같음을 다른 것으로 이전시키는 것이 아니라, 같음이 반복되어 그 같음이 자리 이동하고 극대화되어, 같음이 같음 속에서 다른 것으로 작용하게 됨을 말하는 것이다.

미메시스의 차원에서 볼 때, 미자나빔은 모델과 복제 사이의 단순한 대립을 변조시키는 것이다. 놓기 자체가 무한히 심연에 빠지게 되는 글쓰기의 움직임 속에서는 글쓰기의 주체와 대상 어느 한쪽이 일방적으로 작용할 수가 없다. 미자나빔은 텍스트가 근본적으로 안고 있는 알레고리적 성격을 짚어주는 것이다. 기준이 되어야 할 원본이 없기 때문에, 보충으로서의 기표는 고정됨이 없이 단지 다른 기표들을 무한히 대체할 뿐이라는 보충성의 차연적 구조를 입증한다.

진리와 여성

진리의 여성적 성격은 니체가 진리에 대한 환영을 깨뜨리고, 존재에 대한 물음이 결정될 수 없음을 드러내기 위하여 모티브로 삼았던 것이다(이에 대한 하이데거의 모티브는 '사건'이었다). 니체는 진리의 하이멘적 성격, 다시 말해 드러내면서 은폐하고 은폐하면서 드러내는 이중적이며 결정불가능한 애매한 성격을 여성과 관련시킨다. 『에프롱』(에프롱은 사전적으로 해안이나 언덕의 돌출부, 며느리발톱, 배의 물결을 헤치는 충각, 말의 박차 등과 같은 여러 다양한 의미들을 가지고 이 모두를 함께 수용하고 있는데, 요컨대 하나를 둘로 갈라지게 하는 이중적 작용을 일컫는다)에서 데리다는 여성의 반진리적 성격에 관한 니체의 관점이 플라톤 이래 남근중심주의적 사고를 해체시키기 위한 것임을 강조한다. 여성의 유혹적 매력은 바로 자기동일성과의 차이(예를 들어 여성의 화장은 가장이자 가식이며, 이는 자기 자신에 대한 차이와 거리를 만들어내는 것과 같다고 본다), 즉 이중성의 표상이고, 여성의 유혹은 자기 자신과의 거리두기이며, 이 거리두기는 언제나 감추면서 노출시키는 이중성이 작용하는 것과 다름 아니다. 이와 같은 여성의 이중성은 하이멘과 같이, 양자택일을 거부하고 결정지을 수 없게 만드는 '에프롱'에 비유된다. 남성이 이제까지의 '음성', '말', '이성'과 같이 형이상학적 사유를 대변한다면, 여성은 '문자', '감성', '은유'와 동일시되며 반진리의 화신이 된다. 이러한 여성의 이중적 성격은 진리가 직접적으로 파악될 수 있거나 현전할 수 없다는 것을 뜻한다. 진리는 자신의 모습을 은폐하면서 드러내고 드러내면서 은폐한다. 진리의 이러한 성격은 퐁주와 데리다를 비롯한 여러 텍스트들에서 '베일'에 비유되기도 한다. 요컨대 여성은 파르마콘적 양면성을 가지고 모든 존재론적 결정가능성을 유보한다. 그럼으로써 텍스트의 '탈고유화' 또는 '다양함'을 상징한다.

gnature — 저자의 죽음

서명의 이중성은 서명 행위의 주체인 저자의 죽음과 텍스트라는 또 다른 사물의 탄생을 이중적으로 작용시키는 것을 말한다. 서명이 고유명사를 그 누구도 모방할 수 없는 자신만의 독특한 필체로 변형시키는 것이라면, 그것은 단지 "고유 명사를 지우기 위하여, 언어에 의존"하는 여러 형태들일 뿐인 셈이다. 이와 마찬가지로 자신의 이름으로 텍스트에 서명을 한다는 것은 곧 자신을 텍스트라는 또 다른 사물에게 자리를 내어준다는 것을 의미한다. 그것은 곧 서명인의 죽음을 뜻한다. 텍스트의 탄생과 저자 자신의 죽음은 서명 속에 항상 이중적으로 작용한다는 것이다. 이러한 작용은 이미 서명 signature 속에 각인되어 있다. signature에 하이픈을 넣어 읽으면 si-gnature가 되어, 자연 nature의 일부분이 각인되어 있음을 퐁주와 데리다는 모두 강조하고 있다. 다시 말해 자연은 서명의 '이음 고리'가 되는 것이다. 이러한 이유로 퐁주는 『풀밭의 제작』에서 자연의 철자를 'nature'에서 'gnature'로 바꾸고 있다. 자연이 서명의 '이음 고리'이자 서명인의 죽음과 연결되는 것은 데리다의 '문자'관에서도 나타난다. 퐁주와 데리다는 모두 자연을 하나의 '문자'로 본다. 그런데 그 문자는 "그 어떤 의미 체계와도 관계가 없기 때문"에 '무의미적 문자'이다. 그런 의미에서 근원을 가지지 않는 문자의 자의성은 "자연적인 것과 결국 한데 뒤섞이게" 된다. '무의미'는 의미가 부재함을 가리키는 것이 아니라, 사고의 방향을 미리 제시하고 고정시켜 결정하는 형이상학적 사유 방식으로부터 벗어나, 의미와 무의미가 파르마콘과 같이 '상호 연루'되어 있다는 것을 의미한다. 요컨대 '문자'는 주체의 '말하고자 원하는 것'의 각인이 언제나 타자를 향한 '방황'으로 열려 있다는 것이다.

저자의 죽음은 고유 명사 자체를 글자 수수께끼식으로 해체하여 읽는 몇 가지 예들에서 나타나고 있다. 서명인의 이니셜 〈F.P.〉는 '해체되어 가고 있는 시체', 즉 작품집의 일부분이 된다. 퐁주는 『풀밭의 제작』 마지막 부분에서 식자공들에게 자신의 이름을 그가 제작한 '회향풀 Fenouil'과 '쇠뜨기 Prêle'(자신의 이름과 같은 이니셜을 가진 풀들임을 상기시키며)가 자라나는 횡와상 아래에 뉘어줄 것을 부탁한다. 이와 함께 퐁주는 〈F.P.〉를 순서를 교차시켜 〈P.F.〉로 바꾸어버린다. 그렇게 되면 〈F.P.〉는 '장례식 Pompes Funèbres'의 이니셜이 되는 것이다. 이러한 언어적 유희 역시 서명인의 죽음을 뜻하는 것이다.

텍스트에서의 저자의 죽음이란 고유 명사의 보통 명사화, 다시 말해 작품이라는 사물을 통한 자기 정체성의 타자화라고 할 수 있다. 그리고 이것이 데리다가 말하려는 각인과 지우기라는 서명의 이중성이다. 서명의 각인이 고유 명사의 '통제' 혹은 '소유'의 행위라면, 지우기는 타자에게로의 '양도'라고 할 수 있다. 이러한 '통제'와 '양도', '소유'와 '상실'은 사물과 말 사이에서의 텍스트의 이중적 움직임을 조명해주는 것이기도 하다. 저자의 죽음이란 곧 텍스트에 고유성을 부여하는 것이 아니라, 사물과 말 사이에서 '공용 징수'를 이루는 것인 셈이다.

이중 밴드

'이중 인화'와 같이 '이중 밴드'는 이중적 작용을 이름하는 것으로서, '이중 테이프', '이중 녹음 테이프', '이중 회합', '이중 무대'와 같은 계열에 놓일 수 있는 용어이다. 프랑스어에서 '밴드'는 벨트나 띠, 필름, 테이프, 붕대 외에도 토목에 쓰이는 접합판, 주파수대, 뱃전, 무리, 떼 등 다양한 의미를 가지고 있다. 데리다의 모든 용어가 그렇듯 이 용어 역시 이 모든 의미들을 어느 정도 다 함께 수용하고 있다. 데리다는 이 '이중 밴드'를 영어의 '더블 바인드'와 혼용하기도 한다. 『시네퐁주』의 에필로그에서 데리다가 언급하고 있는 '이중 밴드'는 책의 겉표지에 책의 내용을 광고하기 위하여 둘러놓은 빨간 색의 띠지를 가리키고 있다.

이중성은 데리다의 해체를 이해하는 데 있어서 가장 중요한 용어이면서도, 정의 내리기가 가장 힘든 것 중의 하나라고 볼 수 있다. 그것은 이중성이 각 대립항들을 이중적으로 작용(이중 긍정과 이중 부정)시키며 그 자체가 언제나 변하고 있다는 사실 때문이기도 하다. 같음이 반드시 다름의 대립항으로서가 아니라, 다름의 다름이 스스로 작용하여 다시 같음이 같음으로 스스로 작용하게 한다는 것이다. 다시 말해 서명에 대한 고유성의 해체는 서명을 '비 – 고유성'으로 이끌고 가는 대신, '서명이 그 스스로 고유한 것에 미자나빔되어 있음'을 드러나게 한다는 것이다. 그것이 바로 데리다가 '전혀 다른 것은 전혀 다른 것이라는 엄청난 문장'을 가로지르며 행하고 있는 해체의 움직임이라 할 수 있다.

『시네퐁주』의 에필로그에 나오는 '이중 밴드' 역시 이 같은 '미자나빔'의 재귀성을 표상하고 있다. 그것은 '마치 책에서 책이라는 제목을 읽는 것', 혹은 '그림 속에서 그림이라는 제목이 붙은 것을 보는 것'이나, "그 자신을 가리키며 나는 이름이며, '이름'은 이름이라고 말하는 것"과 같은 것임을 뜻한다. 그리고 이 재귀성을 『시네퐁주』와 에필로그 자체를 미자나빔하고 있다. 즉 『시네퐁주』의 에필로그는 서명처럼 텍스트의 밖에 위치하면서도 텍스트 안의 '이야기'를 하며, 이중으로 감싸고 있는 것이다. 『시네퐁주』 밖에 위치한 이 '이야기'는 『시네퐁주』 자체에 대한 또 다른 우화를 형성하며, 『시네퐁주』를 '이중 밴드'로 감는다.

데리다는 이 같은 이중성의 재귀성을 흔히 열쇠가 꽂힌 열쇠 구멍에 비유한다. 그것은 텍스트 자체가 가지고 있는 이중성, 이중 밴드, 이중성의 겹침을 말한다. 다시 말해 텍스트의 묘사는 그것이 묘사하고 있는 사물 그리고 동시에 묘사 그 자체 또는 텍스트 자체를 가리키는 것이다.

> 텍스트의 운동성은 바깥, 다시 말해 지워질 수 없는 지시 대상인 다른 사물을 향하여 열려 있음과 동시에 스스로를 보여주고 있다는 점에서 이중 동맹적이라고 볼 수 있습니다. 마치 다른 쪽으로 열지만, 이와 동시에 자신이 열쇠라는 것을 보여주는 열쇠와 같이 말입니다. 즉 당신에게 열쇠 자체를 보여주는 것입니다. 여러분에게 열쇠 자체를 보여줄 뿐이 아니라, 이와 분리될 수 없는 열쇠라는 말도 지시하는 거죠……. 그리고 열쇠 자체는 간파해야 할 것으로 남습니다. 밖으로 그리고 타자를 향하여 연다는 의미에서 볼 때, 그것은 텍스트에 대한 열쇠이자 텍스트 안에 있는 '열쇠'라고 볼 수 있는 것입니다…….
>
> 이런 관점에서 본다면, 그것은 가짜 열쇠가 되겠죠. 텍스트는 사물과 동시에 그 텍스트가 실행하고 있는 묘사, 다시 말해 말 혹은 우리가 말을 다루는 움직임이나 언어라는 유산 자체도 함께 즉각적으로 묘사하는 것입니다. 그 결과 텍스트의 방향은 자연히 말과 그 의미 작용들로 갈라지게 되고, 곧바로 말의 의미론적 풍부함과 마찬가지로 그 형태나 형식성으로부터 연유하는 문채나 내포의 확산이 있게 됩니다. 그리고 이러한 주름 혹은 이러한 분리 때문에 글읽기의 가능성은 무한한 것입니다. 이중성으로 인하여 글읽기가 부채처럼 무한히 펼쳐집니다. 따라서 우리는 비 그 자체로부터 비라는 말로 올 수가 있는 거죠. 비라는 말로부터 수평적으로 혹은 수직적으로, 아니

면 비스듬히, 또 때로는 진짜 비처럼, 텍스트는 스스로를 드러내게 되고 그 표류는 끝이 없이 이어집니다. 바로 그러한 사실로부터 의미의 효과와 해석의 필요성이 생겨나는 것입니다. 그런데 이 해석은 한편으로는 무한대로 열려 있기도 하지만, 다른 한편으로는 순전한 모사 simulacre에 불과한 것이기도 합니다. 왜냐하면 언제나 텍스트는 비 그 자체를 말할 뿐이기 때문입니다. 마찬가지로 텍스트는 비처럼 단순하게 남는 것이기도 합니다. (Revue des Sciences Humaines, N° 228(1992년 4월) 159-160쪽)

수브젝틸

프랑스어의 '수브젝틸'은 종이나 캔버스, 목판과 같이 그림을 그릴 수 있는 바탕을 말한다. 데리다는 바탕으로서의 '수브젝틸'을 아르토의 회화에서 심도 있게 다룬다. '수브젝틸'은 그 자체로서는 의미를 지니지 않은 채 단지 의미를 작용시킬 수 있는 바탕을 일컫는 것으로, 어떤 대상을 재현하는 차원이 아니라, 언어나 예술적 형식들이 단지 자기 자신을 표현함을 말하는 것이다. 아르토의 어떤 스케치는 담뱃불에 그을린 캔버스의 바탕만을 보여주고 있는데, 이는 그림을 그릴 수 있는 바탕을 파손시킴으로써 예술의 표현 형식이 보잘것없음을 드러내는 효과를 보인다. 어떤 것을 표현하는 대신 의미를 파괴함으로써, 그 의미를 파괴하는 표현 매체 자체를 보여주는 것이다.

『시네퐁주』에서 '수브젝틸'은 두 번 거론되고 있는데, 그 첫 번째는 모든 이중적인 것을 작용시킬 수 있는 바탕으로서의 '해면'을 가리킨다. '수브젝틸'로서의 '해면'은 '좋은 물이건 나쁜 물이건 모두를 흡수해버리는' '괄목할만한 수집 장치의 표상'이다. 다시 말해 '해면'은 모든 상반되는 이중적인 것을 수용하는 '헤르마프로디토스'로서, 아버지와 어미니 양쪽 성을 이어받는다. 이처럼 이중성이 접목되고 주름잡히는 바탕으로서의 '수브젝틸'은 일종의 '조커', 즉 자기 고유성이나 자기 정체성을 지니지 않은 채 아무 카드에나 접목되는 '조커'와도 같다.

두 번째 '수브젝틸'은 '백지 상태'와 접목된다. '수브젝틸'은 『시네퐁주』 자체가 모든 것이 다시 시작될 수 있는 '백지 상태', 즉 무한한 반복적 글쓰기에 대한 끝맺음의 시작 혹은 시작으로서의 끝이 되는 바탕임을 가리키는 것으로, 이는 해체 정신이 무엇인가를 확인시켜 준다. 사물에 대하여 말한다는 것, 어느 저자의 이름을 칭송한다는 것, 그리고 그 작품에 대하여 말한다는 것은 결국 그것에 대하여 무엇인가를 말하는 것이라기보다는 단지 또 다른 '수브젝틸'을 도래케 하는 것이라 할 수 있다. 『시네퐁주』를 맺으며 데리다는 프랑시스 퐁주나 그의 작품에 대해 말한 것은 아무 것도 없음을 상기시키며, " '테이블'이라는 거대한 건축물이 세워짐을 지켜보기 위함"이었음을 강조한다.

이는 곧 절대적 타자로서의 사물에 대한 글쓰기를 하는 저자의 서명이 어떻게 텍스트에서 작용하는가를 보여주는 것이기도 하다. 침묵 속에서 절대적 명령을 내리는 사물과의 계약이란 결국 '모든 것으로부터 자유로운 채 계약과는 무관하게 남아 있어야 하는 그러한 계약'이며, 그 계약에 있어서는 "모든 것이 무와 교환되는, 다시 말해 교환되는 것이 서명에 관련된 어떤 결정적인 것이 아니라, 오로지 서명 그 자체인, 계약 아닌 계약"인 것이다. 그것은 '계약 아닌 계약'이지만 분명 계약이긴 한 계약, 아무 것도 교환되는 것이 없는 교환이지만 교환이라고 부를 수밖에 없는 교환, 사물에 주어지는 말이기는 하지만 사물 자체는 아니며, 저자의 고유성을 담고 있기는 하지만 저자 자신은 아닌 서명이다.

3

푸코와 벨라스케즈

자기반영성에 대한 일반적 고찰

푸코의 철학 비평에 있어서 자기반영성은 중요한 키워드 중의 하나이다. 자기반영성은 그의 비평적 사유의 통합을 보장해주는 것이라기보다는 오히려 이타적인 것과 밖을 향한 열림의 사유를 작용시키게 해주는 키워드라고 할 수 있다.

자기반영성이란 말 그대로 스스로를 반영한다는 것을 의미한다. 자기반영성은 "방법론적인 자기 검토, 즉 스스로의 조건 및 절차를 검토하려는 현대 사상의 경향에 대한 징후"를 이름하는 것으로서, 지난 반세기 동안 언어학에서의 지시성의 이론을 중심으로 철학, 심리학, 사회학, 인류학 등 여러 분야에서 많은 연구의 대상이 되어 왔다. 텍스트가 "텍스트 자신이나 그 제작자 또는 독자를 지시하는 능력"을 지칭하는 이 용어가 심리학에서는 "스스로를 대상으로 삼을 수 있는 정신적 능력"을 이름하기 위해서 사용되기도 한다. 또한 사회학, 인류학, 생물학에서는 "사고의 성격을 이해하기 위한 사고", 즉 사고에 대한 사고나 지식에 대한 지식을 연구하는 방법을 지칭한다. 하지만 이러한 전문 분야 외에도 우리가 일상생활에서 흔히 사용하는 문장이나 담화에서도 자기반영성을 찾아 볼 수 있다. 발렛 Barlett과 서버 Suber는 자기반영성을 여러 분야에서 폭넓게 찾고 있는데, 예를 들어 '나', '여기', '지금', '너'와 같이 말하고 있는 자신을 지칭하는 단어에서부터 말하고 있는 의미론적 개념 자체를 반영하는 문장들, 즉 "이 남자는 그가 거짓말을 하고 있다고 말한다" 또는 "그가 말하고 있는 것이 진실인가 아닌가?"와 같은 문장들이나, 담화에서 이해나 강조를 위하여 사용되는 반복에서도 자기반영성을 찾아 볼 수 있다고 한다(『Self-reference: reflections on reflexivity』).

이처럼 여러 분야에서 광범위하게 찾아 볼 수 있는 자기반영성은 예술에서는 외적 현실에 대한 모방이나 재현의 단순한 범주를 거부하는 모더니즘에서 싹트기 시작한 미학적 자의식에서 두드러지게 나타나고 있다. 회화나 음악, 연극 등에서 창작의 소재나 과정 자체에 관심을 가지고 그것을 예술화시키는 작업들은 그에 대한 예를 잘 보여준다. 마이어홀트나 브레히트의 연극에서 조명 및 무대 장치의 구조, 대본의 서술적 미학 원칙들을 비롯한 연극의 극적 구성 요소들을 그대로 드러내 보이는 것은 자기반영적 연극의 대표적 예들이라 할 수 있다. 2차 대전 후 이탈리아에서의 네오리얼리즘 및 프랑스의 누벨바그 영화에서도 영화의 새로운 기법을 모색하기 위한 방법 중의 하나로 영화를 만드는 영화감독의 영화 제작 자체에 대한 자의식을 담는 자기반영적 성향이 두드러지게 나타났다.

이러한 자기반영성이 문학에서는 문학 창조의 행위 또는 글쓰기 자체에 관심을 가지고 텍스트가 텍스트 자신에 대하여 어떻게 구축되어 있으며, 어떻게 작용하는가를 반영하는 자가 지시성 자체를 모티브로 삼는 것을 말한다. 자기반영성은 문학 및 문학비평에서 매우 중요한 자리를 차지하며, 16세기 '문예'의 개념으로부터 '문학'이라는 이름을 가진 이래로 근대와 현대를 구분 짓는 중요한 잣대가 되고 있다. 특히 푸코와 데리다를 비롯한 후기구조주의에서는 문학 자체에 대한 사유를 함에 있어서 자기반영성을 크게 부각시키고 있다. 『말과 사물』에서 푸코는 세르반테스의 『돈키호테』를 자기반영성에 대한 최초의 현대적 텍스트로 손꼽고 있는데, 이것은 텍스트가 텍스트 자체의 이야기의 대상이 되며, 책 속의 책이 텍스트를 작용시키는 모티브가 되고 있기 때문이다(예를 들어 소설의 2부에서 돈키호테는 소설의 1부를 읽은 몇몇 인물들을 만나 1부에서의 자신의 행적을 듣고는 그 책 속의 현실과 맞추어 나가는 과정을 보여주기도 한다. 『돈키호테』에 관한 푸코의 분석은 후에 다시 인급하도록 하자). 그 외에도 현대소설에서 조이스의 『율리시즈』나 지드의 『사전꾼들』이 소설쓰기 자체를 소설화한 것과 같이, 현대시 분야에서는 시어에 대한 성찰 자체를 글쓰기의 대상으로 삼음으로써 글쓰기에 대한 글쓰기적 성찰을 보여주었다.

요컨대 자기반영성은 무엇보다 재현에 대한 근본적인 의문제기라고 볼 수 있다. 그것은 재현 자체를 문제 삼아 재현하고 있는 것이 무엇이며 어떻게 재현하고 있는가를 재현 스스로가 반영하는 것이라 할 수 있다. 그것은 아리스토텔레스로부터 시작되는 서구의 모방 시학에 대한 반기로서, 예술적 창조 행위는 원본에 대한 모방이 아니라 제작이라는 인위적 행위임에 대한 자각에서 기인하는 것이라 말할 수 있다. 이처럼 자기반영성은 재현의 투명성과 현실 모사성의 개념을 전면적으로 부정하며, 재현에 있어서의 원본의 개념을 부정한다. 이는 지시성의 기원의 부재로 통하는데, 다시 말해 스스로를 반영하는 가운데 재현은 그 자신이 가지는 한계와 함께 자신에 내포되어 있는 공백과 빈 공간을 스스로 지시한다는 것이다.

푸코의 자기반영성은 재현에 있어서의 재현 자체를 문제 삼는다. 『말과 사물』의 제1장 「시녀들」은 재현이 가지는 속성과 함께 재현의 한계와 자기반영적 성격을 잘 보여주는 글이다. 푸코가 자기반영성을 고찰함에 있어서 회화 작품을 다루고 있는 것은 회화가 다른 장르에 비해 재현과 가장 밀접한 관계가 있기 때문이다. 푸코는 "회화의 내용이란 단지 그것이 재현하는 것밖에는 없으며, 그 내용은 재현에 의해 재현될 때에만 나타나는 것"으로 본다.

〈시녀들〉 분석을 통한 푸코의 자기반영성에 대한 고찰

『말과 사물』의 끝에 실려 있는 그림 〈시녀들〉은 고전주의 시대의 스페인 화가 벨라스케즈의 작품으로 재현을 주요 모티브로 삼고 있다. 푸코가 자기반영성에 대한 사유를 함에 있어서 고전시대의 회화 작품을 분석하고 있는 것은 고전시대의 에피스테메가 바로 재현에 근거하고 있기 때문이다.

우선 그 그림이 무엇을 담고 있는지를 간략하게 살펴보자면, 그림의 왼쪽에는 손에 팔레트를 든 화가(벨라스케즈의 자화상)가 있고, 그 화가가 그리고 있는 그림을 담은 캔버스의 뒷면이 그림의 왼쪽 거의 전부를 차지하고 있다. 오른쪽으로는 빛이 들어오고 있음을 알리는 창문 가장자리가 보인다. 그리고 중앙에는 그림의 중심인물인 어린 공주와 그 공주를 시중드는 두 시녀들 그리고 주변에 두 무리의 인물들이 있다. 무리들 중 한 무리는 그림의 오른쪽 뒤편의 두 궁신들이고, 다른 한 무리는 그 앞쪽의 난장이와 어린 방문객(오른쪽 끝부분의 창문 가장자리 옆으로 계단에 발을 디딘 채 방으로 막 들어선다)이다. 그 난장이는 그림의 오른쪽 맨 앞에 있는 개 위에 발을 얹고 있다. 이상이 그림을 구성하는 8명의 인물들이다. 그러나 이외에도 아주 모호하게 다른 인물들이 설정되어 있다. 그 중 하나는 그림 중앙 부분의 약간 뒤쪽에 황금빛으로 밝게 빛나는 회랑이 시작되는 문의 계단에 발을 딛고 있는 한 남자의 긴 실루엣이다. 다른 하나는 그 회랑의 문 옆쪽으로 벽에 걸려 있는 몇 개의 그림들 사이에서 빛나고 있는 거울 속의 모습이다. 그 거울은 그림에는 나타나 있지 않은 국왕 펠리페 4세와 왕비의 모습을 반영한다. 요약하자면 〈시녀들〉은 벨라스케즈가 자신의 화실인 에스쿠리알의 살롱에서 두 인물(국왕 펠리페 4세와 왕비)을 그리고 있는 화가 자신과 그것을 보러온 마르가리타 공주와 그녀를 시중드는 시녀들과 난쟁이들을 표현한 작품이다.

푸코가 〈시녀들〉에서 분석하고자 하는 것은 회화적 공간에서

벨라스케즈의 〈시녀들〉

의 자기반영성이다. 그러한 자기반영성에 대한 전략은 재현이 근본적으로 가지고 있는 한계와 함께 그 불안정성을 드러내는 것이라 할 수 있다. 그것은 결국 재현의 근본적 속성 자체에 자기반영적인 성격이 있으며, 재현이 스스로를 반영하는 가운데 그 재현이 근거하고 있는 것이 궁극적으로는 부재하고 있음을 밝힌다.

재현의 불안정성

재현이 근본적으로 불안정하다는 것은 실재의 사물과 재현된 사물 사이에는 불가피한 간극이 존재함을 의미한다. 다시 말해 완벽한 재현 또는 투명한 재현이란 불가능하다는 것이다. 그것은 또한 재현된 창조물에는 재현이 근거하고 있는 원본의 개념이 부재함을 말하는 것이기도 하다. 푸코는 이러한 재현의 불안정성을 재현의 공간 안에서의 가시적 세계와 비가시적 세계의 양립 불가능성을 통하여 분석한다. 가시적 세계와 비가시적 세계는 각각 재현의 안과 밖, 또는 재현에 있어서의 주체, 객체와 관련된 것으로서, 재현의 불안정성은 이들 관계들의 상대성에 대한 인식에서 드러나는 것이라 할 수 있다. 재현의 재현을 모티브로 하는 〈시녀들〉은 통상적인 재현 공간에서의 주체와 객체의 관계가 서로 교차되고 있음을 보여준다. 다시 말해 화가, 모델, 감상자 사이의 관계는 관점에 따라 상대적일 수 있으며, 나아가서는 상호 지시적일 수 있다는 것이다. 우선 화가의 경우를 예로 들어 볼 때, 화가는 자신이 재현하고 있는 그림 속에 나타나 있는 반면, 그가 재현하고 있는 그림이나 그 속에 나타나야 할 모델들(국왕과 왕비)은 나타나 있지 않다(모델의 모습은 단지 거울 속에 희미하게 비춰져 있을 뿐이다). 이와 함께 화가 주변에서 그가 그림 그리는 모습을 감상하는 감상자들(공주를 비롯한 시녀들과 궁신들 그리고 광대들)이 감상되고 있는 반면, 감상되어야 할 모델들(국왕과 왕비)은 부재되어 있다. 이처럼 화가가 그림 그리는 광경이라든가 감상자들이 구경하고 있는 모습 등과 같은 재현의 밖은 안으로 묘사되어 있고, 감상되어야 할 재현의 안은 밖으로 반영되어 있다. 이는 다시 말해 재현의 공간에서 주체와 객체의 관계, 또는 안과 밖의 관계는 고정적인 것이 아니라, 상호 유동적이며 관점에 따라 전도될 수 있음을 시사한다.

푸코는 이렇듯 재현이 재현되고 있는 자기반영적 공간에서 재현 자체의 속성이 드러난다고 본다. 근본적으로 재현의 안과 밖은 고정되어 있지 않아 그 안과 밖은 상호 전도될 수 있으며, 그 결과 재현은 속성 상 자신의 공간 뿐 아니라 그 밖도 함께 반영한다는 것이다.

〈시녀들〉의 분석에서 푸코가 역점을 두어 밝혀내고자 하는 것은 재현의 불안정성이다. 그런데 그러한 재현의 불안정성은 회화적 공간 안에서의 가시성과 비가시성의 불확실성에 의해 더욱 가중된다. 〈시녀들〉에서 캔버스와 창틀은 가시성과 비가시성을 상징적으로 나타내 주고 있다. 캔버스와 창틀은 각각 그림의 왼쪽과 오른쪽에서 양 극점을 이루며, 전자는 그 뒷면만을 보여줌으로써 재현되고 있는 재현의 광경 자체를 은폐시키고, 후자는 그림의 모든 것을 가시화시켜 주는 빛의 존재를 알리고 있다. 그림의 내용을 은폐시키고 있는 캔버스의 뒷면은 화가 자신과 그가 표현하는 것을 함께 담을 수는 없음을 상징한다고 할 수 있다. 즉 캔버스의 뒷면은 화가가 재현하고 있는 광경의 비가시성을 표면적으로 드러내주는 역할을 하며, 화가가 재현되고 있는 그림에 보여지는 동시에 그가 재현하고 있는 것 자체를 보여줄 수 없음을 나타내고 있는 것이다. 요컨대 자신이 재현하고 있는 광경 속에 재현된 화가는 "양립할 수 없는 두 가시성의 문턱"에 위치하는 것이라 하겠다. 이 같은 "양립할 수 없는 두 가시성의 문턱"이 시사하는 바는 가시적인 것과 비가시적인 것이 관점의 상대성으로 인하여 고정되어 있지 않으며, 상호 교차될 수 있다는 것을 의미한다. 어떻게 보면 재현을 가능하게 하는 것이 바로 이 같은 가시적인 것과 비가시적인 것 사이의 상호지시적 교차작용이라 할 수 있다. 푸코는 이처럼 가시적인 것과 비가시적인 것이 서로 교차되며 서로를 지시하는 지점을 "입체적 공간" 또는 "중립적 장소"로 명명한다. 그 장소는 다름 아닌 화가가 재현을 실행하기 위하여 응시하고 있는 지점을 가리킨다. 화가가 캔버스로부터 물러나 손에 팔레트를 들고 응시하고 있는 이 '비가시적인 한 지점'이 바로 캔버스와 감상자 사이를 이어주고 있다는 것이다.

한편, 화가가 바라보고 있는 광경 자체가 우리에게는 은폐되어 있기 때문에, 화가와 모델, 모델과 감상자 사이의 관계를 끊임없이 불안정하게 만든다. 만약 캔버스의 내용이 가시적이라면, 우리는 화가의 시선이 무엇을 향하고 있는지를 알 수 있으며 그 결과 모델과 감상자의 사이의 시선의 역할들도 결정할 수 있을 것이다. 그러나 캔버스의 뒷면은 그 어떠한 시선들의 관계도 결정되지 못하도록 하며, 화가가 응시하는 지점을 비결정적이고 불안정한 장소로 만든다. 이러한 불가결정성이 시사하는 바는 어떤 가시적인 것에 대해 취할 수 있는 관점의 취약성이다. 즉 어떤 관점이나 관계들은 고정불변의 것이 아니라, 상호 지시적 관계 속에서 전도될 수 있는 가능성을 가지고 있다는 것이다. 그리고 그러한 비결정적 공간에서는 모델과 감상자, 화가 사이의 보고 보여지는 관계 역시 상호 역전될 수 있는 가능성을 내포한다 하겠다.

푸코의 분석은 이처럼 끊임없이 양립 불가능한 두 세계 사이의 문턱을 오가며 그 경계의 불확실성을 밝히는 것에 주안점을 둔다. 그 경계의 불확실성이란 재현이 근본적으로 불안정하다는 것과 재현의 공간에서는 가시적인 것과 비가시적인 것이 비결정적, 상호 전도적이라는 것을 의미한다. 이와 함께 그의 분석에서 강조되고 있는 바는 재현의 불확실성이 재현의 자기반영성에 의해 인식되고 드러나는 것이라는 점이다. 푸코가 밝혀내고 있는 이러한 재현의 불확실성은 어떤 관점이나 사유의 절대성이 불가능하다는 것과 그 맥을 같이 한다고 하겠다.

재현의 자기반영성 — 거울

푸코의 분석이 재현이 재현되고 있는 자기반영적 공간에서의 재현 자체의 근본적 속성을 밝히는 것에 주안점을 두고 있다면, 그것이 가장 잘 나타나고 있는 부분이 거울에 대한 분석이라 하겠다. 거울은 자기반영적 예술이 가지는 자신을 향한 거울에 대한 메타포이다. 거울은 〈시녀들〉의 중앙에 일련의 다른 그림들과 같이 위치하고 있는데, 유독 그 자체에서 희미한 빛을 발함으로써 어두운 곳에서 잘 알아 볼 수 없는 다른 그림들과 구분되고 있다. 그림 속의 그림들이라는 재현의 광경 속에서 거울은 회화의 재현적 복제 기능을 상징한다. 그런데 그 거울의 깊은 곳에서 희미하게 반영되고 있는 형상은 그림 속에 재현되고 있는 장면을 전혀 담고 있지 않다. 거울 속의 두 인물은 화가 벨라스케즈가 그리고 있는 국왕 필립 4세와 왕비인데, 그림 속의 재현된 장면(공주와 시녀, 광대들이 화가가 국왕과 왕비를 그리고 있는 광경을 구경하러 온 장면)에서는 아무도 거울을 바라보고 있지 않으며, 또 거울 역시 재현된 장면 속의 그 어떠한 것도 반영하지 않고 있다. 이는 다시 말해 거울은 재현의 재현이 이루어지고 있는 재현의 심장부에서 실제 재현의 형태를 유일하게 가시적으로 나타내고 있는 것이라 할 수 있는데, 그 거울이 기존의 재현에 있어서의 모사와 복제의 기능을 보이지 않는 것이다.

이같은 거울의 반영은 푸코의 자기반영적 전략을 단적으로 잘 보여준다. 즉 자기반영성이란 거울 속에 있는 그대로를 반영하는 것이 아니라, 오히려 '거울의 광택 없는 뒷면'과 같은 것이다. 데리다 역시 자기반영성에 대한 은유로 '거울의 광택 없는 뒷면'을 자주 등장시킨다. 『프쉬케 Psyché』의 첫 텍스트 「타자의 발명」(『Psyché』의 부제가 〈타자의 발명들〉이고 그 첫 텍스트가 「타자의 발명」인데, 이는 『말과 사물』과 「시녀들」의 관계에서와 같이, 각 텍스트들 간의 자기 반영적 관계를 엿볼 수 있게 해준다)에서 문학의 자기반영성을 다루면서, '거울 psyché'(고유명사로서의 신화적 인물 프쉬케는 보통명사로서의 거울을 뜻하기도 한다)의 은유와 그 파기를 통하여 어떻게 자가 지시적 언어가 타자를 수용하며 열림을 향하게 하고 있는지를 보여준다.

거울의 역할은 자기반영성이 창작의 구조에 대하여 폐쇄적으로 작용하는 것이 아니라 밖을 향한 열림의 구조로 작용하는 것임을 말해준다. 거울 속의 형상이 그림 속의 재현된 장면이 아닌 것은 재현의 또 다른 공간인 재현의 밖이 존재함을 알려준다. 거울 속의 국왕과 왕비의 모습은 비가시적인 것에 대한 가능성을 제안함으로써, 폐쇄적 '회전운동'(이것은 푸코가 '나선형의 조개껍질'로 표현하고 있는 '재현의 순환' 작용을 말한다)을 고정시킨다. 다시 말해 그림 속에서는 보이지 않는 재현의 밖의 비가시적인 세계를 회복시키며 재현의 공간을 열리도록 한다는 것이다. 거울의 이러한 기능은 재현이 표현하고 있는 가시적 공간은 그 자체 속에 폐쇄되는 것이 아니라, 재현이 가지는 자기반영적 성격에 의해 오히려 비가시적인 공간으로 열리게 됨을 시사한다. 재현은 자기반영성에 의해 가시적인 것의 한계와 함께 비가시적인 것에 대한 존재 가능성을 열어주며, 가시적인 것과 비가시적 것이 이중적으로 상호 작용토록 한다. 다시 말해 가시적인 것은 언제나 비가시적인 것과 이중적으로 겹쳐져 있으며, 비가시적인 것은 가시적인 것을 작용시키는 근원이 된다는 것이다.

거울 즉 재현의 자기반영성은 무엇보다 재현의 안과 밖의 상호 이중적 겹침을 작용시킨다. 재현의 안은 밖으로 그리고 재현의 밖은 안을 작용시키는 것이다. 푸코가 말하는 '맞은편의 광경'은 바로 거울의 이중적 작용을 가리킨다. 즉 거울에 반영된 국왕과 왕비의 모습은 그림 전체가 하나의 광경을 응시하고(그림 속의 인물들 모두가 바라보고 있는 국왕과 왕비의 모습), 그 광경 자체가 다시 응시되어야 할 광경 속의 인물이 되고 있음을 나타내주는 것이다. 그것은 그 자신이 장면이 되는 장면을 바라보는 것, "바라보면서 보여지는 거울에 의해 나타나는 순수 상호성의 조건"을 제시하는 것이라 할 수 있다.

재현의 공백

푸코의 자기반영성에의 전략이 재현의 불안정성과 그 한계를 드러내는 것이라면, 그러한 전략이 궁극적으로 밝히고자 하는 것은 재현의 '본질적 공백'이다. 푸코는 〈시녀들〉 분석의 결론으로, 벨라스케즈의 그림이 "고전주의 시대의 재현의 재현"과 "그 재현이 열고 있는 공간에 대한 정의"를 담고 있다면, 그 재현의 공간에는 "어쩔 수 없이 지시된 하나의 본질적인 공백이 존재한다"는 점을 제시한다. 그 '본질적 공백'이란 곧 재현이 재현을 반영함으로써 드러나는 한계점과 관련된다. 다시 말해 재현의 실제 대상과 재현해내고 있는 것 사이에는 언제나 간극이 존재한다는 것이다. 그리고 이러한 간극은 가장 완벽한 형태의 재현에서조차도 뛰어넘을 수 없다는 것이다. 이러한 맥락에서 푸코는 "재현 자체가 광경이 되고 있는 재현에서조차도 결핍이 없는 재현은 없다"고 지적한다. 거울이 그림 속의 그 어떠한 가시적인 것도 반영하지 않음으로써 완전한 모상을 담을 수 있다는 가정을 깨뜨리고 있는 것은 바로 재현에 있어서의 재현의 대상과 재현된 것 사이의 유사성의 소멸을 뜻한다. 요컨대 '본질적 공백'이란 재현에 있어서 모방되어야 할 원본의 부재 즉 "재현이 근거하고 있는 것의 필연적인 소멸"을 의미한다. 푸코가 "재현을 구속하고 있는 관계로부터 자유로운 재현만이 순수한 재현으로서 자신을 제시할 수 있다"고 지적하고 있는 것은 바로 이러한 재현에 있어서의 '본질적 공백'에 대한 강조이다.

재현의 '본질적 공백'이 뜻하는 바는 재현은 그 자체가 자기반영적이며 중복적이라는 것이다. 즉 재현이 어떠한 사물을 대상으로 삼아 그것을 옮긴다 해도 결국 그 옮기는 행위 속에 스스로를 반영하지 않을 수 없다는 것이다. 푸코는 재현에 있어서 무엇인가에 대한 지시는 자기 현시를 함께 내포한다는 것이 자기반영성을 통하여 드러나는 재현의 근본적 속성이라고 본다.

'본질적 공백'이나 빈 공간은 푸코의 자기반영적 전략에 있어서 뿐만이 아니라, 그의 전반적인 비평 사유에도 중요한 요소로 작용한다. 회화나 언어 또는 문학을 사유함에 있어서도 궁극적으로는 어떻게 그 기원이나 기반이 결핍되어 있는가를 드러내는 것에 역점을 둔다. 그러한 푸코의 자기반영적 전략에는 기원의 부재나 빈 공간이 그 자체로는 반영될 수가 없기 때문에, 역설적으로 자기반영성에 의해서만 그 모습을 드러낼 수 있다는 생각이 자리한다.

요컨대 '본질적 공백' 혹은 근원적 결핍은 보편적 가치체계를 붕괴시키고 모순적 사유를 작용시키며 푸코의 비평적 사유가 끊임없이 반복적으로 회귀하는 곳이다. 자기반영성에 대한 강조와 함께 이같은 기원의 부재에 대한 성찰은 위에서 언급한 바와 같이 데리다를 비롯한 후기 구조주의의 문학비평의 기저를 이루는 것이다. 즉 예술적 창작이란 대상을 그대로 반영하지 않는 '거울의 뒷면'과 같은 것이며, 예술이 자신을 반영한다는 것은 결국 자신의 내부에 그 어떠한 기반이나 기원이 없음을 드러낸다는 것이다. 나아가 자기반영성이란 자가 충족적인 나르시스적 폐쇄적 구조를 위한 장치라기보다는 오히려 자기 성찰을 통한 구조의 탈구조화를 이행시키는 메커니즘이라는 것을 강조한다.

『말과 사물』에서의 「시녀들」의 위상

고전주의 시대의 재현의 재현을 문제 삼는 벨라스케즈의 〈시녀들〉에 대한 푸코의 분석은 회화적 공간에서 어떻게 재현이 재현을 반영하며, 어떻게 재현의 한계에 대한 인식과 함께 재현이 근본적으로 안고 있는 빈 공간과 공백을 스스로 드러나게 하고 있는지를 보여준다. 그런데 푸코는 이러한 재현의 공간에 대한 사유를 인식 공간의 사유에도 반영한다. 다시 말해 푸코가 「시녀들」에서 분석하고 있는 재현의 자기반영성은 『말과 사물』의 전체적 구조에도 반영되고 있다는 것이다. 이러한 경향은 푸코 저서들의 큰 특징들 중의 하나라고 할 수 있는 것으로서, 책의 제 1장에서 그 책의 핵심적인 문제를 미니어처의 형태로 다루고 그 미니어처를 다른 큰 문제에 반영시킨다. 특히 『말과 사물』의 각 장들은 이같은 '미자나빔'(〈데리다와 퐁주〉의 '미자니빔'부분 참조)의 작용관계를 잘 보여주고 있다.

미자나빔은 관점에 따라 그 해석을 달리 할 수도 있다. 특히 구조주의와 후기 구조주의는 이에 있어서 다른 관점을 보인다. 구조주의자나 형식주의자들에게 있어서는 미자나빔은 텍스트의 모든 외적인 요소들을 배격하고 텍스트 자체의 틀과 구조를 확실하게 보장해주는 도구로 쓰였다. 다시 말해 문학 텍스트란 그것이 텍스트의 밖을 얘기하고 있다 하더라도 무엇보다 언어로 형성된 구조물로서 텍스트 밖의 질서와는 다른 특유의 체계를 가지고 작용한다는 것이다. 요컨대 구조주의적 관점에서 본 미자나빔은 문학적 미학적 폐쇄성을 상징한다. 하지만 이것은 문학의 순수성은 보장하지만 역사적 사회적 정치적 철학적 영향은 부정하는 것이라 할 수 있다. 그러나 후기 구조주의에서는 이러한 미자나빔의 개념을 오히려 텍스트를 열림의 체계로 작용하게 하는 원동력으로 본다. 즉 외적인 지시성으로부터 탈피하여 단지 그 자신만의 동기를 목표로 한다는 것은 무엇을 위한 또는 무엇에 의한 지시성으로부터 해방된 자유로운 유희를 가능케 한다는 것이다.

푸코는 고전시대의 에피스테메의 하나인 재현의 재현을 문제 삼고 있는 『말과 사물』의 제1부 1장 「시녀들」을 거울로 삼아 나머지 텍스트들이 이 분석에 반영이 되도록 함으로써, 재현과 회화, 재현과 기호, 말과 사물, 나아가 재현과 비평적 사유 전반에 걸친 관계가 반영되도록 하고 있다. 다시 말해 회화로부터 문학, 언어, 담화, 역사, 경제, 철학, 인간학, 인문과학에 이르기까지 각 장들에서 다루어지고 있는 서로 다른 영역들의 문제들이 제각기 서로를 반영하며 '미자나빔'의 관계에 있다는 것이다.

푸코의 대부분의 저서들은 서구 문화를 시대적으로 구분하여 각 시대에 대한 지식이나 인식의 형태를 정의하고 있는데, 이때 주안점이 되고 있는 것은 어떻게 지식이나 인식의 형태들이 각 시대의 역사적 배경 속에서 특정한 에피스테메에 의해 형성되고 있는가를 파악하는 것이라 할 수 있다. 『말과 사물』에서 푸코는 〈시녀들〉의 분석을 통하여 16세기의 지배적 에피스테메였던 유사성이 종식된 이후 17세기의 지배적 에피스테메인 재현이 어떻게 인식공간에 영향을 미치고 있는가를 고찰한다. 「시녀들」은 투명한 재현과 자기반영적인 자기 재현 사이의 관계 자체를 문제로 삼음으로써, 재현이 현실 모사나 모방이 아니라, 창조적 자기 현시를 함께 가지고 있다는 것을 보여준다. 그런데 이것은 16세기 르네상스 시대의 지배적인 에피스테메였던 유사성과의 단절을 의미한다. 푸코는 〈시녀들〉의 분석을 바탕으로 제2장과 제3장에서는 16세기와 17세기의 에피스테메인 유사성과 재현을 기호체계와 관련시킨다. 유사성이 지배하던 16세기에 "언어는 사물들에 대해 절대적으로 확실하고 투명한 기호"였으며, 사물과 유사한 것 내지는 동일한 것이었다. 그러한 언어가 17세기에 들어서면서 재현적 사유체계 속에서 사물과의 근원적인 유사성을 상실하게 되고 말과 사물은 완전히 분리된다는 것이다. 다시 말해 언어는 실제 사물의 등가물이 아니라, 단지 그것을 재현하는 기호가 됨으로써 임의적인 체계로 전환된다는 것이다. 푸코는 언어의 이러한 기호성이 바로 고전시대의 재현에서 출발한다는 점을 강조하며, 이는 기호의 속성 자체가 언제나 다른 무엇인가에 대한 재현을 전제로 하기 때문이라고 한다.

푸코가 언어 기호의 재현성에서 강조하고 있는 바를 살펴보자면, 언어의 기호화는 바로 재현의 재현성 즉 기호의 자기반영성에 근거하고 있다는 것이다. 다시 말해 "기호화하는 요소가 기호로 될 수 있으려면 그 요소는 자신이 기호화한 것과 자신을 연결시켜 주는 관계를 명시"해야 한다는 것인데, 이때 기호는 "재현을 해야 하는 한편 이 재현은 그 자체 속에서 다시 재현되어야 한다"는 것이다. 즉 언어의 기호화는 실체가 없는 '빈 공간' 속에서 '재현의 재현성'에 의해 '스스로에게 이중화된다'고 할 수 있다.

푸코는 이처럼 유사성을 떠나 재현에 기반을 둔 임의적 기호체계로서의 언어작용의 전형을 보여주는 예로 제3장 「재현하기」에서 세르반테스의 『돈키호테』를 든다. 이 작품은 현실세계와 언어가 구사하는 텍스트 사이의 유사성이 단절된 극단적인 예를 제시하며, 언어의 재현성 자체를 문제화하는 자기반영성을 보여준다. 돈키호테가 근거하는 텍스트와 돈키호테 자신 사이에는 더 이상 아무런 유사성이 없으며 단지 '기만적인 유사성' 또는 '비 유사성' 만이 텍스트를 작용시키는 원동력이 될 뿐이다. 다시 말해 세르반테스의 자기반영적 텍스트는 현실 세계와 책 사이의 극단적인 괴리 즉 말과 사물 사이의 유사성이 단절되고 있음을 보여준다. 그러한 단절은 르네상스적 세계관이 근대적 세계관으로 전환되는 양상을 반영한다. 『말과 사물』에서는 이처럼 재현과 자기반영성을 회화적 공간으로부터 언어, 기호체계, 문학 텍스트 등에 이르기까지 인문과학 전반의 문제들에 관통시킨다.

요컨대 푸코의 이같은 자기반영적 전략은 『말과 사물』의 각 텍스트들의 비평적 사유를 관통하고 있는 절대적 사유의 불가능성에 대한 성찰의 방법들 중의 하나라고 할 수 있다. 다시 말해 푸코에게 있어서 자기반영성은 문제 자체의 빈 공간이나 공허를 인식하는 계기를 마련하여 자신의 밖을 향하도록 하는 메커니즘으로 작용한다는 것이다. 『말과 사물』의 서문에서 푸코는 보르헤스가 인용하고 있는 중국의 한 백과사전의 황당무계한 동물 분류학이 자아내는 '웃음', 다시 말해 "우리의 시대와 풍토에 대해 가지고 있는 우리 자신의 사고의 친숙함을 송두리째 흔들어놓는 웃음"이 『말과 사물』을 발상하게 된 계기라고 밝힌다. 그것은 곧 『말과 사물』이 절대적 사유를 한다는 것이 불가능하다는 것을 인식하는 것으로부터 출발하고 있으며, 그 인식이 동양의 이국적 사유체계로부터 비롯되고 있음을 시사한다 하겠다. 그리고 자기반영성은 이같은 절대적 사유의 불가능함에 대한 성찰과 타자적인 것에 대한 수용, 밖을 향한 사유를 가능하게 해주는 한 사유방식으로 볼 수 있다.

4

들뢰즈의 '운동 이미지'와 '시간 이미지'

들뢰즈와 영화

들뢰즈는 영화에 대하여 『영화 1』과 『영화 2』라는 두 권의 책을 썼다. 이 저서를 통하여 철학자로서의 그가 펼쳐나가는 예술 창조에 대한 미학적 사유는 영화에 후기 구조주의적 비평의 기반을 마련하였다. 그의 영화 분석은 영화와 철학의 '사이'에서 서로 다른 두 범주의 접목을 꾀하고 있는데, 그 접목에서 각각 중심축이 되고 있는 것이 이미지와 개념이다. 들뢰즈는 영화가 실천하고 있는 사례들을 '개념'으로 사유한다는 것이다. 『대담』에서 그는 영화와 철학의 관계를 이미지와 개념의 관계로 정의하면서, "하나의 개념 속에는 이미지와의 관계가 담겨있고, 이미지 속에는 개념과의 관계가 담겨있다"고 말한다. 이처럼 '개념'은 영화란 과연 무엇이며 그 영화를 특징짓는 속성이란 무엇인가를 분석하는 그의 철학적 사유를 구축하는 구심점 역할을 한다. 『영화 1』의 서문에서 들뢰즈는 자신의 영화 분석이 '영화의 역사학'이나 영화 생산의 기술적인 것을 다루는 것이 아니라, 이미지와 기호들을 분류하는 분류학임을 밝히며, 영화를 이미지의 유형으로 보고, 그 이미지의 유형들 각각에 상응하는 기호들을 분류한다. 들뢰즈가 이처럼 역점을 두고 있는 영화적 이미지에는 베르그송의 '운동 이미지'와 퍼스의 기호론이 근간이 되고 있다. 즉 영화적 이미지는 이미지와 운동이 결부되어 스스로 운동을 일으키는 이미지라는 것과 자기 고유의 기호들을 생산한다고 본다.

들뢰즈는 영화 이미지를 크게 '운동 이미지'와 '시간 이미지'로 나누고, 이 두 이미지들에 대한 각각의 변종과 기호들을 상정한다. 들뢰즈는 '운동 이미지'를 '지각 이미지 l'image-perception', '감정 이미지 l'image-affection', '행동 이미지 l'image-action'로 나누고, '시간 이미지'는 '시청각 이미지 l'image optique et sonore', '결정체 이미지 l'image-cristal'와 그에 대한 변종들로 '시간기호 les chronosibhes', '표현기호 les lectosignes', '정신기호 les noosignes', '결정체기호 les signes cristalllins' 등으로 나눈다.

영화 이미지를 분석함에 있어서 들뢰즈가 사유의 축으로 삼고 있는 것을 간추려 보자면, 결국 영화적 이미지의 특성이란 무엇인가 그리고 영화에 있어서의 현대성을 결정짓는 '새로운 이미지'란 무엇인가라는 문제로 축소시킬 수 있다. 이러한 문제를 중심으로 들뢰즈는 영화가 발명되기 이전 베르그송이 발견한 '영화적 이미지'(들뢰즈는 이것이 '운동 이미지'의 전신이라고 본다)의 개념으로부터 '고전 영화'에 나타나는 특징과 기존의 영화적 이미지의 개념을 전환시키는 '현대 영화'에 있어서의 이미지의 특성들을 다룬다. 들뢰즈는 고전 영화와 현대 영화의 가장 큰 차이점이 영화 이미지에 대한 개념과 그 처리 방식에서 연유하는 것으로 본다. 시대적으로 확연하게 구분할 수는 없겠지만, 대체로 2차 대전 이전의 고전 영화에서는 이미지가 주로 행동으로 연결되었던 반면에, 전후 이탈리아의 네오리얼리즘을 중심으로 한 현대 영화에 이르러서는 연결된 운동으로부터 벗어나 시간이 직접적으로 이미지에 나타나는 새로운 형태의 이미지가 모색되었다는 것이다. 즉 고전 영화는 '운동 – 이미지'로 현대 영화는 '시간 이미지'로 각각 특징지을 수 있는데, '운동 이미지'와 '시간 이미지'는 들뢰즈가 파악하는 영화적 이미지의 커다란 두 줄기라고 하겠다. 들뢰즈는 2차 대전을 전후로 하여 고전 영화와 현대 영화로 구분하고 있는데, 이 구분이 반드시 절대적인 것은 아니다. 이와 함께 고전 영화에 주로 나타나는 '운동 이미지'와 현대 영화를 특징짓는 '시간 이미지' 사이의 구분 역시 절대적인 것은 아니라는 점을 상기시킨다. 현대 영화의 '시간 이미지'에 '운동 이미지'가 전혀 없다는 것도 아니며, 역으로 고전 영화에 '시간 이미지'가 있을 수도 있다는 것이다. 다시 말해 이 두 체제의 이미지는 반드시 연대기적인 순서에 따르지 않을 수 있으며, 각기 다른 시기에 나타날 수도 있다. 또한 어떤 위계적 가치에 의하여 '시간 이미지'가 '운동 이미지'보다 더 가치가 있다고 말할 수 있는 것도 아님을 들뢰즈는 강조한다.

영화적 이미지

들뢰즈가 영화를 이미지의 유형으로 보고 있다면, 이때 이미지는 무엇보다 움직이는 이미지로서의 운동성에 중점을 둔 것이다. 그는 "영화란 무엇보다 움직이는 이미지이다"라고 말하며, 영화 이미지의 운동성을 강조한다. 그리고 『영화 1』의 상당 부분을 영화적 이미지의 특성을 이루는 운동성에 할애한다. 이러한 운동성은 주로 영화가 발명되기 전 베르그송이 발견한 '운동 이미지'에 기초하고 있다. 『창조적 신화』와 『물질의 기억』통하여 베르그송은 19세기의 심리학에 있어서의 위기를 다루고 있는데, 이것은 어떻게 각기 다른 체제에 속하는 이미지(심리적 체제에 속함)와 운동(물리적 세계에 속함)이 결합하여 연속적인 이미지들이 마치 스스로 운동을 하는 것처럼 보이느냐는 이미지의 '자동운동'에 관한 것이었다. 베르그송을 이를 '영화적 환상'으로 명명하였고(하지만 베르그송 자신은 그의 이론이 영화적 이미지에 대한 것이라고는 생각하지 못했음을 들뢰즈는 지적한다), 초기 영화 제작자들에게 '영화적 이미지'의 기반을 제공한다. 이러한 베르그송의 이론에 근거하여 들뢰즈는 '자동운동'을 일으키는 영화 이미지의 특성을 파악한다. 다시 말해 스스로 움직이는 듯한 착각을 일으키는 영화 이미지에 있어서, 운동은 더 이상 그 운동을 실행하는 움직이는 실제 물체에 속하지 않고 이미지 자체가 된다. 이때 이미지와 운동은 절대적으로 동일하여 "이미지와 운동 사이에는 '관계'조차 없게"된다. 요컨대 영화 이미지의 특성은 이미지의 '자동운동'으로서, '이미지가 곧 운동인 세계'라는 것이다.

'운동이미지'의 특성

'운동 이미지'는 주로 2차 대전 이전의 영화들에서 볼 수 있는 이미지의 유형으로서, 움직이는 이미지로서의 운동성에 역점을 두는 이미지이다. 영화 이미지의 작용원칙을 운동성에 둔다는 것은 곧 이미지에 있어서의 연결성을 중시한다는 것을 뜻한다. 다시 말해 영화 이미지는 이미지와 이미지들이 연결이 되어 나타내고자 하는 장면들을 표현하게 된다는 것이다. 들뢰즈는 이와 같은 이미지들의 연결 개념을 개별적 이미지들과 이미지들의 집합인 '전체'와의 관계로 설명한다.

전체 속에 내재화되는 '운동 이미지'들에 있어서 이미지들 사이의 절단은 전체와의 의미관계 속에서 '유추적'으로 이루어진다. 다시 말해 "전체, 열린 총체라는 개념은 이미지들 사이에, 이미지 속에, 그리고 이미지와 전체 사이에, 공통분모적 관계 혹은 유추적 단절이 있다는 것을 전제로 한다"는 것이다.

이처럼 개별적 이미지로서의 작용보다는 전체와의 연결 관계에 의해 의미 작용을 하는 '운동 이미지'는 이미지의 두 가지 측면을 나타낸다. 하나는 '운동 이미지'가 이미지의 재현성에 중점을 둔 이미지라는 것이고, 다른 하나는 그러한 재현성은 '쇼트-몽타주'의 관계에 의해 표현되는 이미지라는 것이다.

'운동 이미지'가 재현적이라는 것은 이미지가 이미지 자체로 작용하는 유형이 아니라, 무엇을 위한 도구로 작용하는 이미지의 유형을 말한다. '운동 이미지'는 이미지 자체가 가지는 시각적 작용에 앞서 어떠한 행동이나 상황 또는 감정을 표방하기 위하여 사용되는 이미지라는 것이다. 들뢰즈가 '운동 이미지'와 '시간 이미지'의 가장 큰 차이점을 재현성에 두고 있다는 것도 이처럼 영화 이미지가 이미지 자체로 인식되고 있는가 아니면 다른 무엇을 위한 재현의 도구로 사용되고 있는가의 관점에서 비롯된다. 2차 대전 이전의 리얼리즘 또는 자연주의의 관점에서 제작되었던 영화들에서 볼 수 있는 것이 이러한 재현적 이미지의 유형이라 할 수 있는데, 이러한 유형에서는 영화 이미지가 근본적으로 가지고 있는 거짓 운동에 그럴듯함이나 사실성을 표방한다. 리얼리즘을 표방하는 재현적 이미지에서 가장 중요하게 작용되는 원칙은 '연결'이나 '연장'이다. 즉 이미지들은 언제나 지각이나 감정 또는 행동이라는 모티브에 의하여 연장되거나 연결된다는 것이다. 이런 맥락에서 들뢰즈는 '운동 이미지'의 변종들로 '지각 이미지', '감정 이미지', '행동 이미지'를 제시한다. 그리고 이러한 연결은 전체 내러티브와의 관계를 전제로 하기 때문에 주어진 상황에서 유추할 수 있는 행동과 작용에 대한 반작용, 자극에 대한 반응의 연관 관계로 이루어진다. 들뢰즈는, 이러한 관계를 '감각 운동적 관계' 또는 '감각 운동적 연결 고리'로 정의한다. 요컨대 '감각 운동적 연결 고리'는 '상황 – 행동, 작용 – 반작용, 자극 – 반응의 연계들'로서 '운동 이미지의 단위'를 구성한다. 그리고 '감각 운동적 연결 고리'는 지각이나 감정 또는 행동으로 연결되는 '운동 이미지'에 있어서 이미지들 사이의 간격이나 그 간격을 전체적으로 통합시키는 모티브가 된다. 2차 대전 후 새로운 이미지의 원동력을 추구한 이탈리아 네오리얼리즘 감독들에게서 가장 두드러지게 볼 수 있는 현상이 바로 이러한 '감각 운동적 연결 고리'의 파기였다. 그들은 사실적인 행동 이미지의 표방 대신 '감각 운동적 연결 고리'를 벗어나 장면들 사이에 연관성이 없는 일탈된 행동을 구사하며, 이미지 자체의 시간성을 부각시켰다.

다른 한편 '운동 이미지'에 있어서는 시간이 운동들 사이의 간격이나 통합을 나타내는 단위로서만 척도되는데, 이것은 결국 '운동 이미지'가 '쇼트 – 몽타주'의 개념을 중심으로 연결되는 이미지의 유형이라는 것을 뜻한다. 몽타주가 쇼트나 시퀀스를 집합하는 필름의 편집기술을 말하는 것이라 할 때, 이미지들 사이의 절단이나 연결의 유추성은 몽타주를 전재로 한 쇼트들의 연속으로부터 발생하는 것이라 할 수 있다. 이런 의미에서 몽타주의 개념 자체가 '운동 이미지'와 밀접한 관계를 가진 것이라 할 수 있다. 들뢰즈가 "몽타주는 구성, 즉 시간의 간접적 이미지를 구성하는 것으로서의 운동 이미지들의 집합이다"라고 표현하는 것은 이런 맥락에서이다.

'시간 이미지'의 특성

들뢰즈는 '운동 이미지'와는 다른 '시간 이미지'의 유형을 제시하는데, 이는 고전 영화로부터 현대 영화로의 전환이 이루어지는 계기를 사유하는 것에서부터 출발한다. 들뢰즈는 2차 대전 후 정치적, 경제적, 사회적 그리고 도덕적 변화와 함께 일어났던 영화에서의 새로운 물결이 근본적으로 영화에서의 "이미지들의 본성과 지위에 대한 재검토"를 통하여 이루어졌다고 본다. 영화에 커다란 전환을 가져왔던 1948년을 전후 한 이탈리아의 네오리얼리즘, 1958년 무렵의 프랑스의 누벨바그, 1968년경의 독일의 시네마 누보 등의 새 물결들은 결국 '새로운 이미지'에 대한 탐구였다고 볼 수 있을 것이다. 그와 같은 '새로운 이미지'의 유형을 대변하는 '시간 이미지'는 그 용어가 말해주고 있듯이 이미지의 작용을 시간의 관계에서 받아들이고 작용시킨다는 것을 의미한다. 이것은 결국 '새로운 이미지' 창출의 가능성을 시간에서 찾는다는 것이다. 즉 시간의 개념이 현대 영화의 관건이 된다는 것이다. 들뢰즈는 근대 과학의 쟁점이란 결국 어떻게 시간을 독립 변수로 삼는가에 달려 있다고 보며, 영화가 그 마지막 대표주자임을 강조한다.

시간의 직접적 현시

'시간 이미지'를 단적으로 말하자면, 이미지에 시간이 직접적으로 나타나게 한다는 것이다. 들뢰즈는 시간이 직접적으로 이미지에 작용하는 것을 '이미지의 시간화'라고 말한다. 그리고 시간의 작용 자체를 나타내는 이미지의 유형을 '결정체 이미지'로, 그에 상응하는 기호를 '유리기호' 또는 '결정체기호', '시간기호'로 명명한다. '운동 이미지'에서는 시간이 '경험의 형태', 즉 운동들 사이의 간격 또는 그 간격들의 통합을 통한 '흐름'의 형태로 간접적으로 나타난다. 이처럼 '운동 이미지'가 '시간의 간접적 재현'

으로 특징지어지는 반면 '시간 이미지'는 시간이 운동에 예속되지 않고 직접적으로 나타나는 '시간의 직접적 현시'로 특징지어진다. 시간이 직접적으로 현시되는 예들의 하나로는 오주의 영화에서 자주 등장하는 정물들을 들 수 있다. 오주는 정물을 통하여 빛이 약해지거나 강해지는 것을 나타내어 낮에서 밤으로, 밤에서 낮으로의 변화를 표현하고 있는데, 이때 정물은 지시적 기능 대신 시간 자체를 나타낸다. 이외에도 웰스의 심경, 레네나 비스콘티의 트레블링은 공간 속의 위치 변경이 아니라 시간 자체의 변화를 겨냥하는 것이라 할 수 있다.

'시간의 간접적 재현'과 '시간의 직접적 현시'의 차이점이란 결국 시간이 운동에 예속되는가 아니면 운동으로부터 독립적으로 나타나는가에 달려 있다. 그것은 이미지의 작용에 있어서 시간과 운동의 예속관계가 전도된다는 것을 의미한다. 즉 "더 이상 시간이 운동에 예속되는 것이 아니라, 일탈된 운동이 시간에 예속된다"는 것이다. 이런 의미에서 들뢰즈는 "영화가 (…) 시간을 운동 아래 종속시키기를 그만두고, 운동을 시간의 부속물로 간주하게 될 때(시간 관계를 제시하는 허위 운동), 영화 이미지는 시간 이미지, 즉 이미지의 자동 시간화가 된다"라고 말한다.

시간이 운동에 예속되어 간접적으로 나타나지 않고 직접적으로 나타난다는 것은 곧 현재들의 연속에서 벗어나 (운동을 통하여 나타날 때 시간은 단지 현재들의 연속으로서, 과거는 지나간 현재 또는 미래는 다가올 현재일 뿐이다), 불연속적으로 시간 자체의 작용, 즉 여러 층위의 시간을 나타낸다는 것과 같다. 그리고 시간이 불연속적으로 나타난다는 것은 운동의 측면에서 보자면 연속적인 운동의 형태가 파괴되어 비정상적인 일탈의 형태를 띤다는 것을 의미한다. 들뢰즈가 '운동 이미지'로부터 '시간 이미지'로의 전환이 이루어지는 계기를 '행동 이미지'의 위기에서 찾으면서 운동의 일탈성을 들고 있는 것도 이러한 맥락이다. 그것은 '행동 이미지'를 비롯한 '운동 이미지'가 '감각 운동적 연결 고리'로부터 단절되어 지각과 행위가 더 이상 일치하지 않고, 공간 역시 일체감을 주지 않으며, 인물들의 행위는 방황으로 특징지어진다는 것을 의미한다. 네오리얼리즘은 이와 같은 '행동 이미지'의 위기에 대한 한계 상황을 잘 보여준 예라 하겠다. 그러한 유형의 영화에서는 일관성 있는 스토리나 플롯으로부터 벗어나 사건의 연결 고리를 약화시키며, 앞뒤의 연결이 분명한 상황보다는 틈새가 많은 분산적 상황을 제시한다. 이와 함께 주인공 중심의 전개 대신 다양한 인물들을 등장시키면서 주변화시키는 경향을 띠기도 한다.

순수 시청각적 이미지

'행동 이미지'의 위기와 한계 상황으로부터 출발하고 있는 네오리얼리즘이나 누벨바그의 영화에서는 인물의 행위를 통한 연출보다는 시각을 통한 비전을 제시하는 경향이 나타나게 된다. 이는 '시간 이미지'가 '감각 운동적 관계'에서는 추출해낼 수 없는 한계 상황을 설정함으로써 이미지 속에 강한 무엇인가를 창조해낸다는 것이다. 들뢰즈는 '행동 이미지의 감각 운동적 상황'

과 대치되는 이러한 상황을 '순수 시청각적 상황'으로 정의한다. 감각 운동적 상황이 간접적인 시간 이미지라면, 순수 시청각적 상황은 직접적인 시간 이미지를 나타낸다. 그리고 시청각적 상황에서는 시간 이미지가 행동 이미지를 대체한다.

'순수 시청각적 상황'은 지극히 일상적인 것 속에서도 일상을 벗어나 허용될 수 없는 어떤 것을 시각화함으로써, 이미지 뒤에 감추어진 것을 밝혀낸다. 들뢰즈는 이와 같이 이미지 자체의 명상적 기능 또는 '보기의 기능'이 중시되는 네오리얼리즘에 대하여 "그것은 순수하게 시각적 상황을 나타내는 것으로, 과거 리얼리즘에서 행동 이미지가 가졌던 감각 운동적 상황과는 근본적으로 구분되는 것이다"라고 정의한다.

이미지의 시각성을 중시하는 '시간 이미지'에서는 카메라의 역할이 시선의 역할을 대신하여 중요하게 작용한다. 카메라는 '운동 이미지'에서처럼 인물들의 행동을 따라 움직이는 대신 그 움직임이 점점 줄어들거나 고정된다. 이와 함께 '따라서', '왜냐하면', '또는', '~이지만' 등과 같은 사유의 연관관계를 나타내는 논리적 접속사의 기능을 대신하며 사유의 기능을 나타내게 된다. '카메라 – 의식'은 이러한 카메라의 사유의 기능에 대한 표현이라 할 수 있다. 카메라의 움직임은 더 이상 운동에 의해 정의되지 않으며 정신적 관계를 나타낸다는 것이다. 움직임보다는 시선의 역할 또는 정신적 관계를 통한 이미지의 작용을 부각시키는 '시간 이미지'가 '시각 기호'나 '청각 기호', '표현 기호' 또는 '정신 기호'와 연결되는 것도 이런 맥락에서이다.

몽타주 개념의 전환

'운동 이미지'로부터 '시간 이미지'로의 전환은 일탈된 운동 이미지 외에도 몽타주의 개념에 변화를 가져왔다. 위에서 살펴 본 바와 같이, 시간이 운동을 연결시키는 연속적인 흐름의 형태로 나타난다는 것은 곧 운동들 사이의 간격과 통합에서 시간을 보여주는 몽타주를 통하여 간접적으로 나타난다는 것을 의미한다. 그리고 몽타주는 시간의 간접적 이미지를 구성하는 것으로서 '운동 이미지'와 관련된 것이라 할 수 있다. 따라서 그러한 몽타주의 개념은 시간을 직접적으로 나타내는 '시간 이미지'의 개념과 상치되는 것이라 할 수 있다.

그런데 들뢰즈는 몽타주가 반드시 집합 또는 전체의 개념을 내포해야한다는 생각에 의문을 제기한다. 이것은 몽타주가 영화의 전체적인 구성 및 아이디어를 결정한다는 에이젠슈타인의 주장에 대한 의문제기이기도 하다. 이와 함께 들뢰즈는 미국의 유기적 몽타주 유파, 소련의 변증법적 몽타주 유파, 2차 대전 이전의 프랑스의 양적 몽타주 유파, 독일 표현주의의 집약적 몽타주 유파 등 각기 개별적 차이가 있다 하더라도 이들의 몽타주 개념은 모두 '운동 – 이미지'를 구성하는 것으로 본다. '운동 이미지'의 특징들을 실피고 있는 『영화 1』에서 이미 들뢰즈는 '운동 이미지'와의 관계에서 몽타주가 영화를 결정짓는다는 논제에 대한 의혹을 표명한다. 그와 함께 몽타주 자체가 근본적으로 시간을 내포하는 '시간 이미지'라는 점을 상기시키고 있다. 이것은 달리 말해 시간이 몽타주를 통해서 즉 운동에 예속되어 운동에 의해 간접적으로 재현될 수밖에 없다는 논제를 뒤집는 것으로서, 몽타주를 더 이상 운동의 연결을 위한 것이 아니라 시간의 관계들을 나타내기 위한 수단으로 받아들인다는 것을 의미한다 하겠다. 현대 영화에 이르러 몽타주는 이처럼 운동을 나타내기 보다는 시간의 불연속적인 작용을 보여주는 기능으로 바뀌게 되고, 이미지의 작용은 반드시 몽타주를 통하지 않고도 그 자체로 나타나게 된다는 것이다. 그리고 그것이 이미지 자체의 작용을 중시하는 현대 영화에서의 몽타주의 개념이다.

"이미지의 구성요소들이 이미 몽타주를 내포하고" 있다는 것은 이미지의 작용을 연결이 아닌 그 자체에서 찾는다는 것을 의미한다. 다시 말해 전체와의 관계에서 이미지가 어떻게 다음 이미지와 연결될 것인가가 아니라, 이미지 자체에서 무엇을 보여줄 것인가가 문제된다는 것이다. 즉 현대 영화에서의 이미지의 관건은 '몽타주'가 아닌 '보여주기'로서, "다음 이미지에서 무엇을 볼 것인가?"가 아니라, "이미지 안에 볼 것이 무엇인가?"가 중요시 된다는 것이다.

운동의 연속적인 연결작용보다는 이미지 하나하나의 작용을 중시하게 되는 이러한 개념의 몽타주는 더 이상 쇼트 단위들에 작용하는 상위개념의 단위들이 아니라 할 수 있다. 그것은 시간이 반드시 몽타주의 개념을 통해서 나타나야 한다는 것이 아니라, 쇼트 속에서도 독립적으로 나타날 수 있다는 것을 의미하며, 사실상 몽타주와 쇼트 사이의 구분이 의미를 갖지 않게 된다는 것을 시사한다. 현대 영화는 이처럼 이미지의 구성요소들 안에 이미 몽타주의 개념이 존재하며, 쇼트 속에 이미 시간이 압축되어 있다는 것을 보여준다. 이때 쇼트는 '이미지 속의 시간의 힘'(들뢰즈는 타르코프스키의 예를 들어 '쇼트 속의 시간의 압축'이라는 표현을 쓴다)을, 몽타주는 "이미지의 연속에서의 시간의 관계들 혹은 힘"을 나타내는 기능을 담당하게 된다. 그리고 그것이 연결의 개념의 떠나 이미지 자체의 작용을 중시하는 현대 영화에서의 '시간 이미지'의 특징을 이루는 것이다.

이러한 맥락에서 새로운 이미지를 추구하는 누벨바그의 영화들이 몽타주와 쇼트 사이의 구분을 두지 않고, 쇼트를 선호하는 것은 당연한 귀결이라 할 수 있다. 들뢰즈는 누벨바그에 앞서 히치콕에서 이미 몽타주의 개념 대신 쇼트들의 중요성이 실천되고 있다고 보는데, 그것은 히치콕이 연결을 지향하는 몽타주 대신 프레임 자체에서 또는 짧은 쇼트들에서 이미 정신적인 관계의 작용을 보여주고 있기 때문이다.

'시간 이미지'의 허구성

연결이나 연장 대신 이미지 자체의 작용을 중시하는 '시간 이미지'는 이미지가 무엇에 의하여 또는 무엇을 위하여 재현되는 이미지가 아니라, 이미지 자체를 표현한다는 점에서 '비파생적 이미지'라 할 수 있다. 이때 '비파생적'이라는 용어는 '반미메시스적' 이미지를 의미한다. '시간 이미지'는 현실에 대한 재현의 이미지가 아니라, 이미지 자체가 세계가 되는 이미지라는 것이다. 그러한 이미지에서는 '운동 이미지'에서 볼 수 있는 이미지들 사이의 유추성이나 공통분모적 관계성을 찾아볼 수 없다. 그리고 영화적 이미지가 반드시 현실 속의 이미지를 구성하는 것이 아니라, 인위적으로 재구성한다는 의미에서 '비유기적'이라 할 수 있다. '시간 이미지'를 특징짓는 것은 비유추성 혹은 허구적인 '재연결'이 된다. 영화 이미지에 있어서의 시간의 직접적 제시는 근본적으로 이미지의 재현의 기능으로부터 탈피하여 인위적인 재구성을 통하여 이루어진다. 즉 이미지에 불연속적인 시간의 작용을 나타낼 경우, 이미지는 재현이 아닌 허구 또는 인위성에 근거한다는 것이다.

이미지에 불연속적인 시간의 작용 자체를 나타낸다는 것은 시간의 여러 층위들이 혼용되어 작용한다는 것을 의미한다. 그 경우, 이미지에는 실재와 환영, 과거나 현재, 미래 또는 꿈과 기억 등의 구분이 모호해지게 된다. 그와 함께 이미지에는 실재와 상상 또는 잠재적인 것과 현실적인 것이 내적인 순환 고리 속에서 서로를 반영하며 작용한다. 이러한 이미지를 들뢰즈는 '결정체 이미지'로 이름한다. 시간의 여러 층위들을 서로 반영시킨다는 의미에서 '결정체 이미지'는 '거울 – 시간' 또는 '거울적 시간'이라 할 수 있으며, 그 근본적인 속성은 시간과의 유희이다. 다시 말해 시간이 나타나게 할 수 있는 것은 재현이 아닌 허구를 표방할 때 가능하다는 것이고, 그러한 허구성은 이미지에 운동성을 탈피시킬 때 가능하다는 것이다.

들뢰즈는 '운동 이미지'와 '시간 이미지'라는 두 이미지 유형을 통하여 영화에 개념적으로 접근하고 있다. 전자와 후자의 근본적인 차이점은 이미지에 시간을 간접적으로 나타내는가 혹은 직접적으로 작용시키는가의 문제이다. 시간이 운동에 예속되어 간접적으로 나타나는 경우, 이미지는 주로 '감각 운동적 관계'에 의하여 지각이나 행동, 감정 등으로 연결 또는 연장이 되는 반면, 시간이 운동으로부터 독립하여 직접적으로 나타나는 경우에는 연결이나 연장 대신 이미지 자체의 작용이 중시된다. '시간 이미지'는 행동 위주의 상황보다는 이미지 자체가 가지는 시각적 또는 청각적 상황을 보여주게 된다.

'시간 이미지'는 요컨대 영화에 새로운 이미지 창출의 가능성을 열어준 계기였다. 들뢰즈가 영화를 사유함에 있어서 가장 역점을 두고 있는 것도 어떻게 새로운 이미지들이 창출되었으며, 또 그 같은 창출의 배경은 무엇인가라는 문제라고 할 수 있는데, 이때 사유의 주축이 되고 있는 것이 '시간 이미지'이다. '시간 이미지'가 새로운 이미지 창조의 가능성을 열어주었다면, 그것은 회화나 문학적 이미지와는 달리 외부 세계의 있는 그대로의 사진적 이미지를 바탕으로 하는 영화 이미지의 한계점으로부터 벗어나 비현실적인 요소나 정신적인 것 혹은 상상적인 것을 개입시키고, 이미지에 표현의 기능을 부여했기 때문이다. 요컨대 '시간 이미지'는 이미지의 현실적 제약을 뛰어넘어 영화의 예술적 가능성을 열어주었다.

5

후기 구조주의와 영화 이미지의 자기반영성

철학과 영화

프랑스 후기 구조주의의 주된 특성은 철학을 형이상학적 사념의 폐쇄적 영역으로부터 벗어나 철학 이외의 다른 영역으로 확대하여 열린 사고체계를 이룬다는 것이다. 그 중에서도 중심역할을 하고 있는 푸코나 데리다 또는 들뢰즈는 더욱 그러하다고 할 수 있다. 이들은 모두 문학 텍스트에 대한 깊은 이해와 지식을 자양분으로 하여 자신들 특유의 사고 체계를 살찌우며 넓히고 있다. 특히 데리다의 경우 그의 해체사상의 많은 부분을 문학 텍스트 읽기와 병행하여 전개시킨다. 그런데 이들 후기 구조주의 철학의 열린 사유체계는 비단 문학에만 국한되는 것이 아니다. 그들은 문화 전반에 걸쳐 철학의 영역을 확대시킨다. 영화에 특히 많은 관심을 가지고 영화에 관한 글을 남기고 있는 들뢰즈는 영화의 이론이란 과연 무엇이며 그 유용성은 어디서 찾을 것인지를 자문하면서, 영화가 이미지와 기호에 대한 새로운 실천을 해나가는 것이라면 철학은 그러한 실천들을 개념적으로 이론화하는 작업으로 본다. 그리고 그처럼 실천적 예들에 바탕을 둔 철학 이론은 역으로 영화의 실천에 영향을 미칠 수도 있다는 상호성을 전제로 하고 있다는 점을 강조한다. 이처럼 들뢰즈는 영화와 철학의 '사이'에서 서로 다른 두 범주의 접목을 꾀하며 영화에 있어서 후기 구조주의적 비평의 계기를 마련했다고 할 수 있다. 다른 예술 장르에 비해 비교적 그 역사가 짧아 이론정립에 있어서 타 학문의 도움을 받아야만 했던 영화에 구조주의 언어학과 기호학이 도입된 이래로, 들뢰즈의 영화이론은 영화연구에 본격적인 학문적 위상을 부여하였다.

1895년 뤼미에르 형제가 처음 영화를 상영한 이래로 영화는 종합예술로서 다른 장르에 비해 놀라운 발전을 해왔다. 그러한 영화에 접근하기 위해서는 여러 가지 관점과 방법들이 있을 것이다. 영화연구에 학문으로서의 위상이 주어졌던 것은 1960년대 대학비평의 주류를 이루었던 구조주의 언어학과 기호학이 영화이론에 도입되면서부터이다. 특히 들뢰즈의 영화이론은 영화에 철학적 이론이 본격적으로 접목된 경우이다. 들뢰즈는 『영화 1』과 『영화 2』에서 "영화란 무엇인가?"라는 질문을 영화에 있어서의 "철학이란 무엇인가?"라는 질문으로 그 형태를 달리할 필요가 있음을 시사한다. 그리고 "영화이론은 영화에 관한 것이 아니라, 영화의 개념에 관한 것"임을 강조하며, 이 개념은 영화가 아닌 철학에 속한다고 말한다. 영화가 이미지와 기호에 대한 새로운 실천을 해나가는 것이라면, 철학은 그 개념적 실천으로서의 이론을 만들어간다는 것이다.

니체는 새로운 것 혹은 새로운 예술의 본질적 면모는 처음부터 드러나는 것이 아니라, 그 발전 과정을 통하여 우회적으로 나타날 수밖에 없다는 점을 지적한 바 있다. 영화 역시 그 발전 과정 속에서 영화적 창조 자체의 길을 모색하는 여정을 보여준다. 예술의 다른 장르들에 비해 특히 영화는 그 표현수단이 외부세계에 실재하는 이미지를 바탕으로 한다는 것에 대한 자각 속에서 어떻게 영화적 이미지를 재창조하느냐를 성찰한다. 영화 발전에 있어서 영화적 이미지의 자기반영성은 매우 중요한 전환점을 이룬다. 영화적 이미지의 자기반영성은 비단 영화의 한 분야에 국한되는 것이 아니라, 20세기에 들어 예술 전반에 걸쳐 나타나는 한 경향으로서, 리얼리즘과 미메시스 이론에 대한 회의와 반발로 시작되는 재현의 위기에서 비롯된다.

재현의 위기와 예술의 자기반영성

리요타르는 현실의 재현 대신 알레고리 자체를 모방하는 포스트모더니즘의 시각 예술 방법론에 관심을 두면서, 모더니즘이 표현기교에 중점을 두어 표상불가능성을 극복하기 위한 시도를 거듭했다면, 포스트모더니즘은 표상불가능성 자체를 표현하며 실재와 자기 정체성의 결핍을 드러나게 하는 것으로 본다. 근대로부터 현대로 넘어오면서 겪었던 재현의 본질적 위기가 포스트모더니즘 시대에 와서는 예술 창작에 있어서 지시성의 개념을 아예 사라져 버리게 하고 만다는 것이다. 보드리야르는 이같은 포스트모더니즘의 지시성의 위기의 극한 상황을 '시뮬라크르'의 개념으로 진단한다. 재현의 성격이 투명성으로부터 가상성으로 변화하면서 지시대상이나 기의가 사라지고 공허한 기표들만의 행진이 이어지고 있는 상황을 분석하면서, 투명성으로부터 가상성에 이르기까지의 과정을 네 단계로 나누고 있다. 재현의 첫 단계에서 이미지는 현실을 반영하고, 두 번째 단계에서의 이미지는 현실을 은폐 또는 왜곡하다가, 세 번째 단계에서는 현실의 부재를 은폐시키기에 이르고, 네 번째 단계에 이르러 이미지는 현실과 전혀 관계가 없는 순전한 가상이 된다는 과정을 밝히고 있다. '시뮬라크르'는 이 네 번째 단계에서의 재현의 모델의 실재 자체가 부재하는 '극실재'를 가리키는 것으로서, 이미지의 죽음 또는 '순전한 유희'와 통한다. 따라서 '시뮬라시옹'은 복사물을 가능한 한 원본인 실재에 가깝게 하는 것이 아니라, "실재가 시뮬라시옹의 모델과 일치되도록 하는 것"인 셈이다. 그것은 보르헤스의 우화에서처럼 제국의 영토가 그 영토의 크기와 모양을 꼭 닮은 지도에 선행하는 것이 아니라, 지도가 영토를 선행하는 것이라 할 수 있다.

재현에 있어서의 원본에 대한 모방의 개념을 완전히 해체시키고 있는 이러한 일련의 후기 구조주의적 사유들은 궁극적으로 플라톤주의에 대한 반발에 근거하고 있다고 볼 수 있다. 플라톤주의라는 것이 결국은 이데아와 그 물리적인 구현, 본질과 현상, 모델과 복사물이라는 이분법적 재현체계에 의거한다. 이러한 이분법적 체계는 중심을 향한 일원주의 및 동일성의 철학의 근간이 된다. 후기 구조주의는 이러한 이분법을 전복시키기 위하여 하나의 주변적 범주로 '시뮬라크르'의 개념을 내세우면서 '차이'

의 사유로 전환시킨다. 그것이 바로 데리다가 『의미산포』에서 플라톤의 파르마콘을 이중적 '처방시학'으로 비판, 진단하고 있는 내용이다. 플라톤의 시뮬라크르에 대한 비판은 같은 맥락에서 들뢰즈에 의해서도 행해지고 있다. 들뢰즈는 플라톤에 의해 모델과 복사물을 동시에 위협하는 것으로 여겨졌던 '시뮬라크르'를 뒤집어서 "복사물에 대한 원본, 이미지에 대한 모델의 우선권을 부정하는 것"으로 정의한다. 그리고 동일성과 합일성이라는 일원주의적 사유방식으로부터 탈피하여, 차이와 모순을 사유에 작용시키기 위하여 이 개념을 도입한다. 즉 '시뮬라크르'는 중심을 벗어나 기원과 현전의 부재 속에 모순과 차이들이 작용할 수 있는 사유방식 자체를 이름하는 것이라 할 수 있다. 그러한 의미에서 그는 "시뮬라크르는 존재하는 것의 진정한 특성 내지는 형상 – 즉 존재자"라고 말한다. 요컨대 '시뮬라크르'는 아무런 동일성의 기반을 가지지 않으며, '스스로 위장함으로써만 나타나는' '차이 자체', 또는 '접혀있는 차이', '스스로와의 – 차이로서' '스스로를 드러내'는 것이라 할 수 있다. 들뢰즈의 이러한 '시뮬라크르'의 개념은 그의 영화적 이미지 분석에 중요하게 작용하고 있는데, 이것은 현대적 의미로의 영화적 이미지에 있어서 자기반영적 성격과 허구적 인위성을 반영한다.

영화의 자기반영성

예술의 자기반영적 경향은 영화에서도 예외가 아니다. 아니

오히려 그 어느 장르보다 더욱 밀접하게 그러한 성향을 반영하는지도 모른다. 왜냐하면 영화는 가장 직접적인 시각적 이미지를 대상으로 하며 그와 표상적 관계를 맺고 있기 때문이다.

문학의 자기반영성이 언어에 대한 성찰로 이어지듯, 영화의 자기반영성은 이미지 자체에 대한 성찰로부터 출발한다. 영화의 발명 이후 현대적 의미로의 영화의 발전이 이미지 자체에 대한 관점의 변화와 맞물리고 있는 것은 당연하다 하겠다. 그것은 영화 매체가 가지는 특성에 대한 자성이라고 할 수 있다. 그런데 그 매체에 대한 자성이란 영화 이미지가 시각적인 것과의 사실적인 관계 때문에 영화에 독특한 위상을 부여하기도 하지만, 이는 역으로 영화 이미지의 극명한 가시성이 오히려 영화의 예술적 표현을 방해하는 요인으로 작용할 수 있다는 것에 대한 성찰이라 할 수 있다. 영화적 표현은 이 극명한 가시성을 담은 이미지를 어떠한 관점에서 다루어야 하는가라는 문제와 직결된다. 그러한 문제의 관건은 이미지를 재현의 체계로부터 해방시켜서 이미지를 이미지 자체로 보는 것이라 하겠다. 들뢰즈는 "영화는 이미지의 한 유형이다"라고 단언할 정도로 영화에 있어서의 이미지의 중요성을 강조하고 있는데, 이때 이미지는 재현의 범주에 매개되지 않은 직접적인 도상자체로 파악되는 이미지이다. 들뢰즈는 소쉬르의 기호학에 바탕을 둔 구조주의 언어학을 영화이론에 도입한 메츠 Christian Metz를 비판한다. 메츠는 우선 영화를 랑그 대신 랑가주로 보고(이에 대해 파졸리니 Pasolini는 영화에 랑그가 존재한다고 주장하며 메츠를 비판하는데, 들뢰즈는 『영화 2』에서 파졸리니가 말하는 랑그를 국한된 언어학적 의미로보다는 영화적 운동 이미지로 이해하도록 상기시킨다), 영화라는 텍스트에 숨겨진 구조들과 약호들을 밝혀내어 의미구조를 산출하는 모델들을 체계화시키는 것에 주안점을 둔다. 이에 대해 들뢰즈는 영상 이미지를 언어학적 모델에 국한시킴으로써 영화를 언어 체계의 틀로 제한시키는 것이라고 본다.

영화 이미지 자체에 대한 성찰은 아방가르드적 입장을 견지했던 영화 유파들이 한결같이 좌표로 삼았던 것이라 할 수 있다. 베르토프는 영화가 그 질적 향상을 위하여 문학 작품이나 연극 시나리오에 의존하였던 것을 거부하고 눈으로 보이는 사실을 몽타주만으로도 충분히 영화적으로 표현을 할 수 있다고 주장하며, 영화의 표현 가능성을 카메라에 포착된 가시적 이미지에서 추구하였다. 「카메라에 나타난 사람」은 전통적 영화미학을 거부하고 새로운 기술적 표현을 시도한 것으로 손꼽힌다. 1920년대의 프랑스 인상주의 역시 줄거리나 이야기의 의무로부터 해방되어 이미지의 표현 형식에 대한 연구에 주안점을 두었다. 강스나 엡스탱은 가속화된 몽타주나 이중인화적 기법, 시각적 변주를 통한 연기를 통하여 이미지가 반드시 현실 그대로를 반영하는 것이 아님을 보여주며, 이미지가 독특한 환상과 내면 세계를 창출해낼 수 있음을 입증했다. 환영적인 인위적 이미지에 치중한 예는 이보다 좀더 앞선 독일의 표현주의에서도 찾아 볼 수 있다. 표현주의는 보여지는 영상 이미지가 현실 그대로의 실재라는 환상을 깨뜨리기 위하여 리얼리즘의 원칙과 단호히 결별하고, 비현실적인 배경장치나 회화적이고 연극적인 공간으로 공상적이고 환영적인 이미지를 인위적으로 만들어 내는 것에 치중하였다.

이는 외적 현실의 변형을 통하여 객관적 시각 대신 정신적인 시각을 부각시킨 것이었다. 1930년대 초현실주의의 영향을 받았던 영화에서는 단절적이고 파괴적인 이미지들을 통하여 무의식에서 발로되는 환각적인 영상들을 만들어냈다.

2차 대전 이전의 영화들이 영화 이미지에서 새로운 표현형식의 가능성을 찾아 그 이미지를 어떻게 변형시키는가에 치중하였던 반면에, 전후의 영화들은 이를 좀 더 다른 차원에서 다루었다. 그것은 이미지에 많은 것을 부여하거나 변형하는 대신 오히려 순수한 영화적 이미지 자체를 보여주는 것에 중점을 두며, 영화 자체에 대한 성찰을 모티브로 삼았다. 예를 들어 네오리얼리즘이나 누벨바그에서는 양차 대전 후 이데올로기의 위기 속에서 현실에 대한 고발과 증언을 위하여 새로운 묘사 기법을 모색함과 동시에 영화 자체를 돌아보고 영화에 대해 말하려는 일련의 뚜렷한 자기반영적 경향을 보였다. 이들은 모두 행위보다는 보는 것으로서의 영화를 추구하였다. 이같은 '새로운 이미지'에 대한 탐색과정을 보여주는 영화로는 '네오리얼리즘'이나 '누벨바그' 외에도 '뉴저먼 시네마', '시네마 노보', '뉴웨이브' 등을 들 수 있다. 이미지 자체를 보여준다는 것에 중점을 둔다는 것은 무엇보다 이미지에 있어서의 재현적 성격과의 결별을 뜻한다. 다시 말해 이미지들이 단지 그 연결들을 통하여 행동이나 경험적인 것을 나타내기 위한 도구로 쓰이는 대신, 이미지 자체로서의 가치를 지니게 되었다는 것이다. 누벨바그가 '누벨 이마주'에 대한 영화라고 한다면, 그 새로움의 의미는 이미지로부터 재현적 가치를 없애고 '가시적인 것'을 '읽혀지는 것'(들뢰즈는 이를

'lectosigne'로 분류하기도 한다)으로 전환시키려는 시도에서 찾을 수 있다. 여기에 바로 후기 구조주의가 부각시키고 있는 자기반영적인 이미지의 역설적인 면이 있다 하겠다. 즉 이미지를 이미지 자체로 본다는 것은 이미지의 고정된 틀을 확정짓는 것이 아니라, 이미지의 가시적인 한계를 뛰어 넘어 자신 외의 타자적인 것을 수용한다는 것이다. 그것은 이미지 자체의 순수한 표현을 통하여 눈에 보이는 가시적인 것에 국한되지 않고 비가시적인 정신적인 것까지를 작용시킨다는 것이다. 그러한 이미지를 작용시키는 영화에 대해 들뢰즈는 "개념으로서의 영화인 것이며 그곳에서 눈은 더 이상 보지 않을 수 있게"된 영화라고 말한다.

이미지와 틀

자기반영적 영화란 이미지 자체에서 영화의 표현 가능성을 찾는다는 것을 의미한다. 그것은 사실주의적 공간의 연속성으로부터 벗어나 이미지를 불연속의 개념으로 파악함을 말하며, 그러한 불연속성은 비재현적이고 비실재적인 재창조의 고리와 맞물리는 것이라 할 수 있다. 그렇다면 비재현적이고 불연속적인 시간의 개념을 표현하는 이미지란 어떠한 이미지를 말하는 것인가? 그것은 이미지의 자기 현존적 정체성이 해체되고 이중적으로 작용하는 이미지라고 할 수 있다. 그것은 이미지가 자신에 대한 고정된 틀을 가지지 않은 채 하나의 '간극'으로 작용함을 의미한다. 즉 이미지 자체에 분열된 틈이 작용한다는 것이다. 이처럼 원초적으로 분열된 이미지는 그 이미지를 담는 '틀'의 관점에서 살펴 볼 수 있다.

'틀'은 사진이나 회화에서와 같이 작품의 내용을 장식하여 마무리시켜 주는 것이다. 즉 '틀'은 작품에 대한 부차적인 장식으로 여겨지는 것이라 할 수 있다. 그런데 데리다는 『회화에 있어서의 진리』에서 이러한 미학의 고정관념을 해체시킨다. 그것은 칸트가 『판단력 비판』에서 내세운 미학의 이분법적 구분에 대한 비판에서 출발하는 것이다. 칸트는 예술을 구성하는 요소들을 본질적인 것과 비본질적인 것으로 나누어 전자를 좋은 것으로 후자를 나쁜 것으로 구분한다. 이런 구분에 의하면 '틀'은 단지 부차적이고 보충적인 장식에 불과한 것이다. 그런데 데리다는 '작품'과 작품의 외적인 것을 뜻하는 '파에르곤'의 관계는 절대적인 것이 아니라, 상대적이고 보충대리적인 것임을 강조한다. 그러한 관계는 어떤 확정적인 구분에 의하여 그 자체가 어떤 결과를 초래하는 것이 아니라는 것이다. 이와 함께 예술작품에 있어서 내용이나 형식, 주체와 객체, 또는 안과 밖의 경계나 틀은 한정될 수 없으며 '차연'으로 작용할 수밖에 없기 때문에, 틀짜기는 있지만 틀 자체는 존재하지 않는다는 점을 상기시킨다. 일찍이 쇠라가 그림 안에 있는 점을 틀에 연장시켜 찍었던 것은 이런 맥락에서 해석될 수 있다.

영화에서의 틀은 프레임이라는 용어로 쓰이고 있는데, 영화적 이미지에 변화를 가져오기 위해서는 프레임을 어떻게 정의내리며 그에 대한 관점을 어떻게 바꾸느냐가 중요한 문제로 대두된다. 결국 프레임에 대한 관점의 변화는 프레임을 닫힌 체계로서가 아니라 상대적이며 열린 체계로 이행하는 것에서 이루어진다. 이는 다시 말해 프레임의 작용은 그 경계에 의해 정의되는 것이며, 경계의 작용이란 언제나 안과 밖의 파라독스를 내포하는 것임을 성찰함을 뜻한다. 프레임화가 세트의 부분을 선택하는 기술이라면, 화면에 보여지는 부분은 필연적으로 편집되어서 보이지 않는 부분, 즉 다른 어떤 곳에 존재하는 외화면을 지시하고, 그 지시된 외화면은 다시 보여지는 화면으로 연결되는 과정이 무한히 반복된다. 요컨대 "모든 프레임화는 외화면을 규정"하는 것이며, 그 근본 성격상 "닫힌 체계는 결코 절대적으로 닫히지 않는" 것임을 알 수 있다. 이러한 관점에서 파스칼 보니체르는 "이미지의 또 다른 차원을 지시하는 비정상적인 시점들을 지칭하기 위하여" 프레임에 대한 '탈프레임화'라는 용어를 사용하기도 한다. 예를 들어 드레이어가 〈잔다르크의 수난〉에서 컷팅 프레임을 사용하여 스크린 가장자리에 잘린 얼굴을 보여주는 것이라든가, 오즈가 즐겨 연출하는 시야의 사각지대인 텅 빈 공간은 그 좋은 예들이라 하겠다. 외화면은 보이지 않지만 엄연히 존재하며 프레임을 작용케 하는 것으로, 프레임의 근본적인 이중성을 드러내는 것이라 할 수 있다. 프레임의 실체를 구성하기 위해서는 타자성이 작용해야만 하며, 정확하게 닫힌 체계로서의 프레임이라 부를 있는 것의 실체적인 일관성은 찾을 수 없다는 것이다. 그것은 결국 프레임 자체가 이미 이미지들에 대한 분리이고 차이이며 간극을 작용시키는 것이라 할 수 있다. 이미지는 자신의 프레임을 만들어 내고, 프레임은 역으로 자신의 안을 구성함으로써, 결국 안과 밖은 서로를 향해 이중적으로 접혀있다 하겠다.

틀의 이러한 비결정적이고, 비한정적이며, 이중적인 성격은 프레임의 이미지가 닫혀진 체계 안에서의 독립적 이미지가 아니라, 정보체계의 자료들로 파악되어야 한다는 뜻도 된다. 이러한 맥락에서 들뢰즈는 세트 속의 개별적 이미지들이 단지 보여지는 것으로서가 아니라, 읽혀져야 할 대상으로 파악되어야 한다고 강조한다. 그것은 전체와의 관계, 다시 말해 자신이 아닌 타자적인 것과의 상대적인 관계에 의해 규정된다는 것이다. 한 프레임 안에 있는 사물이나 인물들의 이미지는 그 각각이 독립적으로 떨어져 나올 수 있는 분할할 수 있는 것이 아니다. 그것은 자신이면서도 자신이 아닌 이중분할적 성격을 띤다. 들뢰즈는 『영화 1』에서 "세트는 부분들로 분할될 때마다 그 성질을 달리 한다. 그것은 분할할 수 있는 것도 아니고, 분할할 수 없는 것도 아닌 이중분할적인 것"이라고 말한다. 요컨대 프레임은 이미지를 가두는 체계로서가 아니라, "이미지의 탈영토화를 보장하는" 열린 체계로 인식되어야 한다고 할 수 있겠다. 푸코가 벨라스케즈의 그림 분석에서 말하고 있듯이, "이미지는 틀 밖으로 걸어 나와야만 한다"는 것이다.

미자나빔

영화 이미지에 대한 관점의 쇄신 속에서 1960년대 이후로 영화의 발전을 위한 자구적 노력에서 나타나는 두드러진 현상 중의 하나가 영화에서 영화를 논하거나 영화적 생산 장치와 과정 자체를 영화의 모티브로 삼는 것이었다. 다시 말해 영화에 대한 자기 성찰 자체가 영화화 되는 것이다. 이것이 이른바 예술적 표현이 자신을 대상으로 삼아 그 심연 속에서 무한히 되풀이되어 자기반영성의 메커니즘을 지칭하는 '미자나빔'이다. 미자나빔은 영화에서 여러 양상으로 시도되고 있다. 우선 가장 대표적으로 들 수 있는 것이 '영화 속의 영화'로서 영화에서 영화를 다루는 것이다. 그 외에도 영화 제작의 장치나 기구들 또는 현장을 보여주는 시각적 미자나빔을 들 수 있겠다. 영화 속에서 영화를 다루고 있는 예들을 들어 보자면 우선 〈8 ½〉을 들 수 있겠다. 이 〈8 ½〉에서는 펠리니 자신의 영화와 주인공 귀도의 영화(귀도는 자신의 영화에 대한 준비 작업을 끊임없이 얘기하지만 보여주지는 않으며 결국 영화는 완성되지 않은 채 끝나고 만다)가 현실과 상상 사이를 오가며 끊임없이 겹쳐지면서 그 자체가 영화가 되고 있는데, 이는 결국 귀도의 만들어지지 않은 영화가 펠리니의 영화라는 미자나빔의 전형을 보여준다. 〈인터뷰〉 역시 영화의 전단계가 영화가 되는 경우이다. 영화와 그 영화를 반영하는 영화의 관계가 좀더 직접적으로 드러나는 경우라고 하겠다. 이것은 일본의 TV 촬영팀이 펠리니를 인터뷰하는 것 자체를 영화로 찍음으로써, 영화 속의 영화가 영화가 된다. 여기서 펠리니는 자신이 직접 영화감독인 펠리니의 역을 연기하는 배우가 되어 결국은 펠리니 자신이 기자로서 자신의 과거를 인터뷰한다는 좀 더 깊이 있는 미자나빔을 보여준다. 알베르토 모라비아의 『경멸』을 각색한 고다르의 〈경멸〉 역시 영화 만들기에 관한 영화로서 사랑과 영화를 서로 반영시킨다. 특히 고다르는 자신의 영화 속에서 영화 비평을 통한 자기반영적 성격을 부각시킨다. 펠리니의 〈8 ½〉의 영향을 부인할 수 없는 우디 앨런의 〈스타더스트 메모리〉도 영화 창작 과정 중의 영화 작가를 다루며, 영화의 텍스트 속에 비평을 삽입한 예이다. 그의 또 다른 영화 〈카이로의 붉은 장미〉는 영화와 영화 속의 영화가 좀 더 색다른 미자나빔을 보여준다. 그것은 실재의 여인(이 여인 역시 영화 속의 인물이지만)이 화면 속으로 들어가고, 영화의 영화 속의 주인공이 화면으로부터 나오고, 이 관계들이 역전, 반복되는 것을 보여줌으로써 영화의 허구성 자체를 다루고 있는 영화라고 하겠다. 크리스티앙 메츠는 '장치 보여주기'는 "필름이 시네마를 말하는" 것이라고 한다. 메츠는 '시네마와 필름'을 구분하고 있다. 똑같이 '영화'로 번역될 수 있는 이 두 용어는 사실은 동의어로 사용될 수 없음을 강조하며, '시네마'와 '필름'의 관계를 문학과 책, 회화와 그림, 조각과 조각상의 관계에 비유한다. '필름'은 개별적 텍스트, 즉 "영화가 상영되는 동안 관객들에 의해 인지된 대상"으로서 전체 영화 제작의 한 부분적인 것인 반면에, '시네마'는 영화 텍스트 자체는 물론 제작의 전과 후(예를 들어 영화 상영 후 일반 대중에게 미치는 영향)를 비롯한 제작의 전반적인 것까지도 포함하는 기술적, 경제적, 사회적 양식과 관련된 복합적이고도 광범위한 사실들의 총체를 가리키는 것으로 구분한다. 요컨대 '시네마'는 모든 '필름'의 잠재적 총체라 할 수 있다. 따라서 우리가 다루는 영화 이미지는 어느 한 특정한 영화 텍스트를 집중적으로 분석하는 것이 아니기 때문에, '시네마'와 관련된 '영화적 이미지'가 될 것이다. 영화의 생산을 탈신비화 할 수는 있지만, 단지 장치를 보여주는 것만으로는 생산된 것과 생산 자체를 일치시켜 보여줄 수는 없기 때문에 진정한 미자나빔의 경우라고 보기 힘들다는 점을 지적한다. 이러한 견해는 또한 파스칼 보니체르의 견해이기도 하다. 보니체르는 단순히 영화의 기계와 도구들을 보여주는 것이 영화와 영화 생산을 반영시키는 것은 아니라고 말한다. 즉 영화에서 카메라가 필름을 찍는 것을 보여준다 해도 그것은 실제로 영화를 찍은 카메라가 아니기 때문이다. 장치 보여주기에서는 단지 장치를 보여준다는 사실이 중요한 것이 아니라, 필름의 작업과 관련된 장치들을 어떻게 보여주는가가 중요하다고 지적한다. 그러한 이유 때문에 고다르의 장치 보여주기는 실제의 장치 그 자체는 보여주지 않는다는 것을 드러내는 기법을 쓰기도 한다. 화면 속에 보여지는 제2의 화면 역시 화면 자체를 반영한다. 유리창이나 자동차 앞유리, 반쯤 열려진 커튼 또는 무대의 커튼, 책의 사각진 페이지 등이 그러한 예로서, 일종의 틀 속의 틀을 구성한다. 또는 망원경이나 쌍안경의 렌즈 또는 권총의 총구를 통하여 배우가 바라보는 것을 관객들 자신이 직접 보도록 함으로써, 본다는 것 자체를 미자나빔 한다. 그리고 이것은 '엿보기의 모방'이라는 효과를 가진다. 이러한 예들 외에도 자기반영적 성격을 직접적으로 드러내는 장치로 가장 선호되는 것으로 거울을 들 수 있다. 이때 거울은 시선의 역할과 작용을 중복시키거나 이미지를 이중인화적으로 표현하는 도구로 작용한다. 요컨대 영화 속의 제2의 화면의 존재는 관찰이나 시선의 매개 자체를 중복시키고, 본다는 것의 메커니즘을 드러냄으로써, 영화가 영상 이미지에 의해 만들어지는 것임을 이중으로 확인시켜주는 장치라고 할 수 있다.

단절과 불연속성

자기반영성은 현대적 영화 이미지의 특성을 이루는 것 중 하나이다. 들뢰즈는 현대적 영화 이미지를 전통적 영화 이미지와 구분지우는 잣대는 재현의 체계로부터 벗어나는 것이라고 한다. 다시 말해 이미지가 이미지 이외의 다른 무엇을 위한 것인가, 아니면 이미지 자체를 위해 반영하는가에 따라 이미지의 작용 기능이 달라진다는 것이다. 이러한 맥락에서 들뢰즈가 말하는 '운동 이미지'는 아직 재현의 체계에 속하는 이미지로서, 행동이나 움직임을 나타내기 위한 도구로서 받아들여진다. 이미지는 그 자체로 작용하기보다는 연결이 되어야 하며 또 그 연결은 인식이나 행동으로 연장이 된다. 다시 말해 "인식은 습관적 운동으로 연장되고, 운동은 인식을 연장시켜 그로부터 유용한 효과를 얻는다"는 것이다.

'운동 이미지'에 가장 중요하게 작용하는 개념은 '연결'로서, 이미지들은 '연상'이나 '근접', '유사' 또는 '대비'나 '대조'의 원칙에 입각하여 연결된다. 이때 이미지들의 연결은 전체 네러티브의 이해를 위하여 그럴 듯하게 무리 없이 연결되어, 인식과 행동으로 연장되어야 한다(이런 의미에서 들뢰즈는 '운동 이미지'를 '감각 운동적 관계'로 분류한다). 이는 다시 말해 이미지가 전체와 종속적인 관계에 놓인다는 것을 의미한다 하겠다. 각각의 이미지들은 전체와 관련되어 움직이는 것으로서, 이미지는 전체 속에 내재화되어 있고 전체는 이미지들에 의해 외재화된다. 이처럼 전체와의 상호 활성적 순환을 전제로 하여 합리적으로 연결된 이미지들은 자동기계적으로 받아들여지게 된다. '운동 이미지'는 외부세계의 물리적 실재 혹은 운동으로서 사유의 작용을 거치지 않은 채 습관적으로 받아들여진다는 것이다. 이와 같은 자동기계적인 습관적 이미지의 영화에 대한 대표적 예로 꼽을 수 있는 것이 히틀러 시대의 선전영화라 할 수 있다(그러한 의미에서 히틀러를 영화인으로 보기도 한다). 히틀러는 나치당의 선전을 위하여 나르빅 해전이나 뉴른베르크 전당대회 등을 등장인물을 비롯한 배경 등을 실재와 똑같이 영화로 재현시켰다. 그것은 현실과 영화, 즉 실재와 복제 사이의 거리를 완전히 없애버린 일종의 시뮬라시옹으로서, 대중들에게 실재가 주는 개별적 친근감을 조장하는 효과를 가졌다. 영화 이미지의 자동기계적 측면을 위압적인 독재성을 은폐하는 수단으로 이용하였던 것이다(프랑시스 쿠르타드나 피에르 카다르와 같은 영화역사학자는 이러한 대중심리 조작에 대해 혹평을 가한다).

이러한 '운동 이미지'에 반하여, 현대 영화에서의 '시간 이미지'는 무엇보다 이미지의 총체성에 대한 파기로부터 출발한다. 움직이는 공간적 영상에 시간의 불연속성을 도입, 부각시킴으로써 영상의 총체성 대신 불연속적 파기성을 영상 이미지의 원동력으로 삼는다는 것이다. 이는 전체로의 내면화나 전체의 외재화를 위하여 이미지와 전체가 '유추적 단절'에 의해 편집되는 것이 아니라, '비유추적 단절'을 전제로 한다는 것을 의미한다. 이러한 이미지에 있어서는 운동과 시간성이 분리된다. 이미지는 반드시 시간의 추이경과에 따라 연결되지 않으며, 이때 이미지들은 더 이상 외부세계의 재현의 대상이 아니다. 운동 즉 연결의 법칙으로부터 자유로워진 '시간 이미지'는 '재연결'의 대상일 뿐이다. 연결이 사실성을 추구하는 것이라면, 재연결은 허구성에 바탕을 둔 것이라 할 수 있다. 요컨대 들뢰즈의 영화 개념에 있어서 '운동'은 공간적 연속성의 계열에, '시간'은 불연속성의 계열에 속한다 할 수 있다. 전자는 물리적이고 실재적이며, 또한 종속적인 반면에, 후자는 정신적이며 비실재적이고 자립적인 것이다.

영화 이미지에 있어서 연결의 개념은 이미지에 운동을 부여하는 몽타주의 개념과 관련시켜 볼 수 있다. 앙드레 바쟁은 이같은 숏과 숏 사이의 관계에서 의미를 창출하는 몽타주를 인위적으로 새로운 이미지를 창조하는 현실 조작으로 보고 몽타주의 개념 대신, 하나의 숏 안에 담긴 인물이나 세트에서도 의미를 창출할 수 있다고 보며 '미장센 mise en scène'의 개념을 내세운다. 몽타주 이론은 미국의 그리피스 Griffith에 이어 소비에트 유파에 의해 발전했는데, 이는 크게 '연결 몽타주'와 '충돌 몽타주'로 나눌 수가 있다. 사실주의적 연결 몽타주는 주로 쿨레쇼프 Kuleshov나 푸도프킨 Poudovkin에 의해서 주창된 것으로서, 데쿠파주로 끊어진 이미지들에 환영적인 연속성을 부여하는 재구성적 측면에서 숏의 연속성을 중요시하는 몽타주 이론이다. 그러한 연결은 사실처럼 보이기 위하여 논리적인 일관성과 유기적인 통일성을 중시하였다. 이미지를 연결이 아닌 재연결로 파악하는 초석을 마련한 것은 에이젠슈타인의 몽타주 이론이다. 연속성을 중시하는 베르토프나 푸도프킨의 몽타주 이론과는 달리 에이젠슈타인의 '충돌 몽타주'는 연결적인 통일성보다는 숏의 관점들이 서로 충돌하고 대조됨으로써 모순성이 드러나게 하였다. 그러한 모순 속에서는 전체적 이미지보다는 단편화된 이미지들에 대한 관점이 다양화되었다. 각 숏들은 외부 세계로부터 추출된 것이 아니라, 카메라에 의해 형식적으로 포착되어 프레임으로 구성된 것으로서, 숏과 숏은 연결을 위한 것이 아니라, 근원적으로 분리된 불연속성을 가진다는 것이다. 그리고 그러한 분리된 숏들 사이의 충돌에 의해 의미가 생긴다고 본다. 에이젠슈타인의 몽타주에 대한 이러한 견해는 이미지를 재현의 체계로부터 탈피시키고 의미체계의 표현수단으로 작용시키는 원동력이 되고 있음을 입증하는 것이다. 즉 인위성과 허구성을 바탕으로 하는 몽타주의 편집 개념 자체가 리얼리티가 아닌 재창조의 모티브라는 것이다. 이것을 도식적으로 표현해 본다면, 연결 몽타주는 이미지들의 부가적인 덧붙임(A+B=AB)인 반면에, 충돌 몽타주는 숏과 숏의 충돌에 의해 숏의 경계를 넘어선 새로운 차원의 이미지의 생성(A×B=C)이라 할 수 있다. 숏과 숏 사이의 모순과 충돌, 대조로 해체되고 단편화된 이미지들을 재창조하고자 하는 이러한 몽타주 이론을 다른 각도에서 보자면, 이미지를 공간적인 것으로부터 시간적인 개념으로 파악하고자 한 것이라 할 수 있다. 그리고 그러한 개념적 파악으로부터 영화적 이미지가 표상적 재현의 예술로부터 개념적 추상 예술로 전환되는 계기가 마련되었다.

허구성

'운동 이미지'와 '시간 이미지'의 관계는 물리적 운동과 사유 작용의 관계로 비교될 수 있다. '운동 이미지'가 이미지들의 합리적인 연결에 의하여 실재의 물리적 운동으로 인식되는 재현의 체계에 속하는 것이라면, '시간 이미지'는 그러한 공간적 제약으로부터 벗어나기 위하여 불연속적 시간이라는 개념을 도입하는 것이다. 그런데 이미지에 있어서 불연속적 시간의 개념이란 무엇을 의미하는 것인가? 그것은 시간이 운동에 예속되어 단지 운동에 의해 재현되는 것이 아니라, 시간 자체가 독립적으로 직접 나타나는 것을 의미한다. 그러한 의미에서 이미지에 시간성을 도입한다는 것은 운동과 시간의 관계를 역전시키는 것이라 할 수 있다. 유추적 단절에 있어서 시간이 움직임의 결과로 파생되는 것이라면, 비유추적 단절에서는 시간이 스스로의 허위적 운동을 통하여 나타나게 직접적으로 출현한다. 이러한 직접적 출현에 있어서는 내러티브 위주의 영화에서처럼 시간이 사건의 추이과정에 따라 연속적으로 혹은 간헐적으로 나타나는 것이 아니라, 모든 외적인 연속성과 결별한 채 독립적으로 나타나며, 여러 층위의 시간들이 동시에 공존하게 된다. 다른 한편, '이미지의 시간화'는 이미지의 가시적인 것에 머물지 않고 이미지에 사유를 작용시킨다는 것을 의미한다. 들뢰즈의 영화 개념에 있어서 시간은 '상상'이라는 정신적 작용과 통하는 것이다. 자동적인 기계적 이미지를 재현의 체계로부터 해방시키는 것이 '이미지의 시간화'이며, 이 '이미지의 시간화'는 재현의 공간적 제약을 벗어나 '상상'이라는 정신적 작용을 통하여 시간이 독립적으로 나타나게 한다는 것이다(들뢰즈는 이를 '시간기호'로 분류한다). 이렇게 볼 때, 물리적인 공간적 제약으로부터 벗어나기 위한 '시간 이미지'는 자기 현존이 부재하는 이미지라 할 수 있다. 이미지의 시간화는 이미지의 현존적 현재가 없이 단지 흔적으로서 작용하는 이미지이다. 이는 영화 이미지에 있어서의 직접적인 시간이 반드시 현재여야 하기 때문에 시간이 단지 '운동 이미지'나 몽타주를 통해 간접적으로 재현될 수밖에 없다는 논제에 대한 반박이기도 하다. 왜냐하면 시간의 직접적 제시는 실재에 대한 재현과 근본적으로 대치되는 것이기 때문이다.

자기 현전이 부재하는 '시간 이미지'는 따라서 허구의 바탕 위에 작용하는 이미지이다. '운동 이미지'의 체제에서는 전체와의 유추성에 의하여 실재의 모델을 투사하는 것인 반면, '시간 이미지'의 체제에서는 비유추적 단절로써 실재의 모델이 아닌 허위적 움직임들의 재연결만으로 진행이 된다는 것이다. 다시 말해 영상 이미지의 작용은 실재 모델이 움직이는 공간적 총체성 속에서 이루어지는 것이 아니라, 끊임없는 시간 관계들의 발생을 전제로 하는 허위의 운동에서 비롯된다는 것이다. '운동 이미지'가 그 동력의 중심, 즉 진실의 축에 의해 작용하는 것이라면, '시간 이미지'는 이러한 운동의 '탈중심화' 또는 '허위 운동'에 의한 것이라 할 수 있다. 들뢰즈는 "근본적으로 탈중심화된 운동은 허위 운동이며, 근본적으로 해방된 시간이 허구의 힘이 되고 그 허구의 힘은 이제 허위 운동 속에서 나타나게 된다"고 한다.

'시간 이미지'는 곧 이러한 '허구의 힘'이 작용시키는 이미지인 것이다. 진실이라는 중심이 더 이상 작용하지 않으며, 모방해야 할 원본이 없이 단지 자신의 시뮬라시옹을 직접 만들어 내는 유희의 힘, 그것이 허구의 힘이며, 그 힘에 의해 이미지가 이미지를 작용케 한다.

영화적 이미지에 있어서의 이러한 허구성은 특히 1960년대의 이야기에 대한 변화와도 관련이 있다. 이야기는 허구적인 것을 실재처럼 꾸미는 대신 허구 자체를 모델로 삼는 허구성의 개념으로 바뀌게 되었다. 픽션과 실재 사이를 오가는 그 거리 자체가 사라져버린 것이다. 따라서 배우는 영화 속에서 자신이 아닌 다른 인물처럼 보여지기 위해 노력하는 것이 아니라, 그 자신이 타자가 되는 것이다. 그것이 바로 들뢰즈가 부각시키고 있는 아무런 동일성의 기반을 가지지 않은 채, '차이'로서 작용하는 '시뮬라크르'라고 할 수 있다. 들뢰즈는 "(랭보의) '나는 타자이다'는 시뮬레이션적 이야기나 이야기의 시뮬레이션, 또는 시뮬레이션의 이야기를 형성하는 것으로서, 진실의 이야기 형태의 지위를 빼앗아 버린다"고 말한다.

이러한 '시뮬레이션의 이야기'는 진실의 모델을 폐기시키고 대신 진실을 만들어내는 '시네마 – 진리'의 원동력이 된다. 얼마나 실제적인 모델을 취하느냐가 문제되는 것이 아니라, 얼마나 실재처럼 만들어 내느냐가 중요하다는 것이다. 따라서 다큐멘터리 영화가 가장 허구적인 것이 되기도 하며, 가장 허구적인 모델이 실재가 되기도 한다. 이러한 맥락에서, 데리다는 파스칼 오지에와 출연한 어느 영화에서 "미래는 환영이 지배하게 될 것이며, 이미지의 현대적 기술이나 영화, 전기 통신과 같은 것은 이러한 환영의 힘을 더욱 배가시킬 것이라 믿는다"라고 말한다.

이중 인화

'운동 이미지'로부터 '시간 이미지'로의 이행은 곧 '이미지의 시간화'이며, 그 시간화된 이미지란 시간의 여러 층위들의 공존이다. 그런데 이처럼 시간화된 이미지에 있어서 가장 중요하게 작용하고 있는 개념이 바로 '계열화'라고 할 수 있다. '계열화'는 일련의 이미지들이 동열의 범주를 형성하는 것을 말한다. 그리고 그 범주들 속에서는 현재를 중심으로 한 경험적 시간들이 연속적으로 나열되는 것이 아니라, 같은 계열에 속하는 이미지들이 불연속적으로 시간의 층위들을 담는다. 그러한 계열화를 형성하는 범주의 조건이 되는 것이 바로 이미지들의 반영성이다. "일련의 이미지들이 하나의 범주로 향할 때 그 이미지들은 계열을 형성하며, 그 범주 속에서 이미지들은 서로를 반영"하는 것이다.

이러한 자기반영적 이미지를 들뢰즈는 '유리 기호' 혹은 '결정체 기호'로 분류한다. 들뢰즈가 말하는 이미지의 결정체화는 뵈링거가 말하는 비조직적 결정체제의 개념과 상통한다. 뵈링거는 예술에 있어서의 체제를 둘로 대립시켜, 고전적 조직체제와 비조직적 결정체제로 나눈다. 전자가 참의 모델에 의한 논리적 연결을 중시하는 것이라면, 후자는 감동적인 재연결로써 표현에 역점을 두는 비조직적이고 야생적인 활동이다. 비조직적 결정체제는 유기적인 재현체제로부터 탈피한 기학학적이고 무기적인 추상 충동에 의한 예술양식이다. 그러한 양식은 공간적인 원근법으로부터 평면적인 표피성으로의 이동을 뜻하는 것으로서, 재현을 공간표상 억압으로부터 해방시켜 평면화시킨다. 이는 이미지가 이미지 자신을 위하여 작용한다는 것을 의미하는데, 이처럼 이미지가 외적인 지시성으로부터 떠나 이미지 자체를 반영한다는 것은 다음과 같은 두 가지 사실을 의미한다. 그것은 '시간 이미지'가 근원이 없는 부재를 담고 있다는 것과 그러한 부재는 근본적으로 이중성을 가진다는 것이다. 다시 말해 '결정체적 이미지'는 자기 정체적 현전성을 가지지 않은 채, 하나의 기표로 작용하며 다른 기표들과 계열을 형성한다는 것이다. 그리고 이 계열 속에서의 이미지들은 '이중적'이며, 그 이중성으로 인하여 '시청각적 이미지'는 '기억 이미지'나 '꿈 이미지' 또는 다른 잠재적 이미지들에 중복된다. 이는 이미지와 이미지들이 현재적인 것과 잠재적인 것, 투명한 것과 불투명한 것, 실재와 상상, 물리적인 것과 정신적인 것 사이의 교환 회로를 따라 끊임없이 서로를 반영하며 이중적이고 중복적으로 이중인화 되어 있다는 것을 의미한다. 예를 들어 웰스의 〈시민 케인〉에 나오는 유명한 시퀀스에서 죽은 자가 손에서 떨어뜨리는 작은 유리공이 〈로즈버드〉라는 잠재적 이미지와 이중인화적으로 작용하는 것이나 타르코브스키의 〈거울〉에서 거울에 비친 머리감는 여인의 모습에 어머니와 아내의 모습, 또는 어머니와 자신의 어린 시절의 모습 그리고 아내와 자신의 자식의 모습이 서로 반영되는 이중인화적 이미지들을 예로 들 수 있을 것이다. 이미지는 이제 스스로 자신의 고정된 관점을 해체하며, 단지 흔적으로서 각인과 지우기를 이중으로 작용시킨다.

그러한 작용은 누보로망과 누벨바그가 서로 만나며 이루어내는 새로운 영상 이미지의 메커니즘에서도 잘 나타나고 있다. 누보로망은 인물과 극적 사건을 중심으로 얘기를 끌어나가는 대신에, 의식의 흐름을 통한 미묘한 이미지 변화에 초점을 맞추어 대상을 보여주는 것에 역점을 두는데, 이같은 지각작용에 대한 투사적 강조가 영화작업과 맞물리게 된다. 예를 들어 〈지난 해 마리엥바드에서〉처럼, 로브 그리예와 레네는 이미지 자체의 작용을 보여주는 영화를 만든다. 이를 위하여 그들은 렌즈화한 눈으로 대상을 묘사한다. 이때 내러티브는 단지 이미지를 보여주기 위한 구실에 불과하게 되고, 마리엥바드 호텔은 전체가 하나의 '순수 크리스탈'의 거울을 형성하여 계열화된 이미지들이 서로를 반영한다(이러한 의미에서 혹자는 영화의 죽음을 말하기도 한다). 부연하자면, 렌즈화한 눈으로 대상의 이미지 자체를 묘사한다는 것은 대상의 리얼리티를 지움으로써 순수한 영상 이미지를 재창출해낸다는 것을 의미한다. 그것은 메타포가 지워진 제로상태의 이미지이며, 순수하게 시청각적으로 작용하는 이미지이다. "구멍을 내고 하얗게 빈 공간을 만들어 이미지를 희박하게 함으로써, 우리가 눈에 보이는 모든 것을 다 본다고 믿게 하기 위해 덧붙인 많은 것들을 삭제시켜야만 한다."는 것이다.

이미지의 외적인 것을 삭제시킨 순수 시청각적 이미지는 그 자체로서는 의미를 지니지 않은 채 단지 의미를 작용시킬 수 있는 바탕으로 작용한다고 할 수 있다. 그것은 이미지의 도상적 측면이 일종의 '아나그람' 또는 '이데오그람'으로 작용한다는 것을 의미하기도 한다.

영화 이미지의 이러한 측면은 '문자'를 단지 세계에 대한 재현의 모델로 보고 기호의 의미체계 속에 가두는 것으로부터 탈피하고자 데리다가 내세우고 있는 문자 자체의 질료적 측면, 즉 씌어진 흔적으로서의 상형문자적 측면과 맞물린다 하겠다. 바로 이러한 점이 영화 이미지 탐구에 있어서 라캉의 이론과 데리다의 이론이 다르게 적용되고 있는 점이다. 데리다는 이미지가 자기 현존을 가지지 않고 다른 이미지와의 연기적 관계 속에서 작용하며, 그 의미는 고정되지 않은 채 언제나 다르게 읽힐 수 있는 가능성을 가진다고 본다. 반면, 라캉은 영화 이미지를 관객의 심리와 연관시키고 있는데, 이것은 이미지의 가시적 측면에 국한하는 것이라고 볼 수 있다. 다시 말해 문학과는 달리 영화 이미지의 가시성은 영화와 현실을 사실적 관계로 맺어줌으로써 관객의 심리와 연관이 되는데, 이러한 심리적 관계가 상상의 환상적인 충만감으로부터 상징 단계로의 진입과 연관됨으로써 주체의 거울단계와 맞물리고 있다고 보는 것이다. 이러한 이유로 최근에 십여 년 전부터는 데리다의 사유가 어떻게 영화에 적용되는지를 연구하는 이론가들이 늘고 있다. 로파르 – 뷔에미에와 피터 브뤼네트는 그 대표적 이론가들이다. 로파르는 메츠의 기호학적 연구를 보완함과 동시에 데리다의 글쓰기 이론의 측면에서 영화 이미지를 분석하고 있으며, 브뤼네트는 보다 데리다의 사유에 충실하게 영화이론을 정립하고 있다.

영화에 있어서 자기반영적 이미지는 이처럼 재현이 근거하는 중심이 해체된 이미지라 할 수 있다. 자기반영적 이미지는 순수하게 이미지의 작용 자체를 표현하며, 감각이나 행동으로 인식되는 운동의 개념으로 연장되지 않는다. 이미지의 작용 자체를 표현하는 이미지의 '결정체화'는 이러한 의미에서 무엇보다 이미지 자신의 안을 비움으로써 가시성을 투명하게 하는 것이라 할 수 있다. 영화 이미지가 다른 외적인 것을 지시하거나 의미하는 대신 이미지 자체를 반영한다는 것은 이미지가 자기 현전적 중심을 가지지 않고 타자적인 것을 수용한다는 것을 말한다. 그러한 수용 속에서 이미지와 이미지들은 상호교환 작용을 통하여 계열을 이루며 서로를 반영하게 된다. 이때 이미지는 자신의 안과 밖의 경계를 동시에 작용시킨다. 데리다는 말라르메의 텍스트를 분석하면서 재현으로부터 벗어난 자기반영적 글쓰기에 대하여 텍스트가 자신의 안을 향할 때 그것은 필연적으로 자신을 밖을 지시한다고 '미자나빔'의 이중적 작용을 말하다. 다시 말해 미자나빔된 이미지는 자신의 동일성을 지키면서도 자기와 다른 어떤 것을 발생시키는 이중적 작용을 한다는 것이다. 자신이면서도 자신의 밖을 작용시키는 이러한 이미지들은 불확정적이며 '이중분할적'이다. 그러한 이미지는 계사 '이다'로 자신의 정체성을 확정짓는 대신, 언제나 다른 이미지와의 사이에서 '되어 가다'로 끊임없는 상호작용을 한다. 그리고 그것이 바로 차이로 작용하는 들뢰즈의 '시뮬라크르'의 개념이라 할 수 있다. 요컨대 자기반영적 이미지는 단지 가시적인 것만을 보여주는 것이 아니라, 계열 속에서 타자적인 이미지를 중복적으로 수용하며, 정신적인 시간의 여러 층위들을 공존케 한다.

6

알랭 레네와 로브 그리예

문학과 영화의 만남

문학과 영화는 각기 글과 이미지라는 서로 다른 매체를 구사하는 예술 장르들이다. 문학이 글이라는 매체에 제한된 반면, 영화는 문학에 비해 좀 더 자유롭고 다양한 표현 방법들을 가진다. 하지만 얼핏 보기에 이처럼 서로 달라 보이는 문학과 영화는 상호보완적인 역할을 할 수 있으며, 또 상호보완적이라 할 수 있다. 문학의 경우, 비록 씌어진 글을 매체로 하고 있지만, 그 글이 독자로 하여금 보이지 않는 세계를 상상을 통하여 볼 수 있게 할 때 그 진정한 가치를 발휘할 수 있다. 더구나 문자 매체의 죽음을 우려하는 오늘날 글쓰기에 영화적 기법이나 사진적 기법 등을 동원하는 것은 그러한 상상적 역할에 도움이 되고 있다. 영화의 경우에 있어서도, 눈에 보이는 세계만을 다룬다고 해서 가시적 이미지 너머의 예술성이 뒷받침되지 않는다면, 단순한 오락에 그치고 말 것이다. 영화가 19세기 말 탄생한 이후 기술적 발전을 거듭하여 전성기를 맞이했을 때, 대중적 오락이라는 오명을 벗기 위하여 문학 텍스트의 예술성에 많은 의존을 했던 것도 이러한 맥락에서이다.

문학과 영화의 이같은 상호보완적인 역할이 이루어진 것은 1960년대의 누보로망과 누벨바그를 통해서이다. 그 중에서도 알랭 레네의 작품들은 문학과 영화의 이상적 만남을 제시하는 대표적인 경우라고 할 수 있다. 레네의 주요 작품들은 대부분 작가들과의 만남으로 이루어졌다. 마르셀 프루스트를 비롯하여 앙드레 브르통, 쥘 베른, 줄리앙 그락, 에드가 앨런 포우 등의 작품을 즐겨 읽었으며, 자신의 단편 영화 제작에 작가들을 끌어들였다. 〈게르니카〉는 폴 엘뤼아르와, 〈밤과 안개〉는 장 카이롤과, 〈스틸렌의 노래〉에서는 레이몽 크노와 함께 작업을 한다. 그리고 그의 첫 장편 영화 〈히로시마 내 사랑〉은 누보로망의 거장 마르그리트 뒤라스와, 〈지난 해 마리엥바드에서〉는 누보로망의 선두주자였던 로브 그리예와, 〈뮤리엘〉 역시 장 카이올과의 공동작들이었다.

레네의 문학과의 만남은 얼핏 보기에 누벨바그의 정신과 상치되는 것처럼 보인다. 왜냐하면 누벨바그는 이제까지 영화가 문학에 의존해오던 풍토로부터 탈피하여 영화 자체의 독자적인 미학을 구사하자는 것이었기 때문이다. 어떤 면에서 영화는 문학에 대해 몇 가지 콤플렉스를 가지고 성장했다고 할 수 있다. 그것은 영화가 다른 예술장르에 비해 그 탄생이 매우 늦었고, 급속한 발전에도 불구하고 대중적이라는 오명을 쉽게 벗지 못했기 때문이었다. 영화는 이러한 이유에서 문학 텍스트의 예술성에 많은 의존을 했다. 그러나 누벨바그에 와서는 영화는 영화 자체여야 한다는 자의식으로부터 출발한다. 즉 읽히기 위해 씌어진 텍스트 매체와 이미지들로 보여주는 매체에는 근본적인 차이가 있다는 것이다. 누벨바그의 감독들은 영화 자체의 독특한 미학을 펴기 위하여 시나리오 작가들에게 의뢰하는 대신 자신들이 직접 시나리오를 썼다. 누벨바그의 큰 특징을 이루는 작가주의는 이러한 배경을 가진다. 트뤼포나 고다르는 그 어느 문학 작가들에 뒤지지 않는 문학적 소양과 지식을 가지고 직접 시나리오를 썼다. 레네의 경우는 이와는 다소 차이가 있기는 하지만, 영화가 문학에 의존하는 것이 아니라, 어떻게 영화가 문학적 예술성과 만날 수 있는가에 대한 가능성을 보여준 성공적인 사례라고 할 수 있다. 레네와 작가들의 작업은 무엇보다 긴밀한 '공동' 작업으로 이루어진다. 그는 통상 감독이 시나리오 작가들에게 자신이 원하는 작품을 요구하거나 이미 씌어진 시나리오를 채택하여 영화화하는 것이 아니라, 작품의 구상이나 진행, 완성에 이르기까지 모두 철저한 공동 작업을 한다. 그는 자신이 무엇을 원하고 있는지를 정확하게 알고 있다 하더라도, 이것을 작가에게 요구하는 대신 작가와의 대화를 통하여 작가 스스로가 공감하고 작업할 수 있도록 작가의 독립성을 철저하게 보장해주는 것으로 유명하다. 〈히로시마 내 사랑〉을 함께 작업한 뒤라스는 "그와 함께 일을 하기 전까지 나는 내 자신이 어떻게 영화 작업을 하는 데 있어서 이렇게 '혼자'일 수 있을지를 상상할 수 없었다"라고 말한다. 그리고 소설가인 그녀가 마치 영화감독처럼 작업할 수 있었던 것과 같이, "레네는 마치 소설가처럼 작업한다"라고 덧붙인다. 이처럼 레네는 영화와 문학이 서로 다른 장르라는 것에 대한 인식과 함께 그 특성을 존중하며 두 이질적인 매체의 만남을 성공적으로 이끌었다. 레네와 함께 작업한 로브그리예나 뒤라스가 후일 영화감독으로 일하게 되는 것은 많은 것을 시사해준다 하겠다. 레네의 작품들은 문학작품이 영화화되는 것, 다시 말해 이질적인 두 장르가 각자의 특성을 저버린 채 생경하게 뒤엉키는 것이 아니라, 문학과 영화가 '함께' 융화되어 새로운 차원의 영화 이미지를 탄생시키는 것임을 보여준다. 요컨대 누벨바그의 감독들은 문학과 영화가 꼭 만나야만 하는가라는 물음 앞에서, 과연 어떻게 만나야 하는가를 보여주고 있다 하겠다.

누보로망과 누벨바그

누보로망과 누벨바그는 소설과 영화라는 서로 다른 장르이지만, 상호보완적인 많은 공통점들을 가지고 있다. 누보로망과 누벨바그를 수식하는 '누보'나 '누벨'은 모두 '새로운'이라는 형용사로서, 소설과 영화에서의 새로움을 추구하고자 한다. 이들은 1960년을 전후로 하여 거의 같은 시기에 일어났다. 누보로망은 1차 대전과 2차 대전 이후 초현실주의와 참여문학이 거의 빛을 바래어 가던 1950년대에 미뉘 출판사를 중심으로 글을 발표했던 일련의 작가들을 지칭하며 형성되어 갔다. 그리고 누벨바그는 1950년대 중반부터 『카이에 뒤 시네마』를 중심으로 영화비평을 한 신진 감독들을 중심으로 형성되었다.

누벨바그와 누보로망은 분야는 서로 달랐지만, 이제까지의 전통으로부터 벗어나 새로움을 추구하는 정신에 있어서 적지 않은 공통점을 가진다. 이들은 각기 문학과 영화 자체에 대한 성찰을 통하여 20세기 문학과 영화에 큰 방향 전환을 가져왔다. 이들이 추구하고 있는 새로움이란 무엇보다 소설과 영화 자체에 대한 문제의식과 성찰이다. 누보로망은 이제까지 많은 사조와 형식들을 통하여 탐구되어 온 소설이 과연 무엇인가라는 문제의식으로부터, 그리고 누벨바그는 영화란 무엇인가라는 비평의식으로부터 출발한다. 이러한 문제의식을 공통분모로 가지고 있는 이들 두 사조는 자연히 자기 성찰적인 성격을 지니게 된다. 누보로망과 누벨바그는 소설 자체 또는 영화 자체로 시선을 돌림으로써, 소설 속에서 소설에 대한 성찰을 담고 영화 속에서 영화를 만드는 과정을 그려 보이며 영화를 얘기한다. 소설 자체에 대한 성찰 또는 소설을 써나가는 과정 자체가 소설이 되는가 하면, 영화란 무엇인가에 대한 감독의 성찰들이 영화의 중요 테마가 된다든가 또는 영화를 만드는 과정 자체가 영화가 되는 것이다.

이처럼 소설 자체 또는 영화 자체에 대해 성찰을 하는 누보로망과 누벨바그는 소설과 영화가 무엇보다 허구의 세계라는 자각을 하게 된다. 문학과 영화는 이제까지와 같이 사실인 것처럼 믿게 하려는 노력으로부터 탈피하여 진실에 대한 환상을 깨뜨리고 허구 자체를 드러낸다. 소설과 영화는 이제 그들의 허구성을 오히려 당당하게 드러낸다. 그리고 그러한 허구성이 황당할수록 독자들은 더욱 매료된다. 고다르의 영화에 나오는 인물들의 피는 단지 붉은 색에 불과해도 된다. 서부영화에서처럼 진짜 처참하게 죽어가는 주인공의 비극을 꾸며내지 않아도 되고, 죽었던 인물이 아무런 설명이나 이유 없이도 얼마든지 살아나 다시 역할을 계속해도 된다. 전통적인 예술관에 있어서 예술작품이 신이 창조한 영원불멸의 원본을 모방, 재현하는 것이라면, 현대에 있어서의 예술작품은 원본이 없이 무에서 창조하는 것이다. 전자가 아리스토텔레스의 모방의 시학을 근거로 하고 있다면, 후자는 창작의 자율성을 바탕으로 한다. 따라서 후자의 경우, 예술은 더 이상 원본에 대한 참과 거짓의 게임이 아니라, 허구임을 드러내며 무에서의 창조임을 과시하는 게임이 된다. 소설 속의 이야기는 반드시 시간의 순서를 따르지 않아도 되고, 인물들에 대해서도 구체적인 행위나 심리분석이 의무화되지 않는다. 영화에서도 영화 이미지가 허구임을 말하기 위하여 이미지들이 인위적으로 조작된 것임을 일부러 드러내 보인다.

〈지난 해 마리엥바드에서〉

1961년 알랭 레네와 로브 그리예의 공동작 〈지난 해 마리엥바드에서〉는 누벨바그와 누보로망의 이상적 만남을 보여주는 작품이다. 이 영화의 줄거리는 아주 단순하다. 아니 어쩌면 줄거리가 없다는 것이 더 정확할지도 모른다. 특별한 사건의 전개나 반전이 없는 독특한 내러티브의 구성방식이 바로 이 영화의 가장 중요한 특성 중의 하나이기 때문이다. 1년 전 X라는 남자와 A라는 여자가 만나 사랑에 빠진다. 여자는 남편이라고 추정되는 M

이라는 인물과 아주 호화로운 어느 저택에 살고 있다. X는 A에게 함께 도망가기를 제안한다. 그러나 A는 X에게 1년 후로 그 실행을 연기하자고 간곡히 부탁한다. 영화는 〈지난 해 마리엥바드에서〉 있었던 사랑의 도피행각을 실행하기 위하여 1년 뒤 X가 약속대로 A 앞에 나타나는 것으로부터 시작한다. 그러나 A는 X라는 인물 자체와 그의 이야기를 전면적으로 부정함으로써, 이상의 이야기는 단지 X의 억측 또는 허구적인 상상에 지나지 않을 수 있다는 미궁에 빠지고 만다. 영화의 시작에서 끝까지 X는 A의 기억을 되살리기 위해 모든 노력을 기울이고, A는 이를 끊임없이 부정하는 것으로 영화는 진행된다. 결국에는 과거인지 현재인지 또는 상상인지 실재인지를 알 수 없는 채로 X와 A가 야반도주를 하는 것으로 끝을 맺는다.

Delphine Seyrig('A'), Giorgio Albertazzi('X'), Sacha Pitoeff ('M')가 주요인물로 등장하는 이 영화는 인물들이 모두 익명이다. 인물들은 모두 멋있게 분장한 상류층의 남녀들로서 호화로운 저택에서 한가로이 여가를 보내고 있다. 그들은 호화롭고 모던한 이브닝드레스와 최고급 턱시도를 입고, 연극관람이나 게임, 사격 등과 같은 상류층의 갖가지 오락시설을 즐긴다. 그런데 이 영화가 압도적으로 주는 분위기는 기존의 영화와는 달리 여러 면에서 아주 낯설고 이상하다. 시종일관 앞뒤가 맞아떨어지지 않는 모순 속에서 뭐가 뭔지를 알 수가 없고, 현실에서는 일어날 것 같지 않은 낯설고 이상한 이미지들로 가득하기 때문이다. 또한 내러티브도 연대기적인 순서나 정보가 없이 매우 불확실하며 모순적이다.

그런데 바로 이 낯설고 이상한 이미지들이 이 영화의 주요한 특징이자 이 영화를 이해하는 열쇠가 된다. 이 영화를 이해하기 위해서는 이러한 낯설음과 이상함이 무엇으로부터 연유하고 있는지를 알아야 한다는 것이다. 레네와 로브 그리예는 어떻게 이러한 낯설음들을 창출해내고 있을까? 무엇보다 그것은 두 가지 큰 축에서 고찰될 수 있다. 즉 공간과 시간이라는 두 축을 중심으로 하여 애매모호한 모순점들이 만들어지고 있다는 것이다. 이러한 시간과 공간의 역할은 제목에서부터 예고되고 있는데, '지난 해'라는 시간과 '마리엥바드'라는 공간이 영화의 허구성을 이루는 한 쌍이 되고 있다.

공간적 허구성

영화는 로브 그리예의 독백대사로 시작한다. 그의 대사는 마치 미궁 속을 헤매는 듯한 반복구들로 커졌다 작아졌다하며 되풀이된다. 이런 반복구들과 함께 카메라는 빠른 트레블링으로 무한한 평면으로 이어지는 천장과 끝없이 구부러지는 복도, 시대감각을 잃게 하는 샹들리에의 불빛을 비추며 어딘지 모를 건물의 안을 향한다. 그리고 관객들은 공간을 따라 부유하는 독백 속에서 '빠져나갈 방법이 없는' 폐쇄되고 격리된 공간으로 인도된다. 이처럼 영화의 시작부터 공간은 매우 큰 비중으로 강조되는데, 저택으로 들어가는 것으로부터 시작하여 저택에서 나오는 것으로 끝나면서, 저택이 영화의 공간 전체가 된다. 〈지난 해 마리엥바드에서〉의 공간은 일상적인 평범한 공간이 아니다. 그것은 비현실적이며 허구적인 공간이다. 그러한 비현실적인 허구성은 영화의 진행과 함께 더욱 가중되는데, 그것은 레네와 로브 그리예가 겨냥하고 있는 것이기도 하다. 우선 영화의 타이틀이 내세우고 있는 '마리엥바드'는 허구에 대한 전형적인 표상이다. X가 A에게 그토록 확신을 가지고 설득하려는 과정에서 X 자신이 그 장소가 '마리엥바드'였는지 또는 '프리드릭스바드'였는지, 아니면 그 어떤 다른 장소였는지를 알 수 없다고 고백한다. 이처럼 X와 A의 관계가 성립되기 위해서는 필수불가결한 장소 자체를 허구로 만듦으로써, 영화의 공간은 그 어디에도 설정시킬 수 없게 되고 만다.

이밖에도 공간의 허구성과 비현실성을 드러내고 강조하는 장면들이 많은데, 우선 X가 A에게 기억을 되살리려는 과정에서 중요한 비중을 차지하는 정원을 들 수 있다. 그 정원은 흔히 볼 수 있는 자연스런 정원이 아니라, 기하학적이며 인위적인 정원이다. 또한 그러한 정원의 인위적인 면은 비현실적인 장면들로 더욱 허구적인 공간이 된다. 관목들이 줄지어 서있는 정원의 산

▌사진 1▐

책로를 보여주는 장면에서, 사람들은 그 평평하고 넓은 중앙 산책로의 여기저기에 길고 어두운 그림자를 던지고 있는데, 관목들에는 전혀 그림자가 보이지 않게 설정되어 있기도 하다(사진 1). 이밖에도 정원의 조각상의 위치가 어떤 때는 호수를 향하고 있는가 하면, 또 어떤 때는 호수 뒤쪽에 위치하면서 비현실적인 모순성을 스스로 드러낸다(사진 2-1, 사진 2-2).

이러한 공간의 모순성은 같은 상황의 반복으로 인하여 더욱 가중된다. 같은 장식이나 같은 공간, 같은 대사가 각기 다른 상황들 속에서 반복되어 나타남으로써, 사실의 진위성은 더욱 불확실해지고 모호해지게 되는 것이다. 예를 들어 X와 A는 정원

▌사진 2-1 ▌

▌사진 2-2 ▌

에 있는 조각상에 대하여 서로의 견해를 주고받는데, 조각상 앞에서의 대화는 각기 다른 상황들 속에서 세 번 반복된다. 그리고 그 과정에서 전혀 상반된 견해가 스스로 드러나게 된다. 첫 번째 상황에서는 X가 A에게 1년 전 그들이 함께 정원에 있던 조각상에 대해 말한 적이 있음을 상기시킨다. 당시 X는 자신이 남녀의 어떤 동작을 표현하고 있는 조각상에 대하여 남자가 여자에게 위험을 예고하고 있는 것이라고 했으나, A는 위험을 알리기 위한 것이 아니라 무엇인가 좋은 것을 알리기 위해서라고 말했다는 것을 상기시킨다. 이 대사는 다시 현재 시제로 당시의 정원을 재현하고 있는 그림 앞에서 반복된다. 여기서 X는 조각상의 남자가 그들이 고향을 떠나 어느 절벽에 이르렀을 때 여자를 위험으로부터 구하기 위하여 붙든다고 보는 반면, A는 바다를 손가락으로 가리키기 위하여 몸을 앞으로 뻗고 있는 것이라고 말한다. 마지막 세 번째 경우에서는, 정원을 나타내는 같은 그림 앞에서 X와 A의 대화에 M이 개입한다. M은 X와 A의 가설은 틀린 것임을 확언하며, 그 조각이 샤를르 3세와 왕비를 나타낸 것이라고 밝힌다. X가 A의 과거의 관계가 사실이었음을 입증해줄 수 있는 구체적인 오브제로 등장하는 조각상의 일화에서 세 경우 중 어느 것이 진실인지는 밝혀지지 않는다. 대화 도중, X 자신이 "이 모두가 가능했다"라고 말하고 있는데, 이것은 이 영화가 진실을 겨냥하고 있는 것이 아니라, 오히려 진실의 부재를 다양한 모습으로 보여주는 유희성을 겨냥하는 것임을 말해준다. 레네는 "이 영화에서 나의 관심을 끄는 격자 유형들 중 하나는 다양한 세계의 공존이다. 모든 주인공의 말이 다 맞을 수 있다는 것이다"라고 말하며, 불확정적인 다양성이 자신의 의도임을 밝힌다. 로브 그리에 역시 "〈지난 해 마리엥바드에서〉를 조각상에 관한 다큐멘터리로 생각해 볼 수 있다. 동작들과, 번번이 조각에 의해 고착된 모습 그대로의 동작 그 자체로의 회귀에 관한 해석인 다큐멘터리. 두 인물로 구성된 하나의 조각상을 다양한 각도와 다양한 카메라 움직임을 통해 촬영한 일련의 필름들을 모으는 데 성공한 그리고 그렇게 해서 모든 이야기를 하는 데 성공한 다큐멘터리가 있다고 상상해보자"라고 말하며, 이 영화에서 조각상이 중요한 비중을 차지하고 있음을 강조한다. 조각상은 바로 X와 A를 가리키기도 하고, X와 A를 통한 영화 전체의 미학을 대변하기도 하며, 〈지난 해 마링엥바드에서〉에서 중요한 의미를 가진다.

이 영화의 공간 중 또 다른 중요한 공간으로는 A의 침실을 들 수 있다. 그 곳은 저택의 다른 공간들 중 가장 높은 곳에 위치한다. 정원과 거실, 게임실 등이 모두 1층에 위치해 있는 반면, A의 침실은 2층에 있다. 그녀의 침실은 단지 지리적으로 높은 위치를 차지하는 것에 그치는 것이 아니라, X와 A의 상상이 가장 많이 교차되는 곳이기도 하다. 처음 그녀의 침실은 장식이 거의 없는 빈 공간이다. 그러나 X와 A가 기억의 실마리를 찾아가는 가운데 그 침실에는 점차 장식들이 늘어간다. 예를 들어 아무 장식도 없었던 그 침실의 벽난로에 어떤 때는 거울이 그리고 다른 경우에는 사진이 등장함으로써 일관성을 깨뜨린다. 그리고 X와 A의 상상이 교차되는 가운데, A 방의 거울에는 현실에서는 불가능한 이미지들이 연출된다. 즉 어떤 상이 거울에 비

▌사진 4▐

치는 경우, 일반적 상식으로는 실재의 상과 거울에 반영된 상이 있겠는데, 여기서는 A의 모습이 3중으로 나타난다(사진 4). 물론 그것이 실재인지 상상인지는 전혀 설명이 되고 있지 않다.

이처럼 비현실적이고 모순적인 공간 속에서 인물들 역시 기존의 영화들에서 볼 수 있는 유형의 역할을 연출하지 않는다. 인물들은 모두 익명이며, 그들의 동작은 마치 조각상과도 같이 인위적이고 딱딱하며 어색하다. 그리고 때로는 인물들의 목소리와 장면이 서로 일치하지 않기도 한다. 이런 인물들은 공간의 비현실성을 더욱 가중시키는 사물에 불과하다. 전통적인 영화들에서 볼 수 있는 것과 같이, 인물이 사물에 비해 우월한 위치에 있는 것이 아니라, 사물과 같은 위치에서 영화를 완성해 나간다.

시간적 허구성

이 영화에서는 공간에 못지않게 시간 역시 큰 비중을 차지하며 중요한 역할을 한다. 공간에서와 같이 시간은 아주 모호하고 모순적이며 불확실하다. 이처럼 쌍벽을 이루는 공간과 시간의 두 축은 제목에서부터 암시된다. 〈지난 해 마리엥바드에서〉라는 영화의 타이틀은 '마리엥바드'라는 허구적 공간과 '지난 해'라는 허구적 시간을 예고하고 있는 것이다.

영화의 시작에서부터 로브 그리예는 시간적으로 격리된 '다른 세기'를 예고한다. 그리고 X가 A에게 설득하려고 하는 과거의 기억들은 그것이 진실인지 허구인지를 전혀 알 수가 없다. X는 A의 기억을 돕기 위해 아주 세세한 일화들을 정확하게 묘사하는데, 그처럼 정확한 정보들 자체가 곧 미궁에 빠져버린다. 예를 들어 X는 A에게 그토록 확신을 가지고 1년 전 일어났던 일들을 설명하면서도, 정작 그들이 만났던 것이 1년 전인지 또는 그보다 더 먼 과거인지 혹은 그리스 시대와 같은 신화적 시간인지를 모호하게 만든다.

시간의 모순성은 문법적으로 불가능한 용법을 통하여 강조되기도 한다. X와 A가 자정을 알리는 종소리와 함께 야반도주하는 마지막 장면에서 X는 긴 독백을 하는데, "이미 당신은 지금 길을 잃고 있는 곳"이라든가, "홀로, 나와 함께" 등과 같이 정상적 문법으로는 불가능한 문장들이 대사에 나온다. 또는 A가 드디어 함께 떠나기 위해 X가 말한 장소에 나타나는 순간, X는 그녀를 향해 "당신이 말한 시간에 정확하게 왔있어요"라고 말하며, 지금 현재 보고 있는 이미지가 과거 1년 전에 일어났던 일의 재현인지 실제로 현재 일어나고 있는 일인지를 알 수 없게 만들어 버린다. 영화 전체를 통하여 X가 A에게 환기시키는 기억의 장면들에서는 과연 그것이 과거인지 또는 현재 아니면 장차 일어날 일을 상상하는 것인지를 전혀 알 수가 없이, 영화의 시간은 과거와 현재 또는 미래 사이를 끊임없이 오간다. 이처럼 〈지난 해 마리엥바드에서〉는 연대기적으로 나열할 수 있는 과거나 현재, 혹은 경계가 분명한 시간을 가지지 않는다. 과거나 미래와의 관계 속에서, 현재는 단순한 현재가 아니라, 과거나 미래가 함께 작용하는 시간이다. 이처럼 여러 층위의 시간들이 작용하는 것은 기존 영화들에서 볼 수 있는 시간의 오버랩과는 다른 것이다. X가 A에게 말하고 설득하는 장면들이 보여주는 시간은 현재에서 과거의 어느 시점에 오버랩 되는 것이 아니기 때문이다.

레네 영화에서의 시간은 그 어떤 기준점이나 고정점을 가지지 않는다. 시간이 고정점을 가지지 않은 채 여러 층위의 시간들이 이미지에 나타난다는 것은 곧 이미지에 시간이 직접 개입한다는 것을 의미하기도 한다. 이미지들은 현재들의 연속에서 벗어나 불연속적으로 여러 층위의 시간들 자체의 작용을 나타낸다. 이것이 곧 들뢰즈가 현대 영화에서의 이미지의 혁신이라고 부르는 것이다. 들뢰즈는 레네의 영화를 분석하면서 이와 같은 시간의 작용을 매우 강조하며, 레네는 금세기 초 프루스트나 베르그송이 이룩한 시간의 혁명을 영화에서 실천하였다고 말한다. 전통 영화의 경우, 영화적 이미지에는 언제나 현재만이 존재한다. 움직이는 이미지들의 연속 속에 이미지는 단지 현재적이기 때문이다. 그러나 현대에 오면, 이미지의 표현에 있어서 시간은 훨씬 자유롭다. 트뤼포 감독은 "현재형의 영화는 나쁜 영화다"라고 단언할 정도로, 누벨바그를 비롯한 현대의 영화감독들 대다수가 영화적 표현에 있어서 시간성 극복을 중요하게 여긴다. 들뢰즈는 레네의 시간 이미지를 '시간의 주름'이라는 개념으로 설명한다. 이미지는 현재에 국한되지 않고, '시간의 주름' 속에서 과거와 현재, 미래가 끊임없이 상호작용을 하며 공존한다는 것이다.

기억의 메커니즘 – 사유의 영화

그런데 이처럼 공간이 주는 비현실적인 애매함과 시간이 야기하는 불확실한 모순성에도 불구하고 영화가 무리 없이 작용할 수 있는 것은 무엇 때문일까? 그것은 바로 사유가 작용하기 때문이다. 사유는 시간과 공간을 모두 자유롭게 작용시키는 메커니즘의 축이다. 사유가 작용하는 이미지들에는 과거와 현재, 미래가 고정되지 않은 채 상호적으로 작용할 수 있다. 〈지난 해 마리엥바드에서〉에 나타나는 공간적, 시간적 모순성은 바로 순수한 정신에서의 시·공간에서 비롯하는 것이다. 들뢰즈는 사유를 '비연대기적인 시간'이자, "공간에 위치시킬 수 없는 관계들의 총체"로 정의한다. 그리고 레네의 영화를 '사유의 영화' 또는 '뇌의 영화'라고 이름한다.

사유가 작용하는 세계는 움직임이 없는 세계라고 할 수 있다. 공간적, 시간적으로 격리된 폐쇄성이나 얼어붙은 듯한 인물들은 결국 그 모든 것이 정신의 작용임을 확인시켜주는 장치이다. 영화의 시작에서 공간의 안을 향하는 빠른 트레블링이 바닥은 전혀 비추지 않은 채 천장만을 보여주는 것은 부유하는 정신의 작용을 나타내는 것으로 해석 할 수 있다. 또한 영화의 처음과 마지막을 압도하는 죽음의 분위기는 행위가 부재하는 정신세계에 대한 암시라고 볼 수 있다. 영화의 마지막은 X와 A가 사라진 정원에서 그들이 함께 호텔을 빠져나갔는지, 또는 A가 다시 자취를 감추고 X가 찾아 나섰는지에 대한 단서를 전혀 주지 않는다. 단지 X의 보이스 오버로 "나무도, 식물도, 꽃도 없이. 자갈, 바위, 대리석, 신비로움이라고는 없는 딱딱한 직선의 공간"으로 묘사되는 묘지와 같은 정원에서 이미 영원을 향해 헤매는 것으로 종결된다.

그런데 영화가 저택이라는 공간으로 들어가는 것으로 시작하여 저택을 나오는 듯하다가 다시 죽음과 같은 정원 속에 갇혀버림으로써 처음과 끝이 맞물려 닫힌 구조가 되는 것은 무엇을 의미하는 것일까? 로브 그리예는 이에 대해 "이야기는 한 시간 반 동안 진행되며 그 이전에도 그 이후에도 존재하지 않는다는 사실을 말하고 싶다. 영화의 결말에서 주인공이 떠나가 버리면 어딘가로 가기 위해 떠나가는 게 아니다. 그는 더 이상 존재하지 않는 것이다. '여기' 그리고 '지금' 이외에는 결코 존재하지 않는다."라고 말하며, 영화의 현실은 영화와 함께 시작하여 영화와 함께 끝나는 것이라고 설명한다.

시간과 공간의 제약으로부터 자유로운 사유의 세계에서는 실재와 상상이 끊임없이 오고간다. X가 A에게 같이 도망가기를 설득하고, A가 이를 고민하는 장면에서 M이 A를 총으로 쏴 죽이는 장면이 나오는데, 이것은 A의 상상 속의 일이다. 그러나 그 장면은 실재인지 상상인지가 모호하게 처리되어 있다. 이와 함께 X가 1년 전에 있었던 그들의 일을 상상하는 장면에서 마치 현재 그들의 장면인 것처럼 묘사가 되고 있다. 그런가 하면 거실에서 X와 A가 대화하는 장면에서, X의 이야기를 듣고 있는 A가 X의 이야기대로 되어가며 A의 의상이 X의 상상 속의 의상으로 바뀌기도 한다. 이미지들은 또한 잠재적인 것과 현시적인 것 사이를 오고 가기도 한다. A의 의식 속에 잠재되어 있던 일들이 현실에서 실제로 일어나는 것으로 묘사가 되기도 하는데, 예를 들어 A가 M과 얘기하는 장면에서 아무런 연결고리도 주어지지 않은 채, M과 X는 혼동된다.

자기반영성

레네와 로브 그리예가 이러한 정신의 작용에 의한 시·공간적 모순을 통하여 이루고자 하는 영화의 효과는 무엇일까? 거기에는 다른 무엇보다 영화 스스로가 안고 있는 허구성과 인위성을 드러내는 자기반영성을 들 수 있다. 자기반영성을 나타내는 장면의 예를 들어보자면, 우선 실재 장면으로 나오는 정원을 재현하는 그림을 들 수 있다. X와 A가 기억의 유희를 펼치는 과정에서 실재의 정원과 그 정원을 재현하고 있는 그림이 각기 다른 형태들로 반복적으로 나타나면서, 정원 속의 정원, 프레임 속의 그림틀이라는 액자구조를 반영한다(사진 5, 사진 6). 또 이 작품에서 빈번하게 등장하는 게임의 장면 역시 영화의 허구성을 상징하는 장치라고 할 수 있다. 만들어진 가상의 규칙이 그 존재

▌사진 5▐

▌사진 6▐

이유가 되는 게임은 그 자체가 허구이다. 그런데 마리엥바드라는 허구적 공간에서 인물들이 벌이는 게임은 그 내용에 있어 더욱 허구적이다. 즉 게임에서는 어떠한 형태로든 그리고 상대가 누구이든 M이 이기게 되어 있다. 이 게임 외에도 M은 모든 것의 열쇠를 쥐고 있다. 조각상에 대하여 X와 A가 결정을 내리지 못하고 있을 때, M은 확실한 단서를 제공한다. 그리고 마지막에 A가 연극공연에 나타나지 않자, X와 함께 도주한 것을 알아차리지만 그들을 붙들지 않는다. 마치 그 결말을 당연히 예견하고 있었던 것처럼. 여기서 M의 위상은 영화에서 모든 열쇠를 쥐고 관객을 유혹하고 설득하는 영화감독에 비유될 수도 있다.

〈지난 해 마리엥바드에서〉는 여러 가지 면에서 처음과 끝이 맞물리는 구조를 보여준다. 우선 위에서 살펴 본 바와 같이, 저택으로 들어가는 것으로부터 시작하여 나오는 것으로 끝나는 듯하다가 다시 미궁 속을 헤맨다는 공간적인 맞물림을 들 수 있다. 이외에도 영화의 처음과 마지막에 모두 독백대사가 나온다. 처음은 로브 그리예의 음성으로, 그리고 마지막은 이태리 억양이 강한 알베르타치오의 이국적 목소리로 처리된다. 그리고 영화의 시작과 끝의 독백대사들을 전후하여 '로즈메' 연극장면이 나온다. 이 연극장면은 영화의 주제에 대한 가장 중요한 은유라고 할 수 있다. '로즈메' 연극은 두 남녀가 결정을 내려야 하는 장면을 재현하는데, 이것은 영화 〈지난 해 마리엥바드에서〉 X와 A가 결정을 내리지 못하는 상태에 대한 은유이다. X와 A가 야반도주하는 마지막 장면의 대사가 영화가 시작되는 즈음 연극 공연의 장면에 등장한다. '로즈메' 연극장면은 영화 속에 그 영화를 재현하는 장면을 설정함으로써 자기반영적인 액자구조를 반영하는 것이다.

'로즈메' 연극장면이 보여주는 영화적 허구성에는 좀 더 흥미로운 점이 있다. 영화의 처음 로브 그리예의 독백대사가 공간 속에 메아리처럼 반복되다가 아무런 연결고리도 없이 연극대사에 그대로 연결되어 삽입되면서 영화가 시작된다. 엄밀한 의미에서 로브 그리예의 독백과 연극은 영화가 본격적으로 시작되기 전의 서막이다. 그런데 영화를 제작한 스크린 밖의 인물이 영화의 안에 들어오는 것과 그 대사가 다시 앞으로 전개될 영화의 내용을 상징하는 연극 속의 인물의 대사에 그대로 삽입되고 있는 것은 곧 실재와 허구 사이의 경계를 보여주면서 영화가 자신의 허구성을 드러내는 것이라 할 수 있다.

'로즈메' 연극은 우리에게 영화의 시간에 대하여 다시 한 번 생각하게 만든다. 영화의 시작에서 X가 도착하는 시점에 A는 연극을 보고 있는 중이었다. 그리고 영화의 마지막 부분에서는 X와 함께 도주하기 위하여 A는 그 연극 공연에 나타나지 않는다. 여기서 관객들은 이 영화 전체의 시간이 어쩌면 '로즈메'라는 연극이 두 차례 제시되는 동안에 발생한 이야기일 수도 있다는 가능성을 생각하게 된다. 사실 이 영화에서는 "이야기가 8일 동안 일어나는 것인지 24시간 동안 일어나는 것인지 아니면 연극공연 시간 동안 일어나는 것인지"를 알 수가 없다.

여기서 우리는 영화가 근거하고 허구성과 그에 대한 자기반영성의 의미에 대하여 생각해 볼 필요가 있을 것 같다. 이 영화는 허구성 자체를 주제로 하고 있다. 이 영화가 타이틀로 내걸고 영화를 존재하게 하고 있는 것 자체가 바로 이 영화에서 결핍되어 있는 것 즉 '지난 해'와 '마리엥바드'라는 것이다. 로브 그리예는 "처음 〈지난 해 마리엥바드에서〉를 볼 때는 '지난 해'는 존재하지 않았다고 생각하게 되지만, 나중에는 이 지난 해가 모든 것을 앗아가 버렸다는 것을 알게 된다. 마찬가지로 마리엥바드가 존재하지 않았다고 생각하다가 사실은 처음부터 마리엥바드는 존재했다고 생각하기도 한다. 젊은 여자가 거부했던 그 사건이 종국에는 모든 것을 오염시켜 버린다. 그래서 그녀는 끊임없이 싸우고, 늘 모든 것을 거부했기 때문에 그 거부한 부분을 자신이 원하는 대로 얻었다고 생각한다. 하지만 종국에는 거절하기에는 너무 늦었다는 걸 알게 되고 모든 것을 받아들이게 된다. 이 모든 것은 사실일 수도 있고 사실이 아닐 수도 있다. 하지만 이 경우 '사실'과 '거짓'의 구분은 더 이상 아무 의미도 없다"라고 말한다. 그의 이러한 말은 이 영화에서 결핍되어 있는 것이 어떠한 메커니즘으로 작용하는지를 알 수 있게 해준다.

'지난 해'와 '마리엥바드'의 허구성은 결국 영화 창작에 있어서 재현이 근거하고 있는 것의 부재 또는 결핍이라는 것에 대한 메타포로 읽을 수 있다. '지난 해'와 '마리엥바드'가 실재하는지는 문제가 되지 않는다. 레네와 로브 그리예를 비롯한 누벨바그와 누보로망의 작가들은 더 이상 재현의 근거를 제시하지 않는다. 오히려 재현의 결핍 자체를 창작의 모티브로 삼는다. 데리다가 "텍스트의 밖은 없다"라고 하는 것도 같은 맥락에서, 영화의 밖은 없는 것이다.

1961년 〈지난 해 마리엥바드에서〉가 처음 상영되었을 때, 평론가들의 의견은 극단적으로 양분되었다고 한다. 당시의 상황에서 이 영화는 분명 하나의 사건이라고 할 만큼 충격을 던졌기 때문에, 이에 대한 견해는 엇갈릴 수밖에 없었을 것이다. 그러나 이제 이 영화는 누벨바그를 결정지운 중요한 이정표라는 것에 모두 의견을 같이 한다. 〈지난 해 마리엥바드에서〉는 기존의 영화들과는 다른 영화미학을 보여준다. 그것은 무엇보다 영화 이미지를 재현의 차원이 아닌 새로운 창작의 차원에서 접근하게 한다. 전통적 영화 이미지들이 사실인 것처럼 믿도록 하기 위하여 모든 기법들을 동원한 반면에, 이 영화는 오히려 이미지들의 연속성을 깨뜨리고 비현실적이고 모순적이며 불연속적인 이미지들을 창출해낸다. 그리고 그러한 이미지들을 통하여 이 영화는 현대 예술의 중요한 한 모습을 보여준다. 그것은 창작이 근거하고 있는 것은 바로 그 자신이라는 것이다. 예술은 그 자체에 근거를 두는 순수한 허구의 창조라는 것이다. 이와 함께 이 영화는 영화 이미지에 시간이 직접 개입하도록 함과 동시에 정신의 작용을 나타내 보임으로써 새로운 지평을 열었다고 하겠다.

7 베르나르 츄미의 해체주의 건축미학

라 빌레트 공원에서의 건축과 철학의 만남

20세기 후반부 학문을 비롯한 문화 예술 분야의 가장 두드러진 특징 중의 하나는 각 영역들 사이의 경계가 허물어지면서 서로 융합되는 현상을 보였다는 점이다. 그러한 현상에는 여러 가지 요인들과 원인이 있을 것이다. 1960년대 이후 후기 정보산업사회의 새로운 매체들과 테크놀로지의 등장도 있을 것이고, 모더니즘 이후 새로운 미학에 대한 출구를 찾으려는 열망도 들 수 있을 것이다. 그러나 각 영역들 사이의 융합적인 움직임이 일어난 근저에는 무엇보다 이제까지 전통적으로 고수되어 왔던 것들에 대한 전면적인 재검토와 함께 자신을 쇄신하고자 하는 의지가 작용했다는 점과, 그러한 쇄신의 과정에 있어서 다른 영역들의 도움이 필요했다는 점을 들 수 있다. 이러한 예들에는 여러 사례가 있겠지만, 여기서는 건축과 철학의 만남에 대한 한 사례를 들고자 한다. 어떻게 보면 가장 가시적이고 물질적인 것을 다루는 건축의 영역과 가장 개념적이고 비물질적인 철학의 영역은 서로 굉장히 거리가 멀고, 더구나 그 융합은 엉뚱해 보이기까지 한다. 그러나 프랑스 파리의 외곽에 건설된 라 빌레트 공원의 사례는 그 구체적인 예를 제시해주고 있다. 건축가 베르나르 츄미와 철학자 자크 데리다는 이 공원 건설에 공동으로 참여하여, 해체사상을 중심으로 어떻게 철학과 건축이 만나고 있는지를 보여주었다.

라 빌레트 공원의 사례는 베르나르 츄미의 해체주의 건축의 특징을 잘 담고 있는데, 라 빌레트 공원의 핵심적 컨셉을 이루고 있는 폴리의 특성은 츄미의 해체적 사상이 어떻게 건축에 실행되고 있는지를 잘 보여주고 있다.

해체주의 건축의 문제제기 : 건축은 무엇이어야 하는가

건축에서의 해체주의는 1970년대로부터 시작하여 1980년대와 1990년대에 활발히 전개되었다. 이러한 해체주의는 건축뿐만이 아니라 20세기 후반부 문화 예술의 여러 분야에서 다양한 양상으로 전개 확산되었다. 문학비평을 비롯하여 미술, 영화, 연극 그리고 건축, 심지어는 패션과 전쟁에 이르기까지 다양하다. 특히 1970년대부터 건축분야에서는 건축이란 무엇인가라는 근본적인 문제의식을 중심으로 기존의 건축사 자체를 재검토하려는 움직임이 일면서, 건축에 인문학 분야의 지식과 미학이론을 접목시키려는 경향들이 유행하기 시작하였다. 건축계에서 본격적으로 해체주의라는 말이 확산된 것은 1988년 영국의 테이트 갤러리에서 개최한 〈해체주의 건축〉 심포지엄으로부터 시작된다. 이 기획전시회는 1970년대부터 건축계에서 논쟁의 초점이 되어왔던 해체주의 경향을 정리하는 계기를 마련하는 것이었다. 이어 같은 해 뉴욕 현대미술관의 큐레이터 마크 위글리가 해체주의 미술가 세미나를 개최함으로써 해체주의는 더욱 확산된다.

건축에서의 해체적 경향에는 철학에서의 해체사상이 크게 영향을 끼쳤다. 해체주의는 후기구조주의 철학자 데리다에 의해 주창되었는데, 1966년 존스 홉킨스 대학에서 〈비평의 언어와 인문과학〉이라는 제목으로 열린 국제학술 심포지엄에서 그가 발표한 「인문학 담론에 있어서의 구조와 기호 그리고 유희」를 계기로 확산되었다. 해체주의는 무엇보다 서구문화 전반과 인식의 구조에 퍼져있는 이분법적 대립을 해체하는 것이었다. 그것은 절대적 진리를 중심으로 펼쳐진 형이상학적 세계관에 대한 비판이었다. 데리다를 필두로 하는 해체사상은 이처럼 서구적 전통에 대한 비판정신에서 비롯되어 모든 사유체계를 좀 더 근본적인 것으로부터 재출발시키고자 하는 것이었다. 이러한 해체적 비판논리는 1960년대 말부터 문화 예술 전반에 영향을 끼치며, 모더니즘 이후의 총체적이고 종합적인 거대논리로부터 벗어나 후기 정보산업사회의 변화되어 가는 문화 환경을 수용하는 논리를 제공하였다.

해체주의 건축에서는 모더니즘 건축이 내세웠던 이상과 신념에 대하여 의문을 제기하였다. 모더니즘 건축에서는 건축이 형태를 통하여 세계를 변화시킬 수 있다는 확신을 가지고 있었다. 모든 요소들을 통합하여 형태를 창조하고 그 형태는 명백한 의미를 가진다고 믿었다. 그리하여 주로 매끈하게 규격화된 표면을 강조하였는데, 이는 이러한 형태가 합리적 세계관을 표방하고 주도할 수 있다는 확신을 전제로 하는 것이었다. 이에 반하여 해체주의 건축에서는 이러한 형태에 대한 신념을 파기하는 것으로부터 출발한다. 해체주의 건축가 피터 아이젠만은 형태가 가지는 의미는 건축가가 의도한대로 확실한 것이 아님을 주장한다. 1980년대에 건축의 한 사조로서의 해체주의가 주로 형태의 변화에 역점을 두고 있는 것은 모더니즘의 형태에 대한 확신을 파기시키기 위한 것이었다. 그리하여 기존의 형태에 대한 변형, 조작 또는 뒤틀기를 통하여 유희적인 성격을 부각시켰고, 불연속적이고 단편화된 형태상의 변화가 강조되었다. 다이앤 기라도는 1980년대의 해체 건축에 대하여, "해체주의라는 이름으로 만들어진 건축은 형태적 수단을 통하여 파편화, 산종, 불연속성의 개념을 표현하고자 한

❙사진 1❙ 콥 힘멜블라우의 지붕 개조안

다"라고 진단한다. 이처럼 해체주의 건축은 형태에 구속받지 않고 자유롭게 표현하는데, 지붕의 표면을 변환시키고 회전시킨 비엔나의 콥 힘멜블라우 Coop Himmelblau의 지붕 개조안(비엔나, 1984-1989)의 경우는 이에 대한 좋은 예이다.

그런데 베르나르 츄미가 주장하는 해체는 1980년대 건축 잡지나 담론의 전개과정에서 유행하였던 해체주의와는 개념적인 차이를 가진다. 츄미의 경우는 형태의 파기에만 역점을 두는 것이 아니고, 건축에 대한 근본적인 개념을 문제삼으며 건축은 무엇이어야 하는가라는 좀 더 근본적이고 철학적인 문제제기로부터 출발한다. 그는 후기 정보산업사회의 시대적 현상에 대한 건축적 인식과 건축에 대한 새로운 개념을 제시하는 것에 관심을 가진다.

라 빌레트 공원의 해체미학

해체주의 건축가들 중에서도 데리다의 해체사상과 가장 밀접한 관계가 있는 건축가는 베르나르 츄미라고 할 수 있다. 츄미의 그런 해체주의적 건축관을 가장 잘 나타내고 있는 것이 라 빌레트 공원이다. 라 빌레트 공원은 건축적 관습에 의문을 제기하며, 전통적 규범에 의존하지 않고도 건축할 수 있다는 것을 입증하는 건축물이다. 데리다는 『프쉬케』에서 라 빌레트를 '사건의 건축'으로 명명하면서, "전통적 대립관계의 역전과 체계의 전반적인 이탈"을 수행하는 것으로 정의한다.

라 빌레트 공원은 '그랑 트라보'의 일환이다. '그랑 트라보'는 퐁피두 대통령으로부터 미테랑 대통령에 이르기까지 프랑스 정부가 도시환경을 재정비하고 파리의 문화 예술시설을 대규모로 늘리기 위하여 기획한 대규모 사업이다. 이 사업으로 퐁피두센터, 오르세 미술관, 아랍세계 연구소, 바스티유 오페라 하우스, 라데팡스 아르쉬, 루브르 박물관 피라미드, 재무성 건물, 국립도서관 등이 1970년대부터 1990년대에 걸쳐 건설되었다. 라 빌레트는 파리의 북서쪽에 위치한 도살장과 시장 부지로서(19세기 초 오스만 남작 때 계획되었다), 주로 북아프리카에서 온 이민노동자들이 밀집한 지역이었다. 정부는 이 같은 도시 외곽의 소외된 우범지역을 탈바꿈시키고자, 1킬로미터에 달하는 125에이커의 부지를 마련하여 2억 달러의 예산으로 15년(1982~1997)에 걸쳐 종합레저 복합단지로 조성하는 계획안을 세웠다.

┃사진 2┃ 라 빌레트 공원

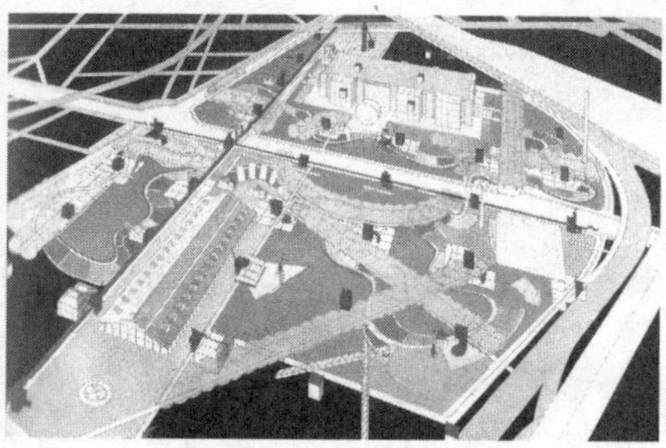

┃사진 3┃ 라 빌레트 공원

라 빌레트 공원은 자연공원으로서의 역할보다는 문화기획 공간으로서, 과학 공업 박물관에서부터 야외 공연장, 콘서트 홀, 전시장, 아트 갤러리 그리고 레스토랑, 카페, 오락시설에 이르기까지 멀티 프로그램을 수용하는 복합단지이다. 정부는 라 빌레트가 추구하고자 하는 '21세기 도시공원'의 설계를 위하여 국제 공모전을 열었다. 공모전에는 건축가를 비롯하여 공원 설계사, 아티스트들이 초빙되었고, 모든 프로그램을 총괄하는 수석 건축가에 베르나르 츄미를 선출하였다.

개념으로서의 건축

'21세기 도시공원'으로서의 라 빌레트 공원은 건축과 철학의 접목이 어떻게 실천되고 있는지를 잘 보여주는 예이다. 여기서 츄미는 건축이란 무엇인가에 대해 사유하면서, 건축에는 물질적인 축조에 앞서 개념이 우선되어야 한다고 인식한다. 그는 "우리의 출발점은 아이디어 또는 개념이다"라고 말하며, "건축은 철학이나 수학과 같은 지식의 한 형태"로 인식되어야 한다고 주장한다.

건축을 개념으로 이해한다는 것은 건축을 단순히 물질적인 것 또는 형태라는 것에 국한시키지 않는다는 것을 의미한다. 일반적으로 건축은 가장 물질적인 것이며, 굳건함과 견실함을 상징하는 것으로 인식되어 왔다. 이러한 물질적인 확실성은 근대과학의 토대로부터 나온 것이다. 그런데 20세기 초 상대성이론과 양자이론과 같은 불확정성의 원리들이 나오고, 20세기 후반 정보산업사회의 빠르게 변화하는 불확실한 시대적 상황 속에서 철학이나 사회과학, 경제학을 비롯한 여러 분야에서 불확정성에 근거한 이론들이 나오면서, 그러한 물질적인 것이 가지는 확실함은 의미를 잃게 되었다. 가장 확실한 것이나 물질적인 것이 불확실하고 추상적인 것으로 바뀌어가고 있는 오늘날의 시대 상황에 대해 츄미는 "세상은 계속해서 복잡하고 추상적인 체계가 증대하는 환경으로 되어가고 있다"고 분석한다. 츄미가 건축을 물질적인 형태에 앞서 개념이 우선되어야 한다고 보는 이유는 이와 같은 시대적 배경을 가진다.

건축을 개념의 전달매체로 생각한다는 것은 츄미에게만 국한된 것은 아니다. '그랑 트라보'의 일환인 아랍세계연구소를 설계한 장 누벨 Jean Nouvel 역시 건축을 개념이 창출해내는 것으로 본다. 그는 아랍연구소(1987)를 비롯하여 리용 오페라(1993), 카르티에 재단(1994), 갤러리 라파이에트(1999) 등을 설계하였고 건축대상 및 디자인 부문의 에게르 다르정상을 수상한 중견건축가이다. 장 누벨은 철학자 보드리야르와 함께 파리 라 빌레트 건축학교에서 '특이한 대상'이라는 제목으로 대담을 가졌다. 그가 계획한 라데

▌사진 4▐ 끝없는 타워

▌사진 5▐ 카리티에 재단

팡스의 마천루 프로젝트인 〈끝없는 타워〉에 대하여 그는 '하나의 개념'이라고 말한다.

건축에 있어서 개념을 우선적인 것으로 생각하는 그는 츄미와 마찬가지로 철학적 사유를 배경으로 가지며, 사회학자이자 철학자인 장 보드리야르와 건축과 철학이라는 주제로 교류한다. 보드리야르 또한 개념으로서의 건축을 강조하면서, "관념 속에서, 관념의 정신적 공간 속에서 건축의 개념을 발견해야 한다"라고 말한다. 장 누벨과 보드리야르는 모두 오늘날의 건축이 물질적 기초에 근거한 것이라기보다는 오히려 관념이나 개념에 의거하여 점점 '비물질화'되어간다고 본다. 이들은 "건축은 개념이 물질을 지배한다고 확신하는 건축가에 의해 착상된 형태이며 포괄적 집합이다"라는 정의에 의견을 같이 하면서, "건축가는 재료를 다루지 않고서도 건물의 형태를 착상할 수 있는 사람이다"라고 말한다.

츄미가 말하는 개념이 철학에서의 해체사상과 밀접한 관계가 있다면, 장 누벨이 말하는 개념은 가상의 개념과 관계가 있다. 건축가가 건축을 하는 것은 물질적인 것으로부터 출발하는 것이 아니고 아직 실현되지 않는 공간을 예상하는 것이다. 마치 영화 감독과 같이 앞으로 나타날 공간을 예상하고 작업을 한다는 것이다. 그런 맥락에서 "건축은 항수와 극단적 예상의 혼합"이 된다. 장 누벨은 보이는 것과 보이지 않는 것의 개념을 통해서 건축에 접근하면서, 보이는 것과 보이지 않는 것 사이에서 감각에 착각을 일으키게 하는 건축적 조작을 실행하기도 한다. 예를 들어 카르티에 재단의 건축에서는 실상과 허상이 교묘하게 뒤섞인

공간을 창출해낸다. 이렇듯 가장 구체적이고 물질적이며 가시적인 형태를 대변한다고 여겨져 왔던 건축을 비물질적인 것 또는 개념적인 것으로 파악하는 경향은 지난 2, 30년간 건축계의 가장 큰 변화 중의 하나라고 할 수 있다. 그런데 이러한 경향은 1970년대의 문화예술의 대표적인 특징이라고 할 수 있다. 1970년대에는 개념적인 예술이 중요하게 대두되었던 시기이다. 퍼스널 컴퓨터의 보급으로 전자적 환경이 조성되면서 공간과 이미지가 밀접한 관계를 가지게 된다. 전자적 이미지를 다루는 비디오 아티스트나 설치예술가들은 어떤 의미에서 건축가와 동일한 공간개념을 가진다. 건축이 단순히 공간과 형태에 관한 것이 아니고 공간 속에서 일어나는 이벤트나 행위를 예상하는 것과 같이, 개념예술의 예술가들은 가상공간을 예상하는 개념으로부터 출발한다.

츄미나 누벨에서 볼 수 있는 것과 같이, 건축을 개념으로 사유한다는 것은 건축이 철학과 접목될 수 있는 시발점이 된다. 츄미는 건축이 무엇인가에 대해 사유하기 위해서는 건축 이외의 철학이나 문학 등의 분야와 연결되어야 한다고 본다("건축적 논쟁의 핵심을 견지하기 위해서는 그러한 타 분야와의 연계가 필요한 것이 사실이다"). 건축은 자신 이외의 문화나 경제, 정치 등과 같은 다른 분야와 다양한 영향을 주고받기 때문에, 타 분야와의 혼성적인 사유를 할 필요가 있다는 것이다. 츄미는 라빌레트 공원 공모전에서 자신의 건축적 방법론에 대해 "이 계획안의 관심은 철학, 예술 그리고 문학의 최근 발전에 영향을 받아 공원이 하나의 강력한 개념적 틀을 제시하고 동시에 다수의 조합과 대체를 암시하는 데 있다"라고 설명한다.

건축과 철학의 진정한 접목을 위하여, 츄미는 라 빌레트 건설 과정에 1985년 데리다를 초청하였고, 데리다는 이를 받아들였다. 이들의 만남으로 건축과 철학의 안과 밖에서 활발한 토론이 진행되면서, 학술대회, 전시회, 토론, 신문지면을 통한 서신교환, 인터뷰, 건축비평, 건축 프로젝트, 다학제간 협력계획 등 수많은 상호교류들이 이루어졌다. 이러한 교류들 속에서 건축가와 철학가들은 영역들의 유사점과 새로운 점을 발견하는 계기를 가졌다. 이러한 혼성은 데리다 해체주의의 중요한 특징이기도 하다. 데리다는 해체적 사유를 함에 있어서 철학 안에서 머무르지 않고 철학이나 문학 또는 다른 예술 장르와의 경계에서 작업을 함으로써 서로 상이한 영역들의 접목 또는 혼성을 그의 작업의 중요한 근간으로 한다.

폴리의 해체적 구조

120에이커에 달하는 라 빌레트 공원에는 빨간 철골 구조물들이 규칙적으로 늘어서 있다. 이 빨간 구조물들은 라 빌레트를 특징짓는 상징으로서, 폴리라고 불린다. 공원에는 모두 41개의 폴리들이 있는데, 이 폴리들은 라 빌레트 공원을 이해하는 중요한 열쇠가 되는 동시에 츄미의 해체주의 건축을 이해하는 좋은 예를 제공한다.

폴리는 프랑스어로서 광기나 넌센스, 무절제, 조그만 시골집 등의 의미를 지니고 있다. 폴리는 이런 여러 의미들을 가진 보통명사이기도 하지만, 라 빌레트 공원에서는 단위구조물들을 지칭하는 고유명사이기도 하다. 폴리는 라 빌레트에 있어서 츄미의 건축임을 입증하는 서명과 같은 것이라 할 수 있다. 라 빌레트의 폴리는 단어가 의미하는 바와 같이 건축에서의 광기와 넌센스를 의미한다. 푸코가 『광기의 역사』에서 광기가 사회의 어두운 면으로 치부되어 배제되어 왔다고 말한 것처럼, 츄미는 건축의 영역에서 제외시켰던 것, 즉 불합리한 것이나 예상 밖의 것, 정상에서 일탈한 상황을 건축의 영역에 끌어들이는 시도를 폴리를 통하여 실행한다. 폴리는 건축에서의 "형상화된 광기"라고 할 수 있다.

폴리는 점, 선, 면이라는 세 가지 기본 컨셉을 가진다. 폴리는 점으로만 구성된 경우도 있고, 점과 선으로 되어있기도 하고, 점·선·면으로 구성될 수도 있다. 점 그리드(point-grid)는 10m×10m ×10m 입방체로서 공원 안에 120m 간격으로 반복하여 설치되어 있다. 그런데 이 입방체들은 특별한 프로그램이 있을 때에는 변형되어 설치될 수 있다. 폴리들은 이처럼 빨간 색의 입방체들로 규칙적으로 반복되어 설치되어 있기 때문에, 다른 건축물들과 쉽게 구별이 되게 하며, 또한 방향을 찾을 수 있는 기준점이 되게도 한다. 선 체계로 된 폴리들의 경우, 선들

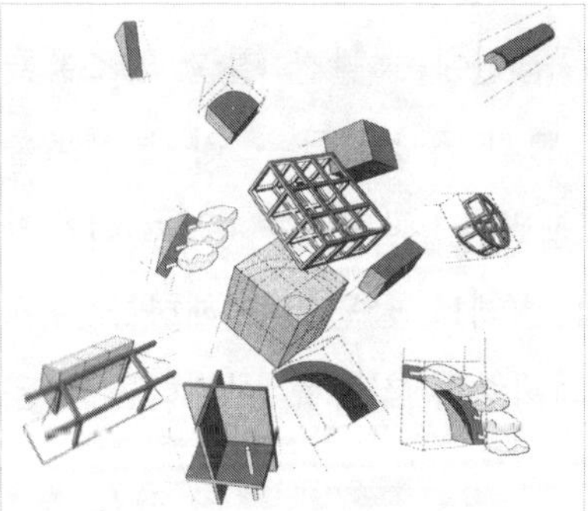

▌사진 6▌ 점, 선, 면으로 된 폴리

은 십자 모양으로 그어져 있는 연결 구조를 가진다. 무엇보다 이 선들은 두 지하철 사이에 위치해있는 라 빌레트 공원을 동서로 연결시키는 역할을 한다. 그리고 남북을 연결하는 통로를 표시하기도 한다. 이 연결통로는 5m 넓이의 오픈형태인데, 이 연결통로의 주변에는 이용 빈도가 높은 폴리들을 위치시킨다. 예를 들어 뮤직시티라든가 카페, 식당, 어린이 놀이동산, 응급센터 등의 폴리들이다. 선들은 다른 연결통로와도 연결이 되어 있어서 가끔은 전혀 예상치 못한 풍경과도 만나게 해준다. 면의 체계를 가진 폴리의 경우는 주로 대형모임과 관련된 프로그램을 수행한다. 스포츠나 게임, 대형 오락프로, 마켓, 야외극장 등이 이 체계에 속한다.

그런데 이 점, 선, 면의 체계들은 통합적으로 일관된 체계들이 아니고, 경우에 따라 언제나 변경이 가능하며, 서로를 통합시키는 대신에 서로를 왜곡시키고 상호 충돌하도록 중첩이 되어 있는 경우가 많다. 예를 들면 길들이 구조물을 가로지른다든가 경사로와 계단이 끊어져 있는 것 등이 라 빌레트 공원의 경우에는 낯선 풍경이 아니다.

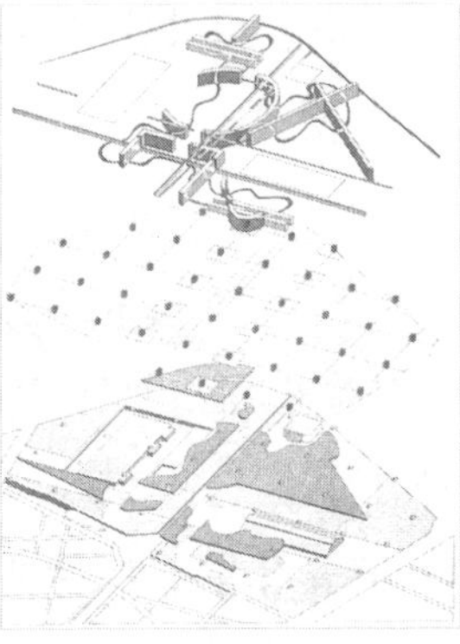

▌사진 7▌ 해체된 폴리

폴리의 세 가지 체계들은 각각 상호 독립적이며, 자율적이다. 동시에 서로 중첩되기도 하지만 전체에 통합되는 하나의 통일성 있는 구조를 가지지는 않는다. 이 체계들은 오히려 전체적인 통합을 거부하면서, 라 빌레트를 통합이 아닌 탈통합의 건축물로 만든다. 폴리들은 상호 독립적이고 자율적이기 때문에, 언제라도 분리될 수 있고, 또 다른 폴리들과 결합할 수도 있고 대체될 수도 있다. 또한 경우에 따라서는 자신의 다른 부분들과 결합하거나 대체될 수도 있다. 요컨대 폴리의 붉은 점들은 분열된 공간을 상징한다. 이처럼 폴리는 라 빌레트를 하나의 통합적인 구조물로 만드는 대신, 불연속적이고 산발적인 결합체로 만든다. 그러나 탈통합적인 라 빌레트 공원을 존속시키는 공통분모가 바로 폴리이기도 하다. 폴리들은 공원의 프로그램으로 발생하는 모든 이벤트의 공통분모인 동시에 라 빌레트 전체의 불변적인 기준점이다.

탈중심성

츄미는 폴리의 불연속적이고 분열적인 특징을 오늘날 현대도시의 모습을 담아낸 것으로 설명한다. 오늘날 도시들은 단일하고 통합된 이미지 대신에 분열되고 파편화된 여러 다양한 기능들로 움직이고 있기 때문에, 도시 안에는 여러 경계들이 존재하고 또 그 경계들은 해체적이고 모호하다는 것이다.

이러한 특징을 가진 폴리들은 츄미의 해체적 전략 도구이다. 폴리들은 무엇보다 탈중심적이다. 폴리들은 전체의 통합적인 프로그램에 예속되지 않으며, 불연속적이고 파편적인 단편으로 기능한다. 그리고 각 단편들은 확정되어 있거나 규정적이지 않기 때문에 언제라도 재조립될 수 있다. 이러한 재조립, 재조합의 가능성들로 인하여 폴리들은 항상 변형될 수 있는 관계를 전제로 한다. 폴리의 점 그리드가 일차적으로 라 빌레트라는 공간을 나누고 분리시키는 역할을 한다면, 이처럼 나눠지고 분리된 세계는 언제나 재구축될 수 있는 새로운 투자 장소가 된다는 것이다. 폴리가 건축의 광기라면 그것은 분열된 단편들이 예측 불가능한 새로운 재조합의 가능성을 가지고 있기 때문이다. 츄미는 "건축에 있어서 해체는 어떤 부분도 어느 시점에서 통합 또는 자족적 전체성을 형성할 수 없음을 의미한다. 각 부분은 다른 부분의 원인이 되며, 모든 구조는 불안정하고 다른 구조의 흔적으로 이루어진다"라고 말한다.

폴리들은 하나의 중심 즉 전체에 예속된 통일성을 가지고 있지 않기 때문에 언제나 다른 것으로 대체될 수 있다. 그리고 이러한 대체를 통하여 새롭고 예상치 못한 관계를 창출해낼 수 있다. 중심이 부재하는 비결정성으로 인하여, 폴리의 광기는 언제나 예상치 못한 요행과 만날 수 있는 가능성을 지니게 된다. 츄미는 폴리들이 다른 요소들로 대체될 수 있고 전이될 수 있는 성질을 주사위 던지기의 요행에 비유하기도 한다. 말라르메의 텍스트가 언어의 주사위 던지기로 탄생하는 것과 같이, 빨간색 입방체인 폴리들은 건축의 '주사위'와도 같다. 우리에게 위험을 안겨줄 수도 있지만 반면에 행운을 안겨다 줄 수도 있는 가능성의 상징인 것이다. 그것은 언어에 있어서 고유명사조차도 요행적이고 자의적인 것으로 보는 데리다의 언어관과도 공통점을 가진다.

불일치

라 빌레트 공원의 폴리들의 또 다른 중요한 특징 중의 하나는 건축과 프로그램사이의 인과관계가 존재하지 않는다는 것이다. 츄미는 건축을 공간과 이벤트 그리고 운동이 작용하여 만들어지는 것으로 본다. 그런데 라 빌레트의 폴리들은 실제 지어진 건축과 그 건축이 수행하는 프로그램과의 일치를 거부한다. 마치 공연에서 배우와 배역이 일치되지 않은 채 거리를 두는 것과 같이, 건축물과 용도는 일치되지 않는다. 프로그램이 이야기라고 할 때, 라 빌레트는 '훼손된 이야기' 또는 '훼손된 프로그램'이라고 할 수 있다. 요컨대 폴리의 구조물들은 모두 용도와 무관하게 존재할 수 있다. 그 결과 교회의 건물에서 볼링시합을 할 수 있고, 천문관에서 롤러스케이트를 탈 수도 있다. 그리고 레스토랑으로 쓰이던 것이 학술회의장으로 바뀔 수 있고, 영화관이 경우에 따라서는 어린이 놀이공간으로 탈바꿈 할 수도 있다.

▌사진 8▐ 재즈클럽 폴리

가변성

건축과 프로그램 사이의 인과관계가 존재하지 않는 라 빌레트 공원은 프로그램이나 기능, 용도, 이벤트가 항상 가변적이다. 모든 프로그램의 결정은 언제나 유보적이다. 다시 말해서 공간과 그 공간의 용도는 언제나 고정되지 않은 채 불확실하다. 그것은 상호보충적일 수도 있고 상호배타적일 수도 있다. 예를 들어 처음에는 원예센터로 계획되었던 것이 콘크리트 구조가 완성될 무렵에는 레스토랑으로 되기도 하고, 다음에는 어린이들이 그림이나 조각을 할 수 있는 공간으로 바뀌기도 하였다. 그리고 레스토랑이 정원관리시설로 바뀌기도 한다. 요컨대 폴리들의 본질은 변형적인 관계이고, 그 변형적 관계는 언제나 복합적인 과정을 전제로 한다.

츄미는 이런 변형관계를 생성해내는데 있어서 문학에서 사용하는 방법을 차용하기도 한다. 그 대표적인 예가 울리포(Oulipo)가 사용한 방법의 도용이다. 〈뉴미디어와 문학〉의 Oulipo(p. 243)부분 참조) 사전적 치환인 'e +7'가 그 한 예이다. 이 방법론은 텍스트의 한 어휘가 사전에서 그 어휘 다음 7번째 위치에 해당하는 어휘로 대체되는 것을 말한다. 이와 같은 방법으로 라 빌레트 공원에서는 10m×10m×10m의 정육면체 폴리가 그 뒤 7번째 폴리와 대체된다.

본질적인 모순성

공간과 용도가 일치하지 않고 가변적이라는 것은 건축이 불안정하며 변화한다는 것을 의미한다. 그런데 이것은 지난 3천 년간의 건축의 이데올로기 즉 안정성이나 확고함 또는 실체성을 해체시키는 것이다. 건축의 공간과 용도를 이처럼 분리시켜서 대립적인 것으로 본다는 것은 츄미의 해체건축의 핵심이다. 츄미는 건축을 본질적으로 해체적이고 분리적인 것으로 본다. 그는 공간과 그 공간을 경험하는 행위를 분리시킨다.

츄미는 공간과 운동, 이벤트가 일치되지 않은 채 서로 분리되고 해체되는 양상을 'De, Dis, Ex' 시리즈를 통하여 보여준다. 이 접두사들은 "중심에서 벗어난 ex-centric, 붕괴된 dis-integrated, 분리된 dis-locate, 이접의 dis-juncted, 해체된 deconstructed, 분해된 dismantled, 분리된 dissociated, 불연속적인 discontinuous, 탈규범의 deregulated" 등과 같은 해체의 개념들을 대변한다. 이 시리즈의 시작이 되고 있는 것이 〈맨하탄 트랜스스크립트〉(1976–1981)이다. 〈맨하탄 트랜스스크립트〉는 네 개의 에피소드로 이루어져있다. 첫 번째 이야기는 살인, 두 번째는 살인이 얽힌 연애, 세 번째는 도망, 네 번째 역시 도망이라는 에피소드인데, 츄미는 여기서 "건축을 탈구축하기 위하여" 사건으로서의 에피소드를 건축의 모티브로 삼는다. 이 작품에서 츄미는 건물의 존재와 의

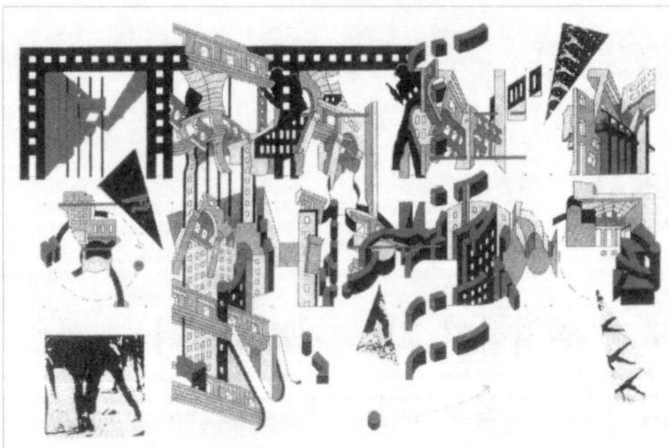

▌사진 9▌맨하탄 트랜스스크립트

미, 공간과 운동, 대상과 이벤트가 서로 일치되지 않은 채 분열 상태로 공존하도록 함으로써, 건축의 전통적인 구성요소들이 와해되고 상치되는 모습을 보여준다.

〈조이스의 정원〉(1976-1977) 역시 이러한 해체주의적 경향을 보여주는 프로젝트이다. 〈조이스의 정원〉은 제임스 조이스의 『피네건의 경야』를 재구성하여 런던의 코벤트 가든에 학생들의 12개의 작품을 전시한 것이다. 이 작품은 해체가 어떻게 문학텍스트를 건축프로그램으로 실행하고 있는지를 보여준다. 여기서 츄미는 문학을 건축적 프로그램으로 보고, 건축을 문학적 텍스트로 본다. 그런데 문학을 건축에 융합시키거나 통합시키는 것이 아니라, 오히려 서로 다른 영역을 그대로 방치시킴으로써, 문학과 건축이 서로 상이한 텍스트로 균형을 이루지 않은 채 상반

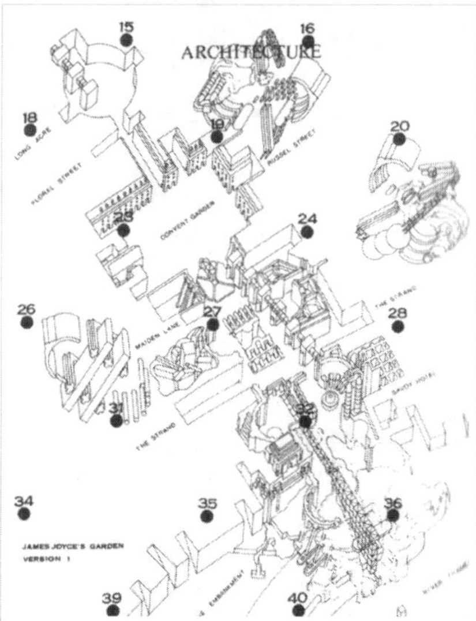

▌사진 10▐ 조이스의 정원

된 논리로 작용토록 한다.

중첩

츄미는 고정되지 않은 채 언제나 다른 것과 대체될 수 있는 폴리의 이중적 특징을 설명하기 위하여 중첩이라는 용어를 사용한다. '중첩'은 불어로 동일한 표면 위에 두 개 이상의 영상이 겹쳐서 인화되는 사진촬영 기술을 뜻하는데, 데리다가 텍스트의 이중성을 말하기 위하여 사용하기도 하는 용어이다. 이중성은 데리다의 해체를 이해하는데 있어서 가장 중요한 개념이면서도 정의를 내리기가 가장 힘든 것 중의 하나라고 할 수 있다. 데리다는 이중성을 설명하기 위해서 중첩 이외에도 '이중밴드', '이중테이프', '이중녹음테이프', '이중회합', '이중무대'와 같은 용어를 사용한다. 데리다에게 있어서 이중성은 고유성을 해체하는 전략적 무기이다. 다시 말해 고유성은 이중밴드와 같이, 언제나 다른 것과의 관계 속에서 이중적으로 작용하며 변화하기 때문에 고유할 수 없다는 것이다. 폴리의 체계들이 중첩될 수 있고 이중적이라는 것은 곧 건축물의 고유성을 해체하는 것이라 할 수 있다.

의미론의 해체

탈중심적인 폴리의 또 다른 특징은 고정된 하나의 의미를 부여할 수 없다는 것이다. 폴리는 언제라도 분리될 수 있고 다른 것과 결합하거나 대체될 수 있기 때문이다. 데리다는 이처럼 본질적으로 고정된 자기 정체성을 배제하고 있는 폴리를 가리켜 '폴리의 비의미'로 해석한다. 그리고 단일한 의미를 가질 수 없는 폴리는 일종의 "의미의 가장자리에서 분열된 선"이 된다. 그런데 이처럼 츄미의 건축이 지향하고 있는 의미론의 해체는 건축의 역사나 전통이 축조시켜온 것에 대한 거부라고 할 수 있다. 오늘날 건축이 부여하는 의미는 건축 본래의 근본적인 것이 아니라, 역사적으로 축조되어 왔다는 것이다. 데리다 역시 츄미의 해체건축을 논하면서 건축의 근본적인 개념이 역사적으로 축조되었음을 지적한다.

건축이 역사적으로 끊임없이 축조시켜온 것은 바로 건축에서의 의미이다. 건축이 건축 그 자체로서 기능하는 것이 아니라, 건축이 언제나 다른 것과의 관계 속에서 의미를 가지고 또 그것을 나타내야만 한다는 것이다. 그런데 건축이 의미를 가져야 한다는 것은 곧 건축을 초월론적인 목적론으로 이끄는 결과를 가져왔다. 단순한 존재의 집이나 장소가 아니라, 언제나 무엇에 대한, 무엇을 위한 서비스의 개념 즉 윤리적, 정치적, 종교적 목적론과 결부되어 왔고, 건축은 그러한 목적론으로 인하여 오염되었다고 할 수 있겠다. 따라서 해체가 겨냥하고 있는 것은 건축에 의미를 부여했던 것 즉 역사적으로 축조시켜온 초월론적인 의미론으로서, 건축을 재구축하기 위해서 건축적 기준들을 해체한다.

츄미가 라 빌레트를 통하여 해체하고자 한 것은 건축의 근본적인 개념에 대하여 역사적으로 축조시켜 온 유산 또는 위계질서이다. 그리고 폴리는 그러한 의미론을 해체시키고 있는 실행체들이다. 어떤 의미에서, 건축이 역사적으로 축조시켜온 전통으로부터 탈피하는 츄미의 건축은 역사적인 유래를 찾을 수 없는 모델 즉 '최초의 이미지' 또는 '시작점이 없는 이미지'가 된다.

건축의 의미론을 해체시키고 있는 츄미의 해체주의는 데리다의 해체주의와 공통된 뿌리를 가진다. 데리다의 해체사상은 하나의 중심을 지향하는 모든 일원주의적 사고방식을 파기하는 것을 골자로 한다. 그것은 이분법적 사고유형의 전통을 가진 서구의 형이상학을 해체하는 것이다. 데리다는 이러한 전통을 파기시키기 위해서 일원주의적 중심을 상징하는 고유성의 해체에 주된 관심을 갖는다. 모든 현상의 의미론적 시작이 되고 있는 고유성이라는 것이 어떠한 분열도 있을 수 없는 자기동일성 또는 자기 현존성을 가진 고정불변의 진리가 아니라, 이미 이질적인 타자성 속에서 지연되고 불연속적인 속성을 가진다는 것이다. 데리다에게 있어서 고유한 것은 결정할 수 없고 애매모호한 것이다. 고유성에 대한 해체는 특히 텍스트 이론에서 부각된다. 텍스트의 의미는 고정되어 있지 않고 불안정하며 컨텍스트에 따라 언제나 달라질 수 있다. 츄미가 건축에서의 고정된 의미관계를 파기하는 것도 이러한 맥락에서이다. 건축에서의 의미관계란 공간과 그에 대한 용도의 관계를 말한다. 해체론적 관점에서 언어의 의미관계가 기표와 기의의 1:1의 대응관계가 아니라 하나의 기표가 다른 기표들과 무한하게 작용하여 많은 의미관계를 생성해내는 것과 같이, 폴리의 각 체계들은 공간과 용도 사이의 고정된 의미관계를 떠나 많은 가변적인 용도를 생성해낼 수 있다는 것이다.

데리다의 해체주의는 문학작품에 있어서 절대적으로 고유하다고 간주되어 왔던 저자와 작품의 의미를 해체시키고 있는데, 같은 맥락에서 츄미는 라 빌레트 공원에서 건축의 중심적인 고유성 즉 건축물의 기념비적 의미나 건축가의 개념을 파기한다. 라 빌레트의 폴리들은 하나의 체계는 언제나 다른 체계에 의해 중첩이 되거나 다른 체계로 대체될 수 있는 구조를 가지는데, 이때 건축에서는 전통적 의미에서와 같이 단일하게 내세울 수 있는 일관된 저자의 개념이 사라지게 된다. 다시 말해 하나의 고정된 고유체계라는 것이 부재하기 때문에 저자가 없는 것이다. 츄미는 "왜 아직도 건축가들은 기념비적 작품에 대해 이야기해야만 하는가? 기념비적 작품은 이제 보이지 않는다"라고 말한다. 라 빌레트 공원의 공모전에는 다른 분야의 여러 전문가가 공동으로 참여할 수 있는 가능성을 열어두었다. 라 빌레트 공원이 15년에 걸쳐서 건설되는 가운데 정권이 여러 번 바뀌었음에도 공사가 일관성 있게 진행될 수 있었던 것은 건축을 고정된 고유체계로 인식하지 않았기 때문이었다. 그 결과 라 빌레트 공원의 건설은 정부나 행정기관의 정치논리가 변하거나 예산에 있어 우선순위가 바뀌어도 진행될 수 있었다.

라 빌레트 공원 건설을 계기로 한 츄미와 데리다의 공동 작업은 서로의 영역에 많은 변화를 가져왔다. 그런데 이처럼 해체사상을 중심으로 건축과 철학이 만나고 있는 것은 우연이 아니라고 할 수 있다. 왜냐하면 해체사상 자체가 서구 역사의 전통의 중심에 있는 것을 해체시키면서 틀에 박힌 자신의 사유영역을 탈피하고자 하는 것이고, 그러기 위해서 자신 이외의 다른 텍스트들과의 교류를 기본골자로 하는 것이기 때문이다. 츄미가 건축의 근본적인 개념에 대해 사유하면서 건축이 아닌 다른 분야에서 해결책을 찾고 있는 것 역시 이런 맥락에서일 것이다.

그러나 해체를 중심으로 하는 경계에서의 작업은 각각의 분야를 서로에 대한 대안으로서가 아니라 서로를 작용시키는 관계망을 구축하는 것이라 할 수 있다. 그것은 철학 텍스트와 건축 텍스트 사이의 단순한 번역 또는 재해석에 그치는 것이 아니라, 서로에게 영향을 미치고 자신들을 다시 생각하게 하는 계기를 마련해준다. 츄미가 철학을 비롯한 다른 분야의 개념을 차용하는 것에는 단순히 건축 안에서 재해석을 하기 위한 차용에 그치는 것이 아니라, 건축적인 사유가 역으로 철학을 비롯한 다른 분야에 영향을 미칠 수도 있다는 전제가 있다.

제 3 부

하이브리드 미학 속으로

문학을 비롯한 예술의 각 장르들은 시대적 환경과 밀접한 관계가 있다. 그리고 각 시대에 따른 매체의 변화에 민감하게 반응한다. 20세기 초 아방가르드 운동을 비롯하여 예술의 전통을 쇄신하고 새로운 개념을 도입하려는 움직임에는 매체가 중요한 역할을 했다. 〈하이브리드 미학 속으로〉는 문학과 영화, 연극 등을 비롯한 예술의 각 장르들이 매체와 어떠한 관계를 가지며 어떠한 양상으로 변화해왔는지를 조명하는 글들로 구성되어 있다.

〈뉴미디어와 문학〉에서는 1960년대를 전후한 문학적 혁신이 매체와 어떠한 연관을 가지며 문학의 형식과 개념을 어떻게 변화시키고 있는지를 살펴본다. 전자매체가 등장함으로써 문학에서는 저자와 독자의 관계 변화, 독서 양식의 변화, 저자의 위상, 비선형적 글쓰기 등 그 근본적인 개념에 많은 변화가 일어난다.

시대적 환경과 매체의 변화에 따라 이미지는 역사적으로 많은 변화를 겪게 되는데, 특히 디지털 시대에 있어서 이미지는 그 어느 때보다 더욱 그러하다. 〈탈장르와 장르의 하이브리드〉에서는 영화 〈시몬〉을 통하여 시뮬라크르 시대의 미학을 조명한다. 매체는 예술의 각 장르들을 그 고유한 영역을 넘어서 다른 장르와 접목시키는 촉매제라고 할 수 있다. 1960년대를 전후한 플럭서스 운동은 장르들 사이의 구분이 없어지면서 서로가 접목되고 탈장르화 되는 인터미디어 개념을 근간으로 하였다. 음악, 회화, 연극, 영화, 비디오아트 등을 통합시키는 플럭서스 정신은 백남준 비디오아트의 핵심이기도 하며, 오늘날의 탈장르적이고 통합적인 미디어아트의 전신이라고도 할 수 있다.

인터미디어의 개념이 도입되면서 새로운 매체와 테크놀로지를 받아들이는 것은 연극에서도 예외가 아니다. 19세기 후반부터 이러한 변화에 많은 관심을 가졌던 연극이 본격적으로 다양한 매체를 활용하게 된 것은 1970년대, 1980년대에 이르러서인데, 이때부터 연극은 회화를 비롯한 사진, 비디오, 만화, 회화 등 다양한 매체를 활용하게 된다. 〈멀티미디어 연극〉은 연극 무대에 새로운 테크놀로지가 어떻게 수용되고 있는지를 살펴보는 장이다. 이를 위하여 연극 〈손님〉을 분석한다. 이 연극은 프랑스 "이미지 시간 페스티벌"에서 선보인 것으로 파솔리니의 〈명제〉를 각색한 작품이다.

1
뉴미디어와 문학

일반적으로 문학을 떠올릴 때, 인쇄매체가 아닌 다른 매체와의 연관성을 생각하기 힘들다. 그러나 20세기 문학의 역사는 문학이 예술의 어떤 장르들 못지않게 새로운 매체에 민감했으며, 자신 이외의 다른 매체와의 융합을 활발히 모색하였다는 점을 보여주었다.

매체는 시대와 문화에 결정적인 영향을 미친다. 레지스 드브레는 각 시대는 그 시대를 특징짓는 매체를 가지며, 그 매체는 예술의 형태를 결정짓는 데 중요한 역할을 한다고 지적한다. 그는 『이미지의 삶과 죽음』에서 "가장 높이 평가된 문학적 형식들의 연쇄는 매체론적 진화론의 또 다른 사례들을 제시한다. 거기에서는 최상의 형식이 매체계가 선별한 적자생존에 따라 하나씩 제거된다. 그렇기 때문에 하나의 문학적 형식을 물질적 전달 상태와 연결 짓는 것이 항상 유용한 것이다. 프랑스에서 마담 세비네가 마르셀 주앙도에게 보낸 서한문학은 우편과 더불어 태어나 전화와 함께 사라졌다. 으젠 쉬에서 시므농에 이르는 신문연재소설은 일간지와 함께 탄생해서 윤전기와 결혼하고, 또 시청각적 이미지 때문에 곤경에 처해있다. 그 뒤를 이어 알베르 롱도에서부터 케셀과 사르트르를 거쳐 로제 바이앙에 이르는 대탐방은 무선 전신기와 함께 태어나 보도사진과 결혼한 뒤 위성 중계 방송이 나오면서 죽어가고 있다"고 말한다.

이처럼 문학은 시대적인 상황이나 환경과 밀접한 관계를 가지고 있어서, 한 시대의 새로운 매체는 문학의 형태에 큰 영향을 미친다. 문학에서의 실험적인 시도들과 매체와의 관계는 문학의 개념이나 텍스트의 개념이 어떻게 변화되었으며 저자나 독자의 역할 또한 어떻게 변화되었는지를 잘 조명해준다. 이 장에서는 문학의 장르가 어떻게 새로운 매체들을 수용하였는지에 대한 예들을 살펴보고자 한다(프랑스 현대시에 국한하기로 한다).

1960년대의 문학적 혁신

새로운 시학을 위하여 실험성 있는 작품들을 시도하는 움직임은 다다이즘과 초현실주의로부터 1940년대로 거슬러 올라갈 수 있다. 그러나 문학 자체에 대한 개념이 바뀌고 본격적인 현대성이 실천된 것은 1960년대라고 할 수 있다. 1960년대는 전통적인 속박으로부터 벗어나 시의 표현방법에 대한 다양한 시도들이 모색된 시기였다. 그러한 1960년대는 프랑스에 있어서 시뿐만이 아니라 사회나 문화 전반에 걸쳐 많은 변화가 일어난 아주 중요한 시기이다. 인문학 분야에서는 구조주의 운동이 왕성한 시기였고, 소설 분야에서는 누보로망이 그리고 영화에서는 누벨바그가 새롭게 대두되고 있었다. 그리고 사회 전반에 걸쳐 일대 의식적인 변혁을 일으킨 68운동이 일어났다. 누보로망은 이제까지의 전통적인 소설기법으로부터 벗어나 새로운 방향을 모색하는 시도였다. 그러한 모색은 주로 소설 자체에 대한 연구로서 소설 속에서 소설을 말하거나 소설 이전 단계들을 소재로 삼아 소설의 새로운 방향을 모색하는 시도였다. 그리고 누벨바그 역시 영화의 탄생 이래 문학이나 그 밖의 장르에 의존해 오던 것으로부터 벗어나 영화 자체에 대한 문제의식을 가지면서, 기존의 영화기법을 거부했다. 영화감독들은 영화에 대한 그들의 비평의식을 영화의 소재로 삼아 영화 속에서 영화를 말하고, 영화 제작의 이면들을 드러내 보이기도 한다. 이러한 일련의 움직임들과 함께 1960년대에는 예술 전반에 걸쳐 작품에 대한 개념이 바뀌고, 장르들 사이의 경계가 허물어지게 되었으며, 이와 함께 작품의 완성에 있어서 독자의 참여가 강조되면서 상대적으로 저자와 작품이 가졌던 절대성의 기반이 흔들리게 되었다.

시 분야에서도 예외는 아니었다. 무엇보다 시 또는 문학이란 무엇인가라는 자기 성찰적인 비평의식과 함께 위에 언급한 예술에서의 변화들이 작품에 투영되었다. 이같은 1960년대의 시의 변화에서 가장 중요한 것 중의 하나는 시어 자체에 대한 관심이었다. 그러한 변화에는 구조주의 운동의 영향이 컸다. 구조주의 운동은 인문학 분야에서의 방법적인 변혁을 가져온 운동으로서 텍스트 외적인 요소보다는 텍스트를 구성하고 있는 언어 기호에 대한 과학적이고 조직적인 연구방법을 내세웠고, 이러한 텍스트 자체에 대한 관심은 학자들뿐만이 아니라 문인들에게도 많은 영향을 끼쳤다. 당시 좌익파의 젊은 지식인들에 의해 활발히 전개되었던 구조주의의 활동은 특히 『텔켈』이라는 잡지를 통해 이루어졌는데, 『텔켈』을 언급하지 않고서는 1960년대의 문학 활동을 논할 수 없을 정도로 『텔켈』의 역할은 중요했다. 필립 솔레르스나 드니 로쉬 등을 필두로 한 『텔켈』에서는 당시 구조주의의 중심 학자들과 함께 새로운 개념의 문학을 실천하는 문인들의 글을 실었다.

구조주의에 이어 1960년대 말, 1970년대 초 후기 구조주의의 비평이론은 이제까지와는 다른 텍스트이론과 기호의 개념을 제시했다. 후기 구조주의의 주된 관심은 문학 텍스트에 있어서 과연 절대성을 내세울 수 있는 것인가라는 문제였다. 작품이란 절대적인 완결성을 내세울 수 있는 것인가, 또는 저자가 자신의 작품에 대하여 절대적 권리를 주장할 수 있는 것인가, 그리고 독자는 저자가 제시한 의미를 수동적으로 수용하는 수용자에 불과한 것인가, 저자는 자신이 의도한 의미를 확실하게 생산하여 전달할 수 있는 것인가라는 일련의 문제제기를 통하여, 문학 텍스트에서의 절대성을 보장하는 장치들을 해체하였다. 작품이 총체적인 완결성을 가질 수 있는 것인가라는 점(완성된 최종본만이 작품의 전부일 수 있는가 또는 작품이 일관되게 내세울 수 있는 총체성을 가지는 것인가 그리고 불변의 의미를 가질 수 있는가라는 일련의 문제들)을 문제화하여 글쓰기에서 보여준 시인으로는 프랑시스 퐁주를 손꼽을 수 있다. 퐁주는 2차 대전 이후 작품의 전통적인 개념을 파기하였다. 그는 작품을 최종의 완성된 형태로서가 아니라, 진행되는 과정으로 보았다. 그 결과 그의 작품집에는 작품이 제작되는 과정의 모든 것, 예를 들어 시인이 노심초사하고 망설인 흔적을 담은 초고들, 메모 쪽지들, 서신들, 시인의 단상들, 시인이 참고로 하고 있는 그림, 사전에서 찾은 낱말들에 대한 정의, 전날 쓴 것에 대한 수정, 또 그 수정에 대한 재고 등 작품 제작의 모든 과정이 수록되고, 작품은 그렇게 완성되지 않은 채 끝난다. 또 퐁주는 글쓰기의 과정에서 끊임없이 독자에게 말을 건네며 독자의 의견을 묻는다거나, 사전에서 낱말을 찾기 위해 또는 전날 써놓은 메모를 뒤지기 위해 텍스트의 밖으로 나갔다가 다시 들어오는 과정을 그대로 텍스트에 담는다. 퐁주의 이러한 글쓰기는 오늘날 하이퍼텍스트의 예들을 인쇄매체에서 보여준 예라고 하겠다.

데리다의 경우는 특히 기호의 의미체계에 관심을 가지고, 소쉬르가 내세운 의미관계의 이분법을 해체하였다. 소쉬르가 하나의 기표가 그에 대응하는 하나의 기의와 의미관계를 형성한다고 한 것에 반하여, 데리다는 하나의 기표가 반드시 다른 기의와 고정된 의미를 가지는 것이 아니라, 다른 기표와의 연기적 관계 속에 작용할 수 있음을 주장했다. 기호에 대한 이러한 관점은 기호를 세계에 대한 재현의 모델로 보는 것으로부터 벗어나 기호 자체의 작용을 중시하는 것이라 할 수 있다. 그리고 기호를 재현의 관계에서 해방시킨다는 것은 곧 글쓰기와 문학의 속성 자체도 다른 관점에서 출발시킨다는 것을 의미한다. 다시 말해 문학 텍스트는 의미하기의 의무로부터 자유로우며, 텍스트의 의미는 고정되어 있는 것이 아니라 매번 다르게 읽힐 수 있다는 것이다. 문학에 있어서의 또 다른 변화는 장르들 사이의 경계가 모호하게 되었으며, 작품의 완성에 있어 독자의 참여가 강조되면서 상대적으로 저자와 작품이 가졌던 절대성의 기반이 흔들리게 되었다는 점이다.

이러한 텍스트이론은 오늘날 하이퍼텍스트나 하이퍼픽션의 중요한 이론적 근간이 되고 있기도 한데, 하이퍼텍스트의 이론가 조지 P. 랜도우는 데리다가 『의미산포』를 출간한 1960년대가 퍼스널 컴퓨터가 등장한 시기와 일치하는 것은 우연이 아니라고 지적한다. 많은 변화들과 매체들의 등장과 함께 1960년대는 컴퓨터가 등장하면서 전자매체가 문학에 도입되는 가능성이 시작되는 시기이기도 하다.

이러한 변화에서 특기할만한 사실은 문자기호에 국한되었던 문학 텍스트가 다른 매체들을 수용하고 활용하여 생산되기 시작했다는 점이다. 1960년대에는 수학적 방법을 도입하여 새로운 텍스트 생산 시스템을 고안해내기도 하였다. 이는 오늘날 인공지능에 의한 텍스트 조작방법과 같은 것이었다. 이와 함께 시에 소리와 행위를 도입하여 문자매체가 가지는 수동성과 폐쇄성을 극복하기 위한 시도도 이루어졌다. 또 누보로망의 작가들은 사진술을 비롯한 여러 새로운 서술기법을 모색하기도 했고, 문학 외적인 매체들을 적극 활용하기도 했다. 이러한 매체활용은 이미 초현실주의에서도 나타난 바 있다. 요컨대 문학 텍스트 제작에 문학 외적인 매체들이 활용된 것은 문학 자체에 대한 인식과 개념의 변화가 그 원동력이 되었다는 사실이다. 매체의 활용은 문학을 문학 안에 가두는 수동적인 자세로부터 다른 것을 수용함으로써 열리게 하는 역할을 하였다.

메타언어적 시

1970년대 이후의 시들에서 나타나는 또 다른 현상 중의 하나로는 현실과 세계와의 관계를 떠나 언어나 의미를 구축하는 체계에 관심을 두고 있다는 것이다. 그러한 시는 시어 자체를 문제 삼는 메타언어 또는 담론 자체에 대해 문제를 제기하는 메타담론적 시라고 할 수 있다. 그것은 현실이나 그 현실과의 관계를 겨냥하는 것이 아니라, 그 현실을 표현하는 방법 자체에 관심을 가진다. 알페리 P. Alféri의 『하나의 문장 찾기』, 타르코스 Tarkos의 『나의 언어』와 같은 작품은 시어 자체에 대한 시로서 분석적이고 비평적 형태의 시라고 할 수 있다. 또 다른 형태의 메타담론적인 시에는 우리의 세상에 대한 인식을 조건 짓는 방법을 보여주는 것을 과제로 삼는 시들이 있다. 그런 시들은 시가 반드시 세상에 대한 어떤 의미를 나타내야 한다는 생각, 다시 말해 진리를 표방하는 담론을 거부한다. 시인이 보여주어야 할 것은 시인이 주관적으로 바라보고 느끼고 판단을 내린 현실의 모습이어서는 안 된다는 것이며, 시는 단지 현실을 관찰하는 도구의 역할을 해야 한다는 것이다. 그러한 시는 시인이 세상과 맺고 있는 관계가 매개체를 통하여 중재되어 있다는 인식에서 출발하며, 그 매개체를 시의 대상으로 삼는다. 그러한 매개체들은 매우 다양해서 과연 시의 범주에 속할 수 있느냐는 논쟁을 낳기도 할 정도이다. 신문 조각이나 편지, 영수증 등에서부터 컴퓨터, 비디오, 홀로그램 등과 같은 첨단의 테크노 기술에 이르기까지 각양각색인데, 이들은 비언어적인 요소들을 언어의 차원으로 전이시키거나 혹은 테크닉을 사용하여 이질적인 요소들을 혼합시키고 있다.

이와 같은 새로운 시도를 하고 있는 시인들 중에서 우리나라에는 잘 알려지지 않은 몇몇 시인들을 소개해보자.

• **자크 시반** Jacques Sivan

자크 시반은 사진술을 매개로 하는 글쓰기를 개척하고 있다. 그는 시인이 눈이라는 렌즈를 통하여 세상을 바라보는 메커니즘을 사진기를 통하여 찍히는 과정에 비유하여 시를 쓰고 있다. 『그리오 Grio』(1999년 알 단테 출판: 이 제목의 정확한 뜻을 사전에서 찾을 수는 없다. 단지 발음상의 유사성으로 아프리카의 마법사와 어떤 연관성이 있는 것으로 추정을 할 수는 있겠지만, 그보다는 시인이 의도적으로 통상적 의미를 찾는다는 것이 무의미함을 말하는 것으로 보아야 할 것 같다. 부제는 '이중 마을'이다)에서 시반은 이런 과정을 잘 보여주고 있다. "자크는 자신의 마을을 사진 찍는다"라고 시집을 시작하면서, 시인의 글쓰기 작업이 사진찍기임을 알린다. 그런데 사진기를 통하여 대상을 바라본다는 것은 이제까지의 방법으로 세상을 바라보던 것과는 분명 다르다 할 수 있다. 사진기의 렌즈에 눈을 댄 시인은 그 렌즈 속에서 자신의 분신을 보게 된다("자크 Jacques(시인 지신)는 셔터가 눌러지는 순간 자신의 분신인 자크 Jake('Jacques'와 발음은 같지만 철자는 다르다)를 본다"). 시집은 그 'Jake'가 이중으로 보는 세상을 그린다. 그가 보는 이미지들 다시 말해 문자들은 마치 씨앗('Germ'이 상징하는 것이다)이 자라나듯 어떤 인물을 형성해 나가는데, 그것은 자신의 아내가 될 '제르멘느 Germène'이다. 시는 이 'Germ'을 통하여 'Jake'와 'Jacques'가 만나 'JAKGERMJACQ'가 되는 과정을 그리고 있다.

사진기를 통하여 보는 세상은 거꾸로 된 세상 혹은 정상적인 언어코드가 뒤바뀐 세상이 되어 버린다. 시인이 자신의 사진기로 찍는 세상은 사진처럼 똑같이 옮겨지는 것이 아닌 것이다. '자크'의 사진기에는 빛이 들어오는 두 개의 구멍이 있고, 그 구멍들 사이에는 메아리가 있는 검은 방이 있는데, 그 검은 방에 귀를 갖다 대면 "빛의 소리를 네거티브로 듣고", "이미지는 언제나 거꾸로 인상"된다. 왼쪽과 오른쪽, 위와 아래 모두가 바뀌고, 시인이 쓴 알파벳들도 뒤바뀌고 순서도 위치도 전혀 다른 이미지로 인화되어 나온다. 그것은 마치 처음 말을 배우는 어린아이가 발음나는 대로 철자법을 이상하게 적거나 정신분열증 환자가 자신만이 아는 단어들을 여기저기에 긁적거려 놓은 것처럼 우리의 일상 언어로는 읽을 수도 이해할 수도 없는 것들이다. 그런데 그 다른 세상에서 독자들이 현기증을 느끼지 않도록 간간이 시인의 설명들이 적혀있다. 그렇게 페이지들을 넘기다 보면 신기하게도 어느새 그 세상의 언어들에 익숙해지며 사진기를 통하여 그 세상의 언어코드로 읽는 법을 터득하게 됨을 느낀다. 마치 옹알이를 하는 어린아이의 말도 반복적으로 들으면 의사소통을 하게 되는 것처럼 말이다.

• 드니 로쉬 Denis Roche

드니 로쉬는 시인이라는 타이틀 외에도 작가, 사진가, 편집인 등 많은 수식어를 가지고 있다. 『텔켈』의 중심 역할을 하며, 1960, 1970년대를 거쳐 오늘에 이르기까지 비중 있는 작가로 알려져 있다. 그는 작가란 언제나 "다른 곳으로 가자"라고 말하는 사람들이라고 하며, 작품에 끊임없이 새로운 시도들을 한다. 1960년대에는 말에 반(反)한 말을 구사하는 경향의 시를 썼고, 1970년대부터는 시로 받아들여지기 힘든 시를 쓴다. 드니 로쉬는 일상적인 것을 텍스트의 매개체로 삼는다. 비문학적인 일상적 것들, 예를 들어 일기나 신문기사, 악보, 사진, 영수증 등의 단편적인 재료들로부터 텍스트의 지식과 테크닉을 채취해낸다. 『지식과 테크닉의 창고』(1980년 쇠이유사 출판)가 그 대표적 예라 할 수 있다. 그는 이 작품에 대해 "이제까지 내가 써 온 것과 같은 산문도 시도 아니며, 오늘날 많은 사람들이 말하는 '텍스트'나 '픽션', '이야기'도 아닌 그런 장소로 나를 안내해 주었다"라고 말하고 있는데, 그 장소란 그가 삶에서 채취한 표본들이 그대로 방치된 '창고'로서, 장르를 뛰어넘는 갖가지 단상들, 다른 작품들에 대한 '코멘트'나 그림, 사진 또는 비디오 등이 자유롭게 움직이고 있는 곳이라 할 수 있다. 그 장소는 그가 유일하게 자유를 느끼는 곳이다. 그가 글을 쓰는 이유는 자유를 얻기 위함이다. 자유에 대한 그의 갈망은 그에게 "신들린 사람"이라는 또 다른 타이틀을 붙여줄 정도이다. 이러한 그에게 있어서는 사회적, 도덕적 규범이나 문학적 규범은 아무 의미가 없다("나는 당신에게 아무 것도 빚진 것이 없다. 당신에게도, 진리에도, 문학에도.").

• **자크 앙리 미쇼** J-H Michot

미쇼의 『야만의 ABC』(1998년 알 단테 출판)는 다른 텍스트들이 매개체가 되는 예를 보여준다. 이 시집은 서문과 알파벳 A에서 Z까지 모두 26개의 텍스트들 그리고 맺음말로 이루어져 있다. 텍스트들은 알파벳의 순서대로 대문자를 제목으로 하여(A, B, C, D, E, F, …), 그 알파벳으로 시작하는 명사들(명사를 수식하는 수식어가 붙기도 한다)을 나열한다(어느 텍스트들은 나열하는 명사들에 번호를 붙이기도 한다). 서문에서 미쇼는 이 작품이 나오게 된 연유를 설명한다. 그가 들려주는 이야기는 보르헤스의 상상력이나 프랑수와 라블레의 황당함과 언어에 대한 갖가지 실험들을 방불케 한다. 미쇼는 이 책의 저자를 친구인 바르나베 B Barnabé B라는 인물로 내세우며 『야만의 ABC』는 그가 남긴 글이라고 밝힌다. 바르나베는 죽은 지 몇 주 후에 아주 씩씩하게 쨍쨍한 목소리로 발작적으로 웃어대며 자신에 대해 말을 하는 황당한 인물로서, 어느 시대의 인물인지도 모를 정도다. 그는 현대문명의 야만성을 비판하면서, "이렇듯 선각자들은 언제나 배의 중심을 잡는 법, 오 어리석은 정신의 소유자들이여! 그 돌머릴랑은 배 밖으로 던져 버리고 가벼이 떠다니라, 가벼이……" 라고 경고한다. 그리고 글을 쓰는 것이나 책을 내는 것에 대해서도 매우 회의적이어서 "이건 장난이야", "그것도 순전히 자의적인 장난이라구, 자의적", "그래 자의적이라구"라고 한탄하기도 한다. 그의 텍스트들에는 수많은 인용들이 나온다. 문학 작품들을 비롯해 그림이나 한자로 된 서예작품, 일본글씨 등 매우 다양하다. 바르나베의 인용들은 어떤 복잡한 메카니즘에 근거하고 있는데, 그것이 어떤 메커니즘인지는 알 길이 없다고 한다. 한편 그것은 아주 복잡한 하이퍼텍스트의 개념을 떠올리게도 한다. 미쇼의 『야만의 ABC』가 우리에게 보여주고자 하는 것 중의 하나는 작품이란 언어의 유희이자 수많은 다른 텍스트들로 매개되는 것이라 하겠다.

소리시 Poésie sonore

'소리시'와 '행위시'는 씌어진 언어 대신 목소리와 행위를 매개로 하여 시적 표현을 하는 것인데, 이것은 문학이 반드시 논리적인 언어를 중심으로 형이상학적 관념을 표현해야 한다는 것으로부터 벗어나는 시작태도라고 볼 수 있다.

시에 소리와 행위를 도입하는 것은 씌어진 문자매체의 한계와 장벽을 뛰어넘기 위한 시도이다. '소리시'는 시의 수동적이고 폐쇄적인 성격을 해방시키기 위하여, 시인 자신이 직접 목소리로 말하는 시, 독자가 귀로 듣는 시, 쓰는 시 대신에 행위 하는 시, 읽는 시보다는 보는 시를 추구한다. 이러한 시작태도는 책과 인쇄물만이 시를 출판하는 유일한 방편이라는 생각으로부터 벗어나 말이 가지는 의사소통의 현장성을 최대한으로 활용한다는 것인데, 이것은 이미 아폴리네르에 의해 시도되었던 것이기도 하다. 아폴리네르는 1914년에 시를 축음기에 녹음하면서 이와 동시에 거리에서 들려오는 소음이나 친구들 사이의 일상적 대화들 그리고 자연음을 함께 녹음하는 전위적인 시도를 하였다.

프랑스에서 '소리시'가 열린 것은 1960년대로 거슬러 올라간다. '소리시'의 시인들은 당시 예술에서의 혁신적인 운동을 일으켰던 플럭서스 운동의 영향을 받아 장르의 경계를 허물고 시에 있어서도 볼 것과 들을 것을 동시에 제공한다는 취지에서 출발하였다. 1962년부터 베르나르 에섹과 뒤프렌느, 가이슨 등을 중심으로 이런 취지의 시 낭송회가 개최되었고, 이어 1968년에는 스톡홀름에서 스텐 하우즌을 중심으로 '텍스트 – 사운드 컴포지션' 페스티벌이 열리기도 하였다. 그리고 1970년대부터는 서구 20여 개국에서 시에 있어서 텍스트 외적인 소리와 음성 또는 언어 자체의 음성적 요소들에 관심을 가지고 그것을 표현의 수단으로 삼는 시작태도가 본격적으로 모색되었다. 소련 연방공화국의 문화성 후원으로 '사운드 포이트리'라는 타이틀로 세계 23개국의 시청각 시 프로젝트와 전시회의 개최 현황을 소개하는 세미나가 열리기도 했다. 또한 1999년 8월 24일에서 31일까지 일주일 동안에 새로운 테크닉과 실험정신의 시를 소개하는 학회가 프랑스에서 열렸는데, 이 학회의 취지는 이제까지 대중과 대학사회, 기존의 문학계에는 잘 알려지고 있지 않지만 상당한 비중으로 증가 추세에 있는 새로운 시에 대해 검토, 연구하는 기회를 마련하는 것이었다. 여기에 주로 소개된 시들이 사운드와 액션을 시에 도입하는 '소리시'와 '행위시'였다.

1960년대로부터 시작하여 오늘날까지 꾸준한 활동을 하고 있는 '소리시'의 시인들로는 베르나르 에섹 Bernard Heidsieck과 앙리 쇼팽 Henri Chopin을 들 수 있다. 그 외에도 줄리앙 블렌느

Julien Blaine(줄리앙 블렌느는 이 분야의 시를 전문적으로 다루는 잡지 『Doc(k)s』의 설립자이기도 하다), 크리스토프 타르코스 Christophe Tarkos, 파트리스 뤼쉐 Patrice Luchet 등이 있다.

• **베르나르 에섹** Bernard Heidsieck

1950년대 말 프랑스에서 '소리시'를 창시하였던 에섹은 1991년에 시 분야의 국립 그랑프리를 수상하기도 하였다. 에섹에게 있어서 씌어진 시란 곧 죽은 시이며, 목소리가 없는 시는 출구가 없는 시이다. 그는 문자적인 요소는 최소화하면서 음성학적인 요소나 신체적인 요소를 최대한 활용한다. 그리고 시인이 텍스트를 만드는 행위와 사후에 그 텍스트를 읽거나 해석하는 행위 사이에서 생길 수 있는 간극이나 오차를 아예 없애고, 청중과 함께 현장에서 즉각적인 교류를 이루는 시를 실천한다. 그러한 교류에 있어서는 기호의 제국이 강요하는 불필요한 형식과 제약으로부터 자유롭다. 그 결과 의미 전달을 위한 통사적 규칙들이나 문장 부호들이 생략되는 것이 다반사이다. 예를 들어 프랑스 문장이 성립되기 위하여 없어서는 안 될 관사나 인칭 대명사를 생략한다든가, 주어가 없이 동사만 나오고 명사와 형용사가 두서없이 나열되기도 한다. 또 어떤 경우에는 시인이 가지고 있는 강한 부정을 나타내기 위하여, 그 자체로는 아무 것도 의미할 수 없고 또 쓰일 수도 없는 부정을 표현하는 문법적인 요소들을 그냥 나열하기도 한다(rien // nul ni non // ni // nul ni // ni // ni // ni // ni // ni // rien).

그리고 "j'écoute(나는 듣는다) / et j'écoute et j'écoute / j'écou

/ j'éco / jec / je"와 같이 음절을 점진적으로 생략해 나가는 가운데 결국에는 듣는 주체만이 남는 것을 들려주기도 한다.

또는 "trac / ten // tendues … bandées / tendues … bandées // ban … ban // bandées ban … trac // tendues … tendues / bandées ban … ten / dées … dées / bandées ban … ten / tendues ten ban / ten …"에서는 겁이나 짐승의 발자국을 뜻하는 'trac'과 긴장된, 팽팽한 또는 성적 흥분을 암시하는 'tendues'와 'bandées'를 가지고 음절을 띄어 읽거나 음절을 분리시키며 반복한다. 그런데 여기서 중요한 것은 의미를 전달하는 것이 아니라, 비슷한 된소리 자음과 비모음의 빠른 반복을 좇아가며 긴장감과 성적흥분을 전달하는 것이라 하겠다.

「시 파르티타 A」에서는 소리의 음악성에 대한 갖가지 실험들을 보여준다. 예를 들어 "hooooooouuuuuu / hâââââââââââââvre / vaaaaaaaaaagues / hoooooooouuuuuuuuule …"에서 에섹은 'a', 'o', 'u'의 모음을 음표처럼 길게 늘여 발성함으로써, 청중이 물결이나 파도 소리를 듣는 것과 같은 효과를 전달한다('hâvre'는 항구, 'vagues'는 물결, 'houle'는 파도를 뜻한다). 이외에도 에섹은 숨소리나 한숨소리, 헐떡이는 소리, 웃음소리, 외침 등과 같이 시인의 신체기관을 통하여 나오는 소리를 직접적으로 시에 도입하기도 하고, 제스처나 표정과 같은 신체적 요소도 활용하면서, 시를 라이브 공연이나 행위를 가미한 퍼포먼스의 차원에서 실천하고 있다.

쇼팽의 경우는 '소리시'를 작업하는 데 있어서 소리를 내는 과정이나 발성기관 자체에 더 많은 관심을 가진다. 이를 위하여 그는 첨단 기술을 도입하기도 하는데 예를 들어 식도나 구강 속에 마이크를 설치하여 소리의 발성과정을 보여주기도 한다.

에섹이나 쇼팽과 같은 시인들의 작업에서 우리는 '소리시'가 단순히 씌어진 텍스트를 낭송하는 것에 그치는 것이 아니라, 시를 '시 – 소리'의 차원에서 새롭게 시도하는 것임을 확인할 수 있다. 이들은 문자매체로부터 해방되어, 시에 있어서 어쩌면 가장 근본적이고 또 가장 중요한 소리를 몸과 목소리를 통한 다각적 시쓰기를 시도함으로써 시에 대한 인식을 바꾸고 있다.

행위시 Poésie action

소리보다 행위를 매개로 하여 새로운 시적 표현을 모색하는 시도들은 '인터미디어'의 개념을 바탕으로 한다. '행위시'는 이제까지의 지시적 언어로부터 해방되어 새로운 언어를 탐구하고자 하는 목적을 가지고 여러 예술 장르들 간의 상호 가역적인 장, 예를 들어 행위와 설치, 조각, 신체 등 다매체적 교류를 통하여 시간적 공간적 만남을 마련한다. 이를 위하여 이들은 연극적인 요소를 빌려오지만, 연극과는 분명 구분을 짓고 있다. 연극이 배우나 무대를 통하여 무엇인가를 재현해내는 것이라면, '행위시'는 특정한 사건의 재현을 목적으로 하지 않는다. 이들은 표현을 하는 것이 아니라, 오히려 표현의 제로상태에 이르고자 한다. 이들이 구사하는 행위는 모든 지시성의 의무로부터 벗어나 행위 자체를 겨냥한다. 이런 의미에서 이들은 자신들의 행위를 전시와 퍼포먼스의 중간에 위치하는 '보여줌' 정도로 정의한다. 이들에게 있어서 시란 "기호를 설치하는 행위"이다. 1987년에서 1988년 사이에 타라스콘에서 열린 '국제 현대시모임'에서는 '행위시'를 '인스털레이션'으로 명명하면서, 다음과 같은 모든 요소들을 설치시키는 행위로 정의한다. 즉 청각적 요소와 시각적 요소, 텍스트적 요소와 건축적 요소, 공간, 시간, 빛, 오브제, 관중 등의 요소와 같이 서로 상이한 매체들을 매개하는 과정으로서의 예술을 구현한다는 것이다. 예를 들어 무대 위에서 알파벳이 씌어진 육면체 기둥들이 이리저리 움직이며 서서히 시가 되어가는 과정을 보여준다. 거기에는 언제나 우연이 중요하게 작용하면서, 행위는 육체와 재료를 만나게 하는 매체가 되고, 그로써 시인은 말에 접근한다. 즉 행위가 시를 구체화시킨다는 것이다. 그것은 내면적인 어떤 것을 표현하는 것이 아니라 단지 행위로써 볼 것을 제공하면서, 표현의 제로 상태에 도전한다.

막이 오른다.
중앙에 높이 2m 50cm, 폭 60cm의 회색 기둥이 보인다.
그밖에 무대에는 아무 것도 없다.
2, 3분 동안 아무 일도 일어나지 않는다.
아무도 들어오지 않고 나가지도 않는다.
갑자기 기둥이 쓰러진다.
3분 50초가 다시 흐른다.
커튼이 내린다.

전자매체를 활용한 시

여러 다른 매체들에 비하여 전자매체는 아마도 문학을 비롯한 다른 예술형태에 가장 큰 변화를 일으킨 매체일 것이다. 문학에 대한 개념과 함께 문학 텍스트 생산방법, 저자와 독자의 개념 등 전자매체를 매개로 하는 글쓰기는 문학을 너무도 급진적으로 변화시키고 있다. 그리고 그 변화가 앞으로도 어디까지 이어질지를 예측하기란 힘들 정도이다.

전자매체가 시 텍스트의 제작에 처음 적용된 것은 1950년대 말로 거슬러 올라간다. 1959년 독일의 테오 루츠 Theo Lutz가 카프카의 『성』에 나오는 처음 100 단어로 주어, 동사, 목적어, 접속사만 가진 단순한 구조의 텍스트를 만들어냈다. 그리고 1965년에는 단테의 희곡 중에서 가장 많이 사용되는 101 단어로 만들어진 시가 선보였다. 1964년 퀘벡의 장 바도는 컴퓨터에 의해 작성된 최초의 자유시집을 냈다. 이어 1967년 존 모리스는 「어떻게 컴퓨터로 시를 쓸 것인가」라는 글에서 일련의 어휘들을 바탕으로 하는 컴퓨터 글쓰기 방법을 일본의 하이쿠의 형식과 유사한 것이라고 말하며 'HAIKUTYPE-POEMS'로 명명하였다. 같은 해 뉴욕에서 열린 제 24차 국제 팬클럽대회에서는 '전자시대의 작가'라는 주제로 세미나가 열렸고, 1968년에는 런던에서 개최된 국제컴퓨터아트 대회에서 '컴퓨터 시와 텍스트'가 선보였다. 그리고 1970년에는 플럭서스 운동의 선두주자였던 딕 히긴스가 '예술을 위한 컴퓨터'를 내놓았다.

이러한 시도들은 새로운 조합방법으로 시 텍스트를 제작한다는 것이었는데, 프랑스에서 이처럼 조합이나 변형에 의하여 텍스트를 만들어내는 방법이 모색된 것은 '울리포'에 의해서였다.

• **울리포** OuLiPo

'울리포'는 '잠재문학 공동작업실 Ouvroir de littérature potentielle'의 약자로서, 1960년 수학자 프랑수와 르 리오네 François Le Lionnais와 레이몽 크노 Raymon Queneau를 중심으로 창설된 실험 문학을 추구하는 그룹을 이름한다. 그룹 '울리포'는 1960년대에 문학 텍스트 창작에 수학적 테크닉을 응용한 텍스트 제작방법을 시도하였고, 1980년대 이후에 이르기까지 컴퓨터를 적용시키는 작업을 활발히 하고 있다. 조합이나 변형에 의해 텍스트를 생산하려는 시도는 오늘날 컴퓨터나 인공지능에 의한 텍스트 자동생산 시스템의 개념을 예고한 것이다. 르 리오네는 "우리는 작가들이 자신에게 맞는 방법으로 활용할 수 있는 새로운 형태와 구조를 추구하는 것을 잠재문학이라 부른다"라고 잠재문학을 정의하고 있는데, 문학에 수학적인 테크닉과 규칙을 적용함으로써 문학의 잠재적 가능성을 개발한다는 것이다. 레이몽 크노는 수학적인 방법을 시 텍스트 창작에 적용하였다(물론 기계가 아니라 손이었지만 이것은 오늘날의 컴퓨터에 의한 텍스트 작성과 같은 방법이었다). 그는 각각 열네 개의 행으로 된 열 개의 소네트를 작성하고 이 소네트들의 각 행을 수학적 방법으로 조합, 재배열함으로써 10의 14제곱에 해당하는 엄청난 수의 시를 만들어내기도 한다. 시의 제목 자체가 「수억만 개의 시 Cent mille milliards de poèmes」로서, 이것을 최초의 '울리포' 작품으로 꼽는다.

'울리포'의 방법은 크게 세 가지 부류로 나뉠 수 있다. 첫째는 "새로운 구조를 찾아내어 그 구조에 적용될 수 있는 예들을 주는 것"이다. 이것은 이전에 소네트의 형식을 빌려 시 창작을 한 것과 같이 일정한 언어학적 규칙으로 시를 만들어 내는 것이다. 그러한 규칙에는 여러 가지가 있겠는데, 그 중 조르주 페렉 Georges Perec (1936−1982)의 『사라짐』을 들 수 있다. 그는 시집 전체를 통하여 프랑스어에서 가장 빈번히 사용되는 철자 중의 하나인 e를 단 한번도 쓰지 않는다. 알파벳에 의한 규칙 외에도 음성학적인 규칙이나 통사론적인 규칙, 의미론적 규칙을 적용시키기도 한다. 두 번째 방법은 이른바 '자동 전환 방법'으로서 "S+7"라고 명명한다. 이 방법은 어느 텍스트를 선정하여 그 텍스트의 명사들을 사전에 나오는 일곱 번째 명사로 대체하여 전혀 다른 시 텍스트를 만드는 것이다. 마지막으로 세 번째 방법이 있는데, 이것이 가장 울리포다운 방법으로서 울리피엥(울리포 참여자)들에 의해 가장 많이 개발된 방법이다. 이 방법들은 아주 다양하며, 주로 수학 공식에 의거한 것들로서 상당한 수학적 지식을 요구한다. 그 적용 분야도 시 텍스트에서부터 탐정소설, 산문, 신화 해석 등 그야말로 다양하다. 그 중에서 가장 간단하고 쉬운 방법 한 가지를 소개하자면 이른바 '계승 시'이다. 이것은 대수학에서의 계승법을 시 텍스트에 적용시키는 것이다. 텍스트의 몇 가지 요소들을 독자들이 원하는 대로 조합하는 방법으로서 이미 17세기에 행해졌던 것을 더욱 발전시킨 것이다. 17세기에 독일의 아르스도페르 Harsdoffer가 발표한 『리크리에이션』의 예가 그것이다.

Ehr, *Kunst*, *Geld*, *Guth*, *Lob*, *Weib* und *Kind*
Man hat, *sucht*, *fehlt*, hofft und verschwind

여기서 이탤릭체로 된 열 개의 단어들을 가능한 조합들을 통해 읽으면, 모두 3,628,800개의 시를 얻게 된다. 이처럼 n개의 단어들을 가지고 조합을 하면, n 계승만큼의 시를 만들어낸다는 것이 '계승 시'이다.

$$n! = 1\times2\times \cdots \times n$$

또 다른 울리피엥으로는 자크 루보 Jacques Roubaud (1932–)가 있다. 원래 수학자인 루보는 시 작업에 수학적인 방법을 적용시키는 것으로 유명하다. 작품집 『∈』는 제목 자체가 수학 공식의 부호이다. 이 작품집은 일본으로부터 소개된 바둑의 게임 법칙에 근거하고 있다. 작품집은 우선 사용법과 사용된 부호들('∈', '⊃', '□', 'τ'등과 같은 수학적인 부호들이 사용된다)에 대한 설명으로부터 시작한다. 그리고 부록편에는 바둑에 대한 설명과 함께 각 시들에 매겨진 번호들이 씌어있는 바둑판이 실려있다. 『∈』는 모두 361개의 산문시들로 이루어져있는데, 이중 180개는 흰 알에 해당하고, 181개는 검은 알에 해당하여 각 시들은 제목 대신에 숫자와 흰 알과 검은 알로 표시된다. 그리고 그 옆에 바둑판에서의 위치를 기입한다. 독자들은 이렇게 숫자들과 흰 알과 검은 알로 표시된 각 시들을 지시된 대로 바둑판에 위치시키고, 각 부호들에 의해 어느 계열로 조합시켜 의미를 재형성하게 되는지를 읽어내야 한다.

얼핏 보기에 이러한 시들은 감정이 고갈되어 보이며 시라고 부를 수 없을 것 같은 느낌을 준다. 그러나 그의 시를 읽다 보면 오히려 언어로는 다 표현될 수 없는 안타까움, 일상의 언어, 우리 모두에게 공통으로 적용되는 문법으로는 다 토해낼 수 없는 처절함과 공허함이 수학 부호들과 바둑판 위의 공간에서 느껴진다. 그 중 일부를 발췌해보면 다음과 같다:

검은 네모

Ⅱ: 색깔에 반(反)하여 ● [GO 18]

나는 멈출 것이다 어둠 속에 어둠 속에
내겐 더 이상 눈이 없다 내겐 더 이상 따뜻한 가슴이 없다
난 가슴일 권리, 떨 권리가 없다
여명의 문 위 아 친애하는 여우여
넌 너의 감옥에 장미를 원하리라
누워라 평평한 어둠 아래 누워라

말하지 말라 잊지 말라 황금빛 평화의
아무리 작은 것일지라도 숨겨라 금을 어둠을 핥아라
네 밭에서 쪽빛 개밀속을 뽑아 버려라
가라 그러면 밤은 머지않아 널 짓누르지 않으리
낮보다는 덜

○

붉은 네모

이렇게 수학적 방법으로 얻어진 텍스트를 과연 문학의 범주에 넣을 수 있을 것인가라는 의문을 가질 수 있을 것이다. 울리피엥들은 문제의 핵심은 문학을 어떻게 인식하는가에 있다고 본다. 이들은 문학이 꼭 영감으로부터 나와야 하며, 시인이 되기 위해서는 하늘이 내린 재능이 있어야만 한다는 생각으로부터 자유롭다. 그들은 문학의 주관성으로부터 나와 진정한 객관성을 획득하고자 한다. 이를 위하여 문학은 여러 가지 조작방법을 통하여 '개발될 수 있다'는 것이 이들의 신조이다. 이와 함께 작품은 저자가 일방적이며 독점적인 방법으로 감정을 토로해내는 것이 아니라, 단어들의 우연한 조합에 의한 것일 수도 있으며, 그러한 단어들의 조합을 읽어내는 독자들에 의해 언제나 새로운 텍스트가 될 수 있다는 것이다. 이처럼 수학적인 법칙에 근거하여 문학에서의 새로운 표현방법을 모색하는 울리포는 비단 문학에만 국한되고 있는 것은 아니다. 문학 외에도 회화, 음악, 요리, 영화에까지도 확산되고 있다.

'울리포'는 1980년대 이후에는 본격적으로 컴퓨터를 이용하여 문학창작을 하는 방법들을 개발하는데, 그중 루보에 의해 1982년 창설된 'ALAMO 수학과 컴퓨터에 의한 문학 아틀리에 (Atelier de Littérature Assistée par Mathématique et Ordinateur)'가 주도적 역할을 하고 있다. 'ALAMO'는 언어학과 인공지능에 관심이 있는 연구자들이 모인 그룹으로서 문학 전용 소프트웨어를 개발하고, 문학 작품들을 언어학적 요소와 텍스트적 요소들로 면밀히 분석하고 또 이를 데이터화하는 전문적인 기술을 바탕으로 하고 있다. 이들은 인터넷상에서 공동 작업을 하기도 한다.

장－이브 프레쉐트 Jean-Yves Fréchette는 "글쓰기 콘솔"이라는 인터넷 프로그램을 개발했다. 이 인터넷 사이트에서는 작가가 글을 쓰는 데 필요한 많은 도구들을 만날 수 있다. 예를 들어 어휘 목록이나 사전, 편리한 워드 프로그램, 수정 시스템은 물론이고 하나의 텍스트로 시나 산문 또는 나레이션으로 만들어 내는 "LogiTexte"라는 프로그램도 갖추고 있다.

'울리포' 이외에도 1980년대에 이르러서는 전자매체가 문학 텍스트 제작에 직접 적용되었다. 프랑스에서는 1985년에 『예술 접근』이라는 프랑스 최초의 정보통신 전자 잡지가 발간되었고, 1989년에는 『알리르』라는 전자시를 소개하는 전문 전자잡지가 등장했다. 1998년에는 퐁피두 센터에서 발간되는 『르뷔 파를레』에 텍스트와 소리 그리고 동영상 이미지들로 이루어진 멀티미디어 시가 CD－ROM으로 선보였다. 1980년대에 전자매체에 의한 텍스트 제작의 사례로, 프랑스에서는 시 분야에서 1985년 『L.A.I.R.E.』잡지가 선보인 텍스트 자동생산시스템과 소설 분야에서는 미국에서 시도된 첫 하이퍼텍스트인 마이클 조이스의 『오후, 이야기』(1987)를 들 수 있다. 『오후, 이야기』는 기존의 활자 인쇄 문학에서 규정되었던 '이야기성'을 재해석하는 것이었는데, 이야기의 여러 층위들을 링크로 연결하여 독자가 매번 선택을 하게 함으로써 읽을 때마다 스토리가 바뀌도록 하는 소설 창작방법이었다. 이러한 창작방법은 결국 독서방법의 혁신이라고도 할 수 있다. 왜냐하면 독자의 선택이 없이는 이야기가 연결될 수도 없고 만들어질 수도 없기 때문이다. 요컨대 이같은 텍스트 창작방법 또는 독서방법은 인쇄매체에서의 선형성으로부터 탈피하는 것이다.

• **'비물질** Les Immatériaux' **전시회**

1980년대에 들어 전자매체가 본격적으로 문학 텍스트 창작에 활용이 되면서, 프랑스에서는 새로운 도전과 실험들이 시도되었다. 그 중 가장 비중 있는 시도로 손꼽을 수 있는 것이 '비물질' 전시회라고 할 수 있다. 노엘 Ch. Noël과 투체프 N. Toucheff가 중심이 되어 〈비물질 Les Immatériaux〉이라는 제목으로 열린 이 전시회는 인쇄매체와는 달리 물질적이지 않은 전자매체적 글쓰기의 특성을 실험하고자 한 것이었다. 그런 맥락에서 그들은 이 전시회를 '비 전시회 non-exposition'로 이름하였다. '울리포'가 전자매체를 활용한 문학창작에서의 잠재성을 실험한 경우라면, '비물질' 전시회는 전자적 글쓰기의 비물질성을 실험한 경우이다.

1985년 퐁피두센터에서 '비물질'이라는 이름으로 개최된 이 전시회는 여러 명의 작가들이 공동으로 전자매체의 도움을 받아 텍스트 생산을 실험한 경우이다. 이것은 다학제간 연구의 일환으로 전자기술을 이용한 '원격 글쓰기'를 실험하는 것이었는데, 새로운 테크놀로지를 이용한 환경에서 텍스트를 창조하는 저자의 역할은 무엇이며, 독자의 영향력은 어디까지인가라는 문제를 주요 논점으로 삼았다. 이를 위하여 30여명 정도의 저자들의 집에 마이크로컴퓨터를 설치하고, 이를 수용할 수 있는 용량의 중앙 컴퓨터가 각 마이크로컴퓨터를 조종하도록 하였다. 이렇게 해서 작가들은 자신들의 텍스트는 물론 다른 저자들의 텍스트를 볼 수 있었고, 그 결과 서로의 텍스트들에 대한 의견을 교환할으로써 자신의 글에 대한 반응을 미리 보고, 다른 버전과 변형본들을 내놓을 수 있었다. 오늘날의 컴퓨터 기술로 보자면 당연한 것으로 받아들여지겠지만, 당시의 이 실험적 시도는 전자매체를 이용한 텍스트 창작의 개념을 새롭게 하는 것이었다. 컴퓨터를 매개로 한 텍스트에서는 글쓰기가 종이라는 물질적 매체로부터 벗어나 '비물질화'되고, 인쇄매체에 비해 저자와 독자의 위상 또한 달라진다. 텍스트 창작에 여러 명이 함께 참여한 경우 과연 최종 저자는 누구일 수 있는가 그리고 각 저자들이 서로의 텍스트를 읽어줌으로써 저자인 동시에 독자가 된 상황에서 저자와 독자의 역할의 경계는 어디인가라는 문제가 실험되었다.

그런데 이처럼 하나의 화면 위에서 여러 명의 작가가 동시에 작업을 하는 '원격 글쓰기'는 초현실주의가 '미묘한 시체'에서 이미 시도한 바 있다. 이는 초현실주의가 내세운 강령을 실천한 중요한 예들 중의 하나로 손꼽히고 있다. 다다운동이 너무 급진적이고 파괴적인 방법으로 전통적인 문학관을 전면적으로 부정하기만 한 반면에, 초현실주의는 좀더 구체적으로 문학 텍스트 생산방법을 어떻게 쇄신하는가에 관심을 가졌다. 초현실주의는 시인이 주관적인 의식을 가지고 의미를 생산한다는 것을 거부하며, 무의식적인 연상 작용에 의해 시를 창작하는 이른바 '자동기술법'을 내세웠다. '미묘한 시체'는 이처럼 의도적인 주관성을 배제한 글쓰기의 한 방법이다(이때 '시체'란 바로 시인의 주관성이나 의식적인 계획성이 멈춘 상태를 말한다 할 수 있다). 이것은 여러 명의 시인 혹은 작가가 종이 위에 정신의 은유적인 활동을 멈추고 무의식적으로 연상되는 하나의 단어 또는 선 등을 쓰거나 그려서 옆 사람에게 건네고 그렇게 규합된 것으로 텍스트를 만들어 낸다. 그러한 텍스트는 아무도 예상치 못한 뜻밖의 결과물로서, 시인의 계획된 의도와는 거리가 멀다. 여러 명을 공동으로 참여시킴으로써 한 사람의 의도적인 은유의 작용들을 멈추게 하는 초현실주의의 이 방법이 시사하는 바는, 텍스트 제작에 있어서의 저자의 주체성의 소멸이라 하겠다. 로트레아몽은 한 사람이 아닌 모두에 의해 만들어지는 것이 가장 이상적 시라고 말한 바 있는데, '미묘한 시체'는 로트레아몽의 이러한 유토피아를 실천한 것이었다.

'비물질학회'가 열린 1985년은 프랑스의 전자문학에 있어서 전환점이 되는 시기라고 할 수 있다. 1985년 이전이 컴퓨터를 매개로 한 전자문학의 실험적 단계였다면, 1985년 이후는 좀더 본격적으로 발전하는 단계였다. 그리고 1985년 이후에는 본격적인 전자잡지가 등장하였다. 'L.A.I.R.E. 독서 예술 연구 혁신 글쓰기 Lecture Art Innovation Recherche Ecriture'는 1985년 이후 전자문학을 주도하는 그룹으로서 1989년 1월에 잡지 『alire』를 내놓는다. 이 전자잡지의 주된 목적은 문학을 시각화하는 것으로서, 시각적 동영상 텍스트를 주로 실었다. 이러한 시 텍스트는 독자가 스크린 위에서 보는 동안만 존재한다. 인터넷 사이트 'A:/LITTERATURE'는 일회적 독서 텍스트를 개발한다. 이것은 제너레이터 안에 하이퍼텍스트적 네비게이션을 장치하여 같은 시퀀스에는 오지 못하도록 함으로써, 유일한 하나의 시 텍스트만을 볼 수 있도록 한다. 인쇄매체에서는 언제나 같은 텍스트를 모든 독자가 반복하여 읽을 수 있었던 반면에 이 전자 시 텍스트는 오직 한 독자만이 유일한 하나의 텍스트를 볼 수 있다.

컴퓨터와 텍스트의 관계에 있어서, 'L.A.I.R.E.'는 이전의 1980년대 초의 'ALAMO'와 개념을 달리한다. 'ALAMO'가 컴퓨터를 텍스트 생산의 보조수단으로 여겼던 것에 반하여, 'L.A.I.R.E.'의 경우는 컴퓨터 자체가 텍스트를 생성하는 주도적 역할을 한다. 'ALAMO'의 경우 컴퓨터가 문학대상 밖의 것으로 간주되었던 것에 비하여, 'L.A.I.R.E.'의 경우에는 컴퓨터가 텍스트의 생성 자체를 주도하는 것이 된다.

인쇄매체에서와는 달리, 디지털 텍스트는 수많은 가능성들 중에서 컴퓨터의 스크린 위에서 보는 동안만 존재한다. 다시 말해 텍스트는 이미 생성된 고정된 하나가 아니라 잠재적인 종합적 구성체로부터 매번 다르게 생성된다는 것이다. 이처럼 네트워크 안에서 언제나 변형이 가능한 것으로서의 텍스트에서는 진화한다는 개념이 중요하다. 또한 이러한 개념의 텍스트는 그 경계가 고정되어 있지 않고 유동적이며 언제나 움직이는데, 이것은 1960년대 움베르토 에코가 『열림의 시학』에서 주장한 열린 텍스트의 개념과 같은 맥락이다.

텍스트 개념의 변화

• 시각화

컴퓨터가 매개하는 문학텍스트는 무엇보다 시각적 텍스트이다. 인쇄매체의 고정된 텍스트가 읽는 것이었다면, 디지털 텍스트는 무엇보다 보는 것으로 작동한다. 텍스트는 독서하는 현재에만 보여지는 것으로 존재한다는 것이다. 포스트다다이스트들이 시에 있어서 종이와 시어를 분리시킴으로써 비주얼한 시를 만들어내는 것도 이러한 맥락에서이다. 텍스트를 시각화한다는 것은 작품을 생산된 것으로 보는 것이 아니라, 생성되는 과정을 보는 것으로 인식하는 것이라 할 수 있다. 또한 인쇄매체에서 생성된 결과물로서의 텍스트가 텍스트의 구조적 측면에 역점을 둔 것이었다면, 시각화된 디지털 텍스트는 텍스트를 작동의 관점에서 보는 것이라고 할 수 있다. 이러한 텍스트 개념은 미디어 혁명으로 인한 문화의 변화된 양상을 단적으로 보여주는 예라고 할 수 있다. 다시 말해 후기 정보산업사회에 있어서는 시각적 이미지가 다른 무엇보다 우위를 차지하고 있기 때문이다. 도로 표지판에서부터 컴퓨터의 윈도우나 포토샵, 컴퓨터 게임, 또는 파워포인트 등은 이러한 영상우위의 문화적 패러다임을 입증하고 있다. 시각문화의 우위성은 역사적으로도 증명이 된다. 비슷한 시기에 발명된 사진기와 오늘날의 컴퓨터의 전신의 예를 들어보자. 1833년 바비지 Babbage가 발명한 'The Analytical Engine'(오늘날의 컴퓨터)과 1839년 다게르 Daguerre가 고안한 '다게로타입 Daguerrotype'이 그것인데, 현실을 그대로 재현하는 사진매체는 현대사회에 즉각적으로 영향을 끼쳤던 반면에 컴퓨터의 영향은 이에 비하여 미미하였다. 20세기 후반 컴퓨터가 급격히 발전할 수 있었던 것도 컴퓨터에 시각적 테크놀로지를 개발하면서부터라고 할 수 있다.

• **비선형성**

컴퓨터가 문학에 도입된 이래 텍스트의 변화 양상에 있어서 가장 큰 특징 중의 하나가 비선형성이다. 전자매체는 하이퍼텍스트나 하이퍼미디어와 같은 새로운 형식의 스토리텔링을 개발하였는데, 이것은 인쇄매체가 가지는 선형성으로부터 벗어나기 위한 비선형적 글쓰기 방식이다. 이는 컴퓨터가 발명된 근본적인 이유이기도 하다. 컴퓨터가 발명된 계기는 선형적이고 고정된 인쇄매체의 한계를 극복하여 비선형적인 인간의 사유 작용을 실현시키기 위한 것이었다. 1945년 바네바 부쉬가 고안한 메멕스도 2차 대전 후 많은 분량의 문서를 처리하기 위하여 인간의 자유연상 과정을 지원해줄 수 있는 시스템으로 개발한 것이었다. 메멕스 프로그램의 타이틀인 '우리가 생각하는 대로'도 이러한 이유에서이다. 1963년 테드 넬슨이 고안한 Xanadu 프로그램 역시 하이퍼텍스트의 가능성을 예견한 하이퍼링크의 개념이었다. 또한 1973년 '컴퓨터해방 / 꿈의 기계'도 '생각의 구조는 순차적이지 않다'를 주장하는 것이었다.

그런데 컴퓨터가 실행한 기계적 프로그램들은 문학이나 문학의 비평이론들에서 모색되어 왔던 것이기도 하다. 문학 작품들과 비평이론들은 이미 인쇄매체가 가지고 있는 한계점들을 인식하고 그를 극복하기 위한 시도를 해왔다. 17세기 조나단 스위프트의 『걸리버 여행기』는 문학적 상상력에 의한 기계적 실천들의 예를 보여준다. '하늘을 나는 섬'의 '라퓨타'와 '발니바르니' 편의 일화는 컴퓨터를 예고한 것이었다(라퓨타 섬에서 사람들이 알파벳이 적힌 나무 막대기들을 이리저리 옮기고 있는 일화와 언어학자가 발명한 문장을 만드는 기계에 대한 일화). 마이클 조이스의 『오후, 이야기』와 같은 비선형적인 스토리텔링의 전신들은 문학사에서 적지 않게 찾아볼 수 있다. 18세기 영국의 로렌스 스턴의 『트리스트럼 샌디』는 각 장의 순서들을 통념을 깨는 방식으로 구성하여 필요에 따라 독자에게 특정한 장을 읽도록 요구한다든가 까만 페이지를 삽입하기도 하면서, 선형적인 스토리텔링의 방식을 깨뜨렸다. 한 텍스트에 대한 코멘트나 다른 텍스트들과의 연관성을 자유롭게 넘나들 수 있는 하이퍼텍스트의 방법은 중세 때 하나의 성경구절에 대하여 여러 사제들의 해석들이 덧붙여진 텍스트들에서 그 예를 찾아볼 수 있는 것이기도 하다. 또는 각종 주제를 담은 서신들과 단상들, 격언들로 구성된 파스칼의 『팡세』 역시 하이퍼텍스트의 예를 잘 보여준다. 그리고 다다운동이나 초현실주의가 보여준 우연에 의한 자동 글쓰기 방법은 컴퓨터의 인공지능에 의한 텍스트 생산방법과 같은 뿌리를 가지고 있다 하겠다. 19세기 말라르메의 「주사위 던지기」는 종이 위의 선형적인 읽기의 제약으로부터 좀 더 자유로운 읽기를 위하여 활자법을 달리한 독서방법의 혁신을 보여준 예였다. 독자가 어떻게 읽느냐에 따라 텍스트는 전혀 다르게 읽힐 수 있기 때문이다. 이러한 독서방법에 있어서 독자는 텍스트를 조종하는 수행자의 역할을 하게 되고, 작품은 이러한 독서 행위에 의하여 매번 다르게 축조 또는 재축조될 수 있게 된다. 보르헤스의 『허구들』이나 『갈래길의 정원』은 일관된 선형성을 거부하고 여러 갈래의 가능성들을 제시한다. 그 외에도 제임스 조이스의 『율리시즈』는 비선형적 글쓰기의 대표일 것이다. 이탈로 칼

비노 Italo Calvino의 『겨울밤 여행자』 역시 결정적인 것을 거부하고 가능성들에 대한 여러 시도 자체를 글쓰기의 모티프로 삼고 있다.

확정적이고 결정적인 것을 거부하며 비선형성과 비결정성을 내세우는 텍스트 개념은 후기 구조주의의 이론적 뿌리라고도 할 수 있다. 하이퍼텍스트의 이론가 조지 랜도우는 후기 구조주의와 컴퓨터의 하이퍼텍스트이론 사이에 많은 유사점이 있다는 것을 지적하며, '하이퍼텍스트적인 데리다, 후기 구조주의적인 넬슨'으로까지 표현한다. 다시 말해 각각의 영역은 다르지만 컴퓨터 하이퍼텍스트이론과 후기 구조주의의 해체적 이론은 현대의 변화되어 가는 인식의 패러다임을 공유하고 이끌어가고 있다는 것이다. 현대적인 인식소의 쟁점은 인식구조의 중심적인 위계질서를 해체하는 것이다. 한편 중심적인 사유는 텍스트의 선형적인 읽기나 텍스트의 고유성, 절대적 의미와 연결이 된다. 랜도우 이외에도 많은 하이퍼텍스트의 이론가들은 하이퍼텍스트성이 후기 구조주의의 해체적 텍스트 개념을 구체화한다는 데 의견을 같이 한다. 들뢰즈와 가타리의 『천개의 고원』은 하이퍼텍스트의 선구적 인쇄물로 간주되고 있다. 리좀은 하이퍼텍스트의 탈중심적인 성격과 상호간 연결을 통한 네트워크로서의 텍스트 개념을 구현하고 있다. 데리다 역시 인쇄매체에서의 텍스트의 고유성을 해체한다. 그는 텍스트는 동일성이나 확실성을 가질 수 없는 것이며, 아울러 지식이나 진리도 보장할 수 없는 것임을 주장한다. 『조종』은 랜도우가 '하이퍼텍스트적인 데리다'로 이름 붙일 만큼 비선형적이고 탈중심적인 하이퍼텍스트의 전형을 보여주는 텍스트이다. 『조종』은 철학자 헤겔의 텍스트와 시인 장 주네의 산문시 「도둑일기」를 콜라주 형식으로 인용하며, 두 저자의 텍스트들을 한 페이지에 함께 나란히 접목시킨다. 하지만 그러한 접목에 있어서는 그 어떤 형식이나 이유가 없다. 『조종』에는 전통적 관점에서의 텍스트의 중심적인 모티브나 위계질서가 없다. 따라서 독자들은 텍스트의 어떤 부분이라도 임의로 선택하여 읽을 수가 있고, 철학과 문학의 경계를 자유로이 넘나들 수도 있으며, 텍스트에 대한 판단을 유보시킬 수도 있다. 이 경우 과연 저자는 누구로 내세울 수 있고, 어떠한 제목을 붙일 수 있으며, 텍스트의 테두리나 경계는 어떻게 설정할 수 있고, 또 어떤 장르로 분류할 수 있을지 그 모두가 불확실하다. 『조종』은 인쇄매체가 지배하던 전통적 관점에서의 텍스트와 글쓰기에 대하여 울리는 '조종(弔鍾)'이다.

전자매체에서의 저자의 문제

매체환경의 변화로 인하여 텍스트의 개념 자체가 바뀌면서 두드러지게 나타나는 현상 중의 하나가 자자와 독자와의 관계 또는 쓰기와 읽기의 관계이다. 인쇄매체에 있어서 저자는 작품에 있어서 절대적인 위치를 차지하였다. 저자는 작품을 서명하는 고유성의 상징이었다. 저자와 권위를 의미하는 프랑스어의 auteur, autorité와 영어의 author, authority는 같은 어원을 가진다.

실제로 중세에는 저자는 작품에 권위를 부여하는 자였다. 저자는 자신의 작품에 주석이 붙도록 할 수 있는 권위를 가지고 있었으며, 자신의 작품을 인용하는 자리에 증인으로 소환되었다. 이처럼 작품에 대한 권위를 상징하는 저자의 위상이 최고조에 달했던 것은 낭만주의 시대였다. 낭만주의 시대의 작가나 시인은 하늘로부터 천부적 재능을 부여받은 자로서 천상이나 이데아의 세계와 유일하게 교감할 수 있는 자였다. 그런데 20세기에 들어서면서 이러한 저자의 절대적 위상은 흔들리게 된다. 특히 아방가르드적 시도들에서는 저자의 문제가 심각하게 대두되었다.

저자의 개념이 급격하게 변화되는 것은 온라인상의 새로운 텍스트 공간에서이다. 디지털 텍스트 생산에 있어서 저자는 다수의 개념을 지닌다. 또한 저자는 독자와의 상호작용을 전제로 한다. 1980년대 후반과 1990년대 초반에 개발되었던 전자적 글쓰기들은 다수의 공동창작 프로젝트들이 대부분을 이루었다. 대표적 예로 '머드'를 들 수 있다. 온라인상에서는 글쓰기에 있어서 독자의 역할이 적극적으로 수용됨으로써, 저자와 독자를 합한 용어들이 통용되기도 한다. 영미권에서는 writer와 reader를 합성한 'wreader', 또 불어권에서는 lecteur와 auteur를 합성한 'lauteur'나 'lectauteur'가 통용되기도 한다.

그런데 컴퓨터가 텍스트의 생성에 주도적인 역할을 하는 사이버공간에서는 글쓰기의 주체성이 인간 주체로부터 정보체계로 전이된다. 사이버공간은 비인칭적 공간이다. 그리고 작가적 상상력은 테크놀로지에 의해 대체된다. 초기 컴퓨터 시대에 있어서 컴퓨터는 '골렘 Golem'과 같은 것이었다(표현주의 영화에 등장한

골렘은 랍비가 만든 진흙인간으로서 창조자인 주인의 말에 복종하는 기계였다). 그러나 컴퓨터 기술이 급격히 발전하면서 컴퓨터는 인간에 복종하던 '골렘'의 역할로부터 벗어나 창조자인 인간을 대신하게 되었다. 컴퓨터의 발전에 대하여 비관적인 비전을 제시하는 측에서는 바로 이러한 테크놀로지에 의한 인간주체의 죽음을 문제 삼는다. 그 대표적 예가 'cyberpunk'이다. 텔레마틱한 사회가 제시하는 인간 주체에 대한 새로운 이해방식은 1960년대와 1970년대의 비평의 역할이 크다고 할 수 있다. 롤랑 바르트는 작품에 있어서 저자는 절대적 권위를 가지지 못한다는 맥락에서 '저자의 죽음'을 역설한 바 있다.

한편 '자동 텍스트 생산 시스템'에서는 저자 대신 아예 기계가 창조주가 된다. 컴퓨터와 같은 인공지능에 의해 자동으로 문학 텍스트를 생산해내는 것은 의식을 가진 개체의 주관적 사고를 벗어난다. 초현실주의가 꿈꾸었던 '무의식'에 의한 '자동기술법'을 기계가 실행하는 것이라고 할 수 있을 것이다. 그것은 언어라는 일차 재료를 바탕으로 하여 시인이 아니라, '기계적인 무의식'(가타리의 표현)이 텍스트를 생산한다. 이제 컴퓨터는 단순한 기계의 차원을 넘어서 텍스트를 생산하는 주도자가 된다. 현재 전자 글쓰기의 작가로 활동하고 있는 장 피에르 발프 Jean-Pierre Balpe는 전자 문학에 있어서 컴퓨터가 단순히 저자의 생각을 옮기는 기계라고 생각하지 않는다. 컴퓨터는 저자의 의도와는 상관없이 때로는 오류를 범하기도 하는데, 이러한 오류에 대하여 "그것은 결국 그 글을 쓴 것이 내가 아니라는 것을 입증해준다. 내게 흥미로운 것은 바로 이처럼 내가 만들어낼 수 없는 세계를 무한히 생성해내는 이같은 능력이다"라고 말하며, 이러한 점이 컴퓨터가 창작의 새로운 가능성을 열어주는 능동적 역할을 하는 증거라고 본다. 요컨대 컴퓨터에 의해 실행되는 자동 텍스트 생산에 있어서 저자는 일종의 픽션에 지나지 않는다고 볼 수 있다.

독서양식의 변화

텍스트 개념의 변화와 함께 독서양식도 급격하게 변화하였다. 전자매체의 등장으로 인하여 독자의 기능은 텍스트를 구축하는 중요한 기능을 부여받는다. 하이퍼텍스트에서와 같이 독자의 참여는 텍스트를 직접 생산하는 텍스트의 확장개념으로 등장한다. 전자매체에서는 인쇄매체와 같이 순차적이고 선형적인 독서방식으로부터 벗어나 독자의 선택이 텍스트를 생성하는데 중요한 역할을 한다. 저자가 구축하는 텍스트는 독자가 실행에 옮길 수 있는 최소한의 정보일 뿐, 텍스트를 어떻게 구축하는가는 독자의 몫이 된다. 전자매체에 있어서의 독서는 지극히 개인화되고 파편화되는 양상을 보이며, 인쇄매체에서와 같이 총체적이고 종합적인 비전이 부재한다.

컴퓨터기술이 급격히 발전하는 1990년대에는 저자와 독자의 관계가 상호작용을 기반으로 하게 되면서 사용자와 컴퓨터 사이의 인터페이스 개념이 등장한다. 컴퓨터의 초기단계에서는 독자가 단순한 사용자에 불과하였지만 인터페이스의 개념에서는 상호작용적인 사용자 또는 유희자가 된다는 것이다. 이러한 인터페이스에서는 무엇보다 참여적 스토리텔링을 기반으로 하여 독자가 허구의 세계 속으로 들어가 직접 체험하도록 한다. 이것은 허구의 세계를 간접적으로 체험하는 인쇄매체와 근본적인 차이를 만들어내는 요소이다. 아바타는 인터넷상에서 독자가 사이버 공간 속에 직접 뛰어들어 체험을 하는 구체적 예이다. 인쇄매체에서는 독자가 간접적으로 체험하고 상상하는 것으로 만족하였던 반면에, 전자매체의 독자는 텍스트에 직접 참여하여 실재하게 된다.

2

탈장르와 장르의 하이브리드

이미지의 역사

오늘날은 이미지가 지배하는 시대이다. 각종 광고판에서부터 TV, 비디오, 영화 등 일상 속에 이미지가 범람한다. 인간은 시대와 공간을 초월하여 끊임없이 이미지를 만들어왔다. 이미지 생산은 인간의 활동에 있어서 가장 근본적이고도 상징적인 활동 중의 하나였다. 이미지는 우리에게 이미 너무나 친숙하게 길들여져 있어서 그 존재를 알아차리기 힘들 정도가 되어버렸다. 그러나 이처럼 근본적이고도 친숙한 이미지는 시대와 매체에 따라서 많은 변화를 겪어왔다. 고대 동굴벽화나 사실주의 회화로부터 사진, 영화, 컴퓨터를 비롯한 첨단 기술로 창조되는 이미지……. 이미지의 역사는 실로 다양하다.

그런데 이러한 이미지의 발달은 인류가 먼 옛날 2차원의 그림을 창조하지 않았더라면 불가능한 일이었을 것이다. 영국의 BBC 방송국은 윌리엄스 교수를 중심으로, 이미지가 전혀 존재하지 않던 시대에 인류가 어떻게 그림을 창조해내게 되었는지를 추적하는 다큐멘터리를 제작하였다. 이 교수팀은 인류가 그림을 창조하게 된 과정을 연구하면서 인간과 예술의 근본적인 관계를 흥미롭게 밝히고 있다.

이에 대한 단서를 찾기 위해 윌리엄스 교수는 산족의 샤먼이 현실을 떠나 영적인 세계로 이동하는 과정을 인터뷰하고 취재하였다. 산족의 샤먼은 부족의 아픈 사람이 찾아와 도움을 요청할 경우 일종의 환각상태로 들어가 그 환자를 치료한다고 한다. 그런데 그러한 환각상태로 들어가기 위해서는 밤에 불을 피워놓고 사람들이 둘러앉은 가운데 춤을 추는 의식을 거치게 된다. 샤먼 역시 함께 춤을 추는데 춤이 한창 무르익기 시작하면 환각상태로 들어가 의식을 잃는다. 그리고는 영적인 세계로 이동하여 그곳에서 환자를 치료하고 다시 현실세계로 돌아온다. 여기서 중요한 것은 샤먼이 의식을 잃고 영적인 세계로 들어갈 때 이미지들을 본다는 것이다. 지그재그식의 선들이 나타나거나 빛이 여러 형태로 움직이는 이미지들이 보이기도 하고 수많은 점들이 연이어 나타나기도 한다는 것이다. 윌리엄스 박사는 현실세계에서 영적인 세계로 이동하는데 있어서 왜 이러한 점들이나 빛, 이미지들이 나타나는가에 관심을 가졌다. 그리고 이러한 빛의 형태나 점, 지그재그식의 이미지들이 선사시대부터의 동굴벽화들에서 볼 수 있는 모티브들과 유사하다는 것을 발견하였다. 동굴벽화에는 주로 산양이나 소, 말과 같은 동물 이미지와 함께 점이나 선들이 있는데, 이것은 샤먼이 영적인 세계로 이동하면서 보게 되는 이미지와 유사하다는 것이다. 이것이 의미하는 바가 무엇인가를 고심하던 끝에 윌리엄스 박사는 뇌의 시각작용을 연구하는 팀의 도움을 받아 이러한 점이나 선들이 환각상태로 들어가는 과정에 나타나는 현상이라는 사실을 실험으로 알게 된다. 그 결과 동굴벽화에 그려진 동물이나 사람은 활발한 활동을 하는 상태로 묘사된 것이 아니라, 일종의 가사상태로 묘사된 것임을 확인한다. 윌리엄스 박사는 동굴벽화에 나타난 산양이 목은 축 늘어진 채 다리가 꼬여있고, 그 옆에 있는 사람 역시 다리가 꼬여진 채 산양의 발로 묘사되어 있다는 것을 확인하게 된다. 이러한 사실들에 의거해 윌리엄스 박사 연구팀이 밝혀낸 결론은 동굴벽화에 그려진 동물이나 사람, 이미지들이 현실에서 본 것을 그대로 그려낸 것이 아니라 일종의 환각상태, 즉 상상이나 정신적인 것을 표현한 것이라는 사실이다. 이 연구결과의 주안점은 인류가 그림을 창조하게 된 것이 현실에 대한 묘사가 아니라 정신적인 상상의 세계를 나타내기 위함이었다는 것이다. 다시 말해 인간의 이미지 창조는 근본적으로 정신적인 상상의 세계와 관련되어 있다는 것이다.

오늘날 최첨단 테크닉으로 창조되는 이미지가 현실의 제약으로부터 벗어나 무한한 상상을 실현시키고 있는 것은 흥미롭게도 인류가 그림을 탄생시킨 최초의 동기와 뫼비우스의 띠처럼 연결되어 있다. 첨단 테크닉으로 탄생되는 오늘날의 이미지는 거의 마술에 가깝다(불어에서 이미지 image와 마술 magie은 같은 글자로 조합되어 있다. 이런 맥락에서 새로운 타입의 이미지에 대해 technique와 magie를 합성시킨 'technomages' 또는 technique와 image를 합성시킨 'technimages'라는 합성어를 사용하기도 한다).

컴퓨터가 만들어내는 디지털 이미지는 보드리야르가 말한 완전한 시뮬라크르의 이미지이다. 그 이미지는 대상을 지우고 물질세계의 법칙을 지배한다. 컴퓨터 화면 위의 이미지는 실재와 같은 공간감과 촉각적 감각을 지닌 인공지능에 의해 창조된 또 다른 현실이다. 그 현실은 실재의 현실을 닮은 재현된 현실이 아니라 현실과는 무관한 새로운 차원의 현실이 된다. 이전에는 상상이나 샤먼들의 영적인 힘에 의해 도달했던 가상의 세계를 이제는 기계가 대신하고 있다. NASA나 MIT를 비롯한 세계의 여러 연구소들에서는 이러한 가상현실을 창조하는 많은 프로젝트들을 수행하고 있다. 인공지능에 의해 만들어진 환경에서는 사용자가 안경을 끼면 현실과 유사한 공간적인 깊이를 감지할 수 있고, 손을 뻗어 만질 수도 있으며, 스토리 속의 인물과 대화를 나눌 수도 있다.

플라톤의 미메시스 이론에서부터 20세기 초에 이르기까지 예술의 근간을 이룬 것은 시뮬라시옹의 개념이었다. 사실적이든 추상적이든 그것은 현실에 실재하는 대상을 축으로 한 것이었다. 그러한 예술의 개념에 획기적인 전환점을 가져온 것은 비디오아트의 출현이었다. 비디오아트는 르네상스 이후로부터 발전되어 온 예술의 전통과 단절하며, 20세기 초의 미래파나 입체파 또는 아방가르드 운동들의 개념을 실현시킨다. 비디오아트는 이미지를 끊임없이 움직이도록 하며, 시각예술이 화폭 안에서는 가질 수 없었던 시간 즉 속도를 예술 속에 영입하였다. 이미지가 고정되지 않고 끊임없이 움직이도록 한다는 것은 곧 이미지를 보는 관람자로 하여금 보는 것 안에 머물게 하지 않고, 보이는 것 너머의 것을 보도록 하는 것이었고, 그것이 비디오아트가 가지는 모험적 시도였다. 그것은 곧 재현된 이미지의 실체를 끊임없이 지워나감으로써 재현된 대상과 실재와의 관계를 끊는다. 다시 말해 이미지와 미메시스의 관계를 청산하는 것이다. 이후 컴퓨터 기술의 발달로 이른바 컴퓨터 합성 이미지가 나오면서, 사실주의와는 다른 또 다른 현실, 즉 재현체계에 있어서 대상이 되는 원본이 없는, 선조가 없는 이미지가 탄생된다. 그것은 이미지 자체가 문제이고 대상인 이미지이다. 비록 현실세계를 닮은 듯하지만, 그것은 현실과 유리된 가시성이다. 현실의 재현에 의미를 두지 않는 순수하게 시각적인 이미지이다. 디지털 합성 이미지가 주는 사실감은 대상을 모방하는 사실주의가 아니라, 모방을 가장한 시뮬라크르이다. 자신 스스로가 대상이 되고 예술의 모티브가 되는 것이다.

영화나 비디오아트가 근본적으로 실제로 존재하는 이미지로부터 출발하는데 반하여, 디지털 이미지는 순전히 수학적인 조합에 의해 만들어진다. 디지털 이미지에서는 모든 것이 정확하게 계산되고 통제된다. 그리고 우연이나 실수조차도 프로그램화되고 계산된다. 디지털화된 이미지는 0과 1의 비트를 조합하여 점들을 병렬시키거나 엇갈린 교합을 한다. 디지털 조합은 아주 작은 것까지도 세밀하게 계산되어 기계적으로 정교한 이미지를 합성해낸다. 단단한 물질에 기반을 두지 않고 단지 전자적 비트의 유희에 기반을 두기 때문에, 그것은 순수하게 유희적이고, 비물질적인 이미지이다. 디지털 이미지는 미셸 세르 Michel Serres가 말하는 "하나의 형태 위에 나타나는 또 다른 형태" 즉 '형태의 형태'라고 할 수 있다. 이처럼 형태가 지배적으로 작용하는 이미지에 있어서 의미는 그다지 중요하지 않게 된다. 그것은 마치 시청각적인 사고 자체가 전자매체로 매개되어 디지털화된 것과 같다. 현실세계보다 훨씬 정교한 초현실적인 상상의 세계를 표현한다. 그것은 물질을 넘어서는 정신적 이미지이다.

시뮬라크르 시대의 미학

사진이 처음 등장했을 때, 사람들은 실재를 그대로 재현하는 사진이 회화의 예술성을 해치는 것으로 생각했다. 그리고 뤼미에르 형제가 공장에서 사람들이 걸어 나오고, 기차가 화면에서 튀어나올 듯한 움직이는 이미지들을 보여주자, 관객들이 놀라 영화 상영관에서 뛰쳐나오는 소동이 벌어졌으며, 피카소가 이차원의 화폭에 삼차원의 입체감을 표현했을 때, 현대회화의 지각 변동이 일어났다고 경악했다. 사람들은 예술에 새로운 표현 방법이 등장할 때마다 그 지각변동에 익숙해지기까지 여러 반응들을 보였다. 그런데 우린 이제 이런 지난 과거의 반응들에 오히려 신기해하는 시대에 살고 있다.

예술은 이제 모든 면에서 그 경계 자체가 불분명해지고 있다. 과연 어디까지가 예술이며, 예술이 뜻하는 것이 무엇인지를 명확하게 얘기할 수 있는 것인지, 또는 예술에 대한 정의가 무엇인지, 또는 그 정의가 꼭 필요한 것인지를 논한다는 것 자체가 별 의미를 가질 수가 없게 되었다. 문학에서는 글이나 종이가 없이 행위나 소리로 시 창작을 하기도 하고, 컴퓨터에 의한 작업에까지 창작의 영역을 열고 있기도 하다. 회화에서도 그림물감이나 화폭이 필수적이지 않다. 디지털 회화가 등장하였고, 비디오와 미디어 테크놀로지를 이용한 '미디어아트'는 현대미술에 큰 비중을 차지하게 되었다.

첨단 테크놀로지를 매개로 하는 미디어아트는 크게 두 가지 문제점을 제시한다. 하나는 예술표현에 있어서 현실과 가상의 경계와 그 의미에 대한 문제이고, 다른 하나는 인간적 감성을 바탕으로 하는 대신 기계가 매개 수단이 되는 '미디어아트'가 궁극적으로 지향하고 있는 바에 대한 문제이다.

예술적 표현에 있어서 근대로부터 현대로 넘어오면서 재현의 개념은 큰 위기를 겪는다. 프랑스의 포스트모더니즘 이론의 선구자인 장 보드리야르는 재현이 변화되는 단계를 네 단계로 나누어 설명한다. 첫 단계에서는 이미지가 현실을 반영하고, 두 번째 단계에서는 이미지가 현실을 은폐 또는 왜곡하다가, 세 번째 단계에서는 현실의 부재를 은폐시키기에 이르고, 네 번째 단계에 이르러 이미지는 현실과 전혀 관계가 없는 순전한 가상이 된다는 것이다. 이 네 번째 단계에서 재현의 모델이 되는 실재 자체가 부재하는 이미지를 '시뮬라크르'로 이름한다. 미디어아트에서는 현실과 가상 사이에서, 우리가 보는 이미지의 실체가 무엇인지를 묻는다. 어느 작품에서는 시각적인 게임을 통하여 이미지에 다가가면 이미지가 사라지고, 이미지로부터 멀어지면 화면이 보이게 한다. 또는 예수와 부처의 이미지들이 끊임없이 합성되고 변형되며 전혀 다른 이미지가 되었다가 또다시 다른 예수와 부처의 이미지들을 생성하는 과정을 작품으로 보여주면서, 우리 존재의 안식처로 삼는 예수와 부처의 이미지들이 단지 가상적인 것임을 말한다. 현대의 일상의 삶 속에서 우리가 접하고 있는 이미지들 자체가 어쩌면 이처럼 원본이 없는 '시뮬라크르' 이미지일 수 있다는 것을 시사한다 하겠다. 보드리야르는 이와 관련하여 오랫동안 인간에게 신비와 낭만의 대상이 되어 온 달의 이미지의 실상이 무엇인지를 상기시킨다. 우리가 보고 있는 달은 달의 실체가 아니라 태양 빛이 반사됨으로써 나타나는 이미지일 뿐이라는 것이다.

첨단 테크놀로지를 매개로 하는 '미디어아트'는 자신의 매개수단이 단지 기계적인 것에 그치지 않고 인간적 감성의 수단이기를 지향한다. 기계는 이제 인간만의 기능이라고 생각했던 낭만을 회복하려 하며, 인간적인 것, 감정적인 것을 지향한다. 디지털 매체로 구현해내는 숲은 인간의 눈으로 잘 볼 수 없고, 귀로도 잘 감지할 수 없는 밀림의 소리들을 채취하여 신시사이저로 복원함으로써 살아있는 생명체로서의 생체적 공간을 창조해낸다. 미세한 곤충소리, 바람소리와 함께 신시사이저 음악은 인체의 혈압이나 맥박의 박동을 느끼게도 한다. 그리고 어떤 작품에서는 기계와 인간의 직접적 소통을 시행한다. 작품 앞에 놓인 센서의 작동을 통하여 관람객은 작품 속의 인물과 직접 대화할 수 있다. 이렇게 사이버적 매체는 결코 생명감이 없는 죽은 기계가 아니라, 살아있는 유기체로서의 예술매체임을 말한다. 이와 동시에 '미디어아트'는 또한 가장 기계적인 것이 가장 서정적인 명상의 기능도 담을 수 있음을 말하기도 한다. 예를 들어 눈이 내리는 풍경을 묘사하는 여러 회화 작품들의 가능성을 생각해보자. 인상주의 풍의 그림, 초현실주의적인 그림, 추상적인 그림 또는 실제로 눈 내리는 풍경을 재현하는 퍼포먼스 등 여러 표현 가능성이 있을 것이다. 그런데 이런 장면이 있다. 벽에 걸린 검은 디지털 화면에 하얀 알갱이들이 움직인다. 그리고 그 알갱이들이 하나씩 하나씩 쌓여간다. 시간의 흐름과 함께, 그리고 그 시간을 느끼게 하는 음악의 선율과 함께. 어느덧 하얀 알갱이들은 화면을 가득 메우고 화면은 하얗게 정지된다. 디지털의 최소 단위는 곧 인간적 감성을 전달하는 눈이다. 눈이 내리는 풍경을 표현하는 예술 장르 중 과연 어느 것이 더 예술적인지, 어느 것이 더 인간적인지 또는 더 서정적이고 명상적인 것인지는 이 시대에 더 이상 의미가 없게 되었다.

영화 〈시몬〉 읽기

〈시몬〉(앤드류 니콜 감독, 2002)은 영화계에서 크게 평가를 받지 못하고 있는 어느 영화감독의 이야기이다. 감독은 더 이상 제작자를 구할 수도 없고 잘 나가는 영화배우도 섭외할 수 없다. 극중 터랜스키 감독은 컴퓨터 한 대만 덜렁 놓인 창고 같은 그의 작업실에서 영화배우를 합성해내기에 이른다. 영화는 그렇게 시작한다. "Welcome to Simulation One"이 화면에 뜬다. 그리고 곧이어 Sim(ulation)one으로부터 '시몬 Simone'이 탄생한다(사진 1-1, 사진 1-2). 감독이 '따라말하기'라는 버튼을 누르면 감독과 컴퓨터로 합성된 스타와의 대화가 시작된다. 감독은 "스타는 컴퓨터 합성이다"라고 단언하며, 전혀 다른 차원으로 영화를 찍게 될 것을 말해준다. 이에 시몬은 "나는 완벽하게 진짜입니다"라고 응답한다. 시몬의 탄생은 0과 1의 비트로 이루어진 디지털

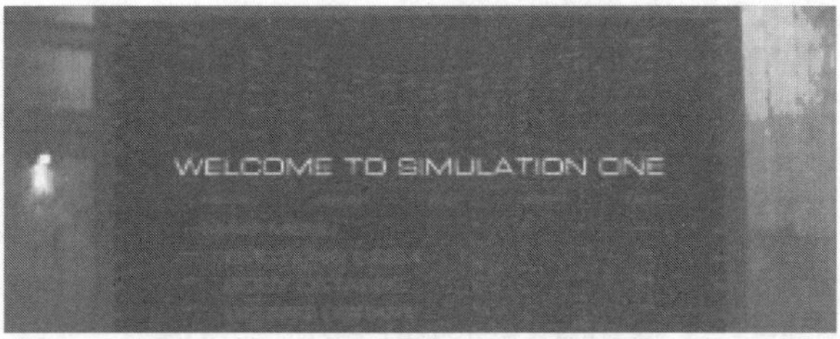

▌사진 1-1▐

▌사진 1-2▐

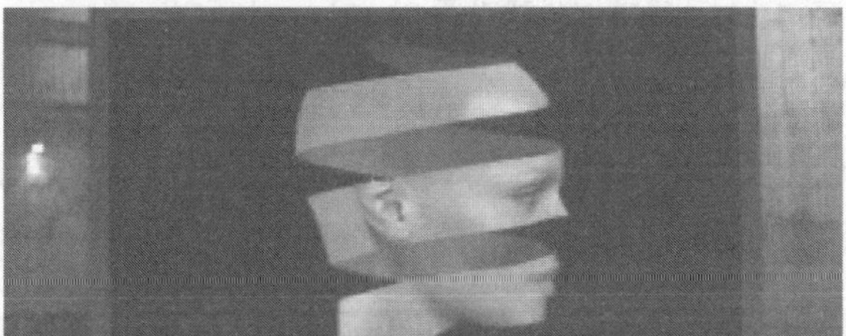

▌사진 2▐ 시몬의 탄생

이미지 합성의 결정판이다(사진 2). 시몬은 터랜스키 감독의 입을 통하여 연기를 해낸다. '따라말하기' 버튼을 누르면 터랜스키의 말이 곧 시몬의 연기가 된다. 터랜스키 감독은 디지털 합성 이미지 시몬을 만들어낸 창조자이자 그 이미지를 연기시키는 연기자이기도 하다.

유명 여배우들의 이미지를 합성하여 만든 시몬은 완벽한 미와 연기로 대중들의 인기를 한 몸에 받게 된다. 모든 언론 매체와 영화사, 관객들은 시몬이 누구인지를 알고 싶어 하고 보고 싶어 한다. 시몬이 어떤 술을 마시고 어떠한 취향을 가지고 있는지가 최대의 관심사로 떠오른다. 영화인들이 모인 어느 파티에서 사람들은 터랜스키 감독에게 시몬에 관한 질문을 해댄다. 그런 질문들에 대해 감독은 "시몬은 실제로는 없어"라고 토로한다. 그럼에도 불구하고 시몬에 중독된 대중들은 들은 척도 하지 않은 채, 파티장 분수 옆에 세워진 광고판의 시몬 모습을 보고 "저게 시몬 아냐?"라는 누군가의 말에 서로 밟히고 밟으며 무작정 물 속으로 뛰어든다. 합성된 이미지의 이미지를 나타내는 간판을 보고서도 그것이 실재라고 무조건적으로 믿는 것이다. 그것은 어떤 실재와는 무관하게 "지시 대상도 테두리도 없는 끝없는 시뮬라시옹 순환 속의 시뮬라크르"이다. 시몬이 실재라는 것을 밝히기 위한 인터뷰에서 컴퓨터의 용량 부족으로 이미지가 깨어지는 것조차도 시몬의 가상성을 밝히기에는 역부족이다. 그것은 단지 위성 중계 방송 사고로 받아들여질 뿐이다(사진 3).

시몬은 홀로그램으로 전 세계 관중을 상대로 하는 위성 중계 초대형 쇼에 출연하여 사람들을 사로잡기까지 한다(사진 4-1,

▌사진 3▐

▌사진 4-1▐

▌사진 4-2▐

사진 4-2). 시몬은 실제 배우보다 훨씬 더 강하고 빠른 속도로 사람들을 매료한다. 걷잡을 수 없이 커져가기만 하는 시몬의 인기를 감당하지 못한 터랜스키 감독은 급기야 시몬의 이미지를 손상시키는 장면들을 방송으로 내보낸다. 담배를 피우고 술을 마시며 흐트러진 모습을 그대로 보여주는가 하면, 눈부신 드레

스를 입고서 돼지 시궁창 속에 들어가 돼지 먹이를 함께 먹는 장면을 보여주기도 하지만 사람들은 그러한 시몬에 더욱 열광할 뿐이다.

만들어지고 조작된 이미지가 실재보다 더욱 실재 같아지고, 실재가 존재하는 세상이 어리석고 거짓된 것이 되어버린다. 실재와는 무관한 이미지의 세계가 더욱 진실한 세계가 된다.

더 이상 시몬을 감당할 수 없게 된 터랜스키 감독은 절망에 빠져, 죽은 동료 행크의 무덤을 찾는다. 그리고 행크에게 자신의 고민을 털어놓는다. 시몬은 행크를 비롯한 터랜스키 감독, 대중 모두를 죽이는 연쇄 살인범이라고, 하지만 이제는 마법을 되돌릴 수도 없으며, 시몬은 이미 스스로의 인생을 살아가고 있다는 것을. 그 때 무덤 앞에서 감독은 영감을 얻는다. 시몬을 무덤 속에 넣어야겠다고. 감독은 마침내 컴퓨터에 바이러스를 침투시켜 시몬의 존재를 사라지게 만든다.

터랜스키 감독은 시몬의 이미지를 지우면 대중들의 관심이 없어질 줄 알았지만, 오히려 이미지에 대한 환상은 더욱 커질 뿐이다. 이것이 보드리야르가 말하는 시뮬라크르의 한 단면이다. 시몬은 근거가 없는 이미지이기 때문에, 그 이미지가 사라진다고 해서 존재가 사라질 수는 없는 것이다. 터랜스키 감독은 마지막 해결책으로 대중이 보는 가운데 시몬의 장례를 치른다. 영화에서는 형사들의 추적으로 관 속에 든 것이 결국은 출력된 시몬의 이미지 사진이라는 것을 보여주는데, 이것은 매우 시사적인 장면이다(사진 5-1, 사진 5-2). 왜냐하면 이 이미지는 대중들이 시몬의 이미지에 현혹되어 정신없이 물 속으로 뛰어든 바로

▌사진 5-1▌

▌사진 5-2▌

그 이미지고, 이미지를 아무리 지우려 해도 지워지지 않은 채 관 속에 들어가 있는 것 역시 이미지에 대한 이미지이기 때문이다. 이것이 바로 현대의 실재가 없는 부재하는 이미지, 그 이미지에 대한 이미지의 실상이라고 할 수 있다. 오늘날 우리는 이미지 없이는 살 수 없는 시대에 살고 있다. 영화가 보여주고자 하는 것은 이러한 이미지의 한 단면이다.

이미지의 악몽에 시달리면서 결국은 이미지를 죽인 범인으로까지 몰린 터랜스키 감독은 급기야 시몬을 실재라고 믿고 있는 대중들에게 자신이 시몬을 죽였다고 자백을 하기에까지 이른다. 그럼에도 불구하고 감독은 이 이미지로부터 벗어날 수가 없다. 우연히도 터랜스키 감독이 어떻게 이미지를 만들어냈는지를 발견해낸 딸이 바이러스로 손상된 프로그램을 복원시켜서 시몬을 다시 살려냈기 때문이다. 결국 감독은 이미지로부터 벗어날 수가 없고, 이미지와 공존할 수밖에 없음을 깨닫는다. 영화의 결론 부분에 감독은 시몬을 등장시키고 감독과 시몬 사이의 아기까지 등장시켜 평화로운 결말로 이끌고 간다. 영화는 시몬 이미지와의 합성을 위해 블루 스크린 앞에 혼자 앉아있는 터랜스키 감독의 모습을 마지막으로 끝을 맺는다(사진 6-1, 사진 6-2).

▌사진 6-1▐

▌사진 6-2▐

매체의 하이브리드

과학과 예술은 원래 한 몸이었다. 그 둘이 분리되기 시작한 것은 18세기부터였다. 과학이 발전하여 산업으로 연결되고 근대로 넘어오기 시작하면서 모든 분야가 세분화되었던 것이다. 이와 함께 예술 역시 과학으로부터 멀어져 예술 자신만의 길을 걸어왔다. 그러던 것이 20세기 초에 들어서면서, 특히 1920년대를 전후하여 모더니즘 기계시대의 패러다임이 예술에 적극적으로 도입되었다. 그리고 1950년대부터 비디오아트를 기점으로 예술과 테크놀로지가 더욱 직접적으로 결합되었고, 오늘날 디지털 시대에 이르러서는 다시 예술과 테크놀로지가 더욱 가까워지고 있다.

20세기 초반의 아방가르드 운동들에서는 오늘날 예술과 테크놀로지가 결합되는 양상의 조짐을 발견할 수 있다. 장르들이 결합되고 자신과 상이한 매체들이 동원됨으로써 새로운 테크놀로지와의 결합을 예고했던 것이다.

그렇다면 왜 이런 운동이 일어나게 된 것일까? 아방가르드 운동들에서 알 수 있듯이, 이같은 실험적 운동들은 모두 예술적 전통이 무엇이냐에 대한 물음에서 시작한다. 이러한 물음은 장르를 막론하고 공통된 현상이었다. 문학에서 작품의 고유성을 해체하고 전통을 해체하면서 자신을 돌아봤던 작업들 역시 이와 같은 맥락이다. 다다이즘으로부터 플럭서스에 이르기까지의 아방가르드 예술을 관통하는 한결같은 키워드는 전통에 대한 반항이었다. 예술의 영원함과 절대적 권위를 주창하는 전통을 파기하자는 것이었다.

• 다다이즘

20세기 초 (1916~1923) 가장 폭력적이었던 전위예술운동인 다다이즘은 서구의 예술적 전통에 대한 반항이었다. 그 반항은 기존의 재료나 형식으로부터 벗어나는 것이었다. 우선 다다이즘은 장르들 사이의 경계를 허물고 각 장르의 고유한 매체를 결합시키는 인터미디어의 양상으로 나타났다. 시와 해프닝과 연극, 음악 등이 결합하면서 하나의 예술적 퍼포먼스에 여러 매체들이 동원되었다. 다다이즘의 이러한 정신은 1950년대 이후의 플럭서스와 팝아트, 해프닝 등에 직접적인 영향을 끼쳤다. 베를린의 대표적 다다주의자로 불리는 존 하트필드는 예술에 기계를 도입했던 대표적인 작가였다. 그의 포토몽타주에서는 기계와 인간의 결합이나, 기계 자체가 모티브가 된다.

▌사진 1-1▐
존 하트필드의 포토몽타주

▌사진 1-2▐
존 하트필드의 포토몽타주

1920년대의 시대적 특성은 모더니즘 시대의 기계생산에 많은 관심을 보이고 있다는 것이다. 그리고 그러한 관심은 예술에 적극적으로 반영되었다. 모더니즘 기계시대에는 여러 가지 매체와 테크놀로지가 예술과 접목되는 경향을 보이는데, 미래주의와 다다이즘, 그리고 러시아 구성주의, 바우하우스는 장르를 혼합시키며 예술에 매체를 적극 도입했다. 이와 함께 이 시대에는 인간의 몸을 기계적으로 표현하는 양상을 보였다. 미래주의에서는 인간의 몸동작을 기계의 움직임으로 표현하기도 하였는데, 지아코모 발라의 〈인쇄기계 퍼포먼스〉(1914)에서는 여섯 명의 행위자가 양 팔에 물레방아를 달고 연기함으로써 인간을 기계로 인식하게끔 하였다. 미술사상 가장 센세이셔널한 반역이라고 간주되고 있는 〈샘〉(1917)으로 유명한 마르셀 뒤샹 역시 예술에 기계적 이미지를 도입하였다. 예를 들어 〈계단을 내

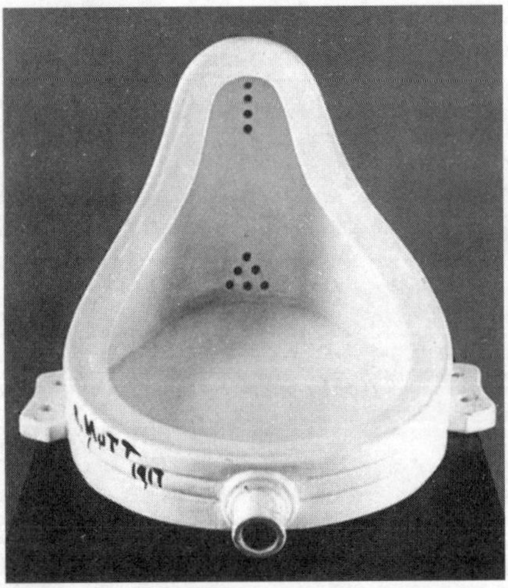

▌사진 2-1▐ 〈샘〉

❚ 사진 2-2 ❚
〈계단을 내려오는 누드〉

❚ 사진 2-3 ❚
〈자전거 바퀴〉

려오는 누드〉(1912)에서는 계단을 내려오는 남자의 몸동작을 기계적으로 보여준다. 〈자전거 바퀴〉(1913) 역시 기계적 모티브를 가진 레디메이드가 작품의 오브제가 된다.

• 초현실주의

유럽을 비롯하여 전 세계적으로 확산되며 여러 예술 운동들 중 가장 폭넓은 공감대를 형성하였던 초현실주의는 회화, 문학, 영화, 사진 등 장르간의 혼합을 통해 새로운 예술적 시도를 꾀한 대표적인 예이다. 초현실주의는 전통적 예술의 개념으로부터 벗어나기 위해서 이성의 통제로부터 자유로워져야 한다고 주장하였다. 무의식적이고 환상적인 것을 표현하기 위하여 영화에서는 새로운 기법들이 동원되었고, 문학에서는 집단 창작의 개념을 도입하기도 하고 색다른 매체로 시를 쓰기도 하였다. 아폴리네르는 자신의 시를 축음기로 녹음하면서 거리의 소음이나 카페에서의 사람들과의 대화를 그대로 넣기도 하였다.

• 러시아 구성주의와 바우하우스

러시아 구성주의는 예술과 산업을 결합시켜 총체적인 협업체계로 나아가야함을 보여준 좋은 예이다. 1917년 러시아 혁명 직후 형성된 이 운동은 무엇보다 예술이 기술적 생산력과 결합함으로써, 예술과 테크놀로지를 융합시킨 선구자적 아방가르드 운동이라고 할 수 있다. 러시아 구성주의는 이전까지의 전통적인 예술 개념으로부터 벗어나 예술이 산업과 결합될 수 있으며, 우리의 일상 삶에 생산적인 역할을 해야 한다는 것을 강조한다.

러시아 구성주의의 태동과 비슷한 시기인 1919년부터 형성된 바우하우스는 유럽의 예술에서 장르를 직접적으로 결합시키고 여러 매체들을 혼합한 대표적인 예이다. 바우하우스의 기본 컨셉은 순수 미술과 공예를 재통합시키는 것이었다. 그것은 과거 전통적 예술에서 큰 괴리가 있었던 순수미술과 응용미술을 재결합시키면서 예술의 대중화를 목표로 하였다. 이 운동을 이끌었던 주요 인물들은 건축과 회화, 조각 분야의 예술가들로서 이제껏 분리되어왔던 여러 매체들을 결합시킴으로써 종합적 예술을 지향하였다. 바우하우스 디자인에 막대한 영향을 끼친 칸딘스키는 미래의 예술은 여러 매체들의 혼합을 통한 토탈 아트여야 한다는 것을 주장하였고, 클레 역시 모더니즘 기계시대의 동시대적인 요구, 즉 예술과 산업의 결합을 강조하였다.

그리고 바우하우스의 중요한 인물 중의 하나인 라즐로 모홀리

▌사진 4-1▐ 바우하우스 외관

▌사진 4-2▐ 바우하우스 전시실

나기는 그의 작품에 기계시대에 어울리는 모티브나 테크놀로지를 도입하였다. 그는 회화가 새로운 시각을 제시할 수 있어야 한다고 역설하며, 이를 위하여 현미경이나 천체망원경, X-ray, 항공사진 등을 이용하여 과학적 방법으로 형태에 대한 탐구를 하였다. 그는 과학, 물리, 회화, 화학 등의 장르를 넘나들며 시각의 확장을 꾀하였다(사진 5-1, 5-2, 5-3).

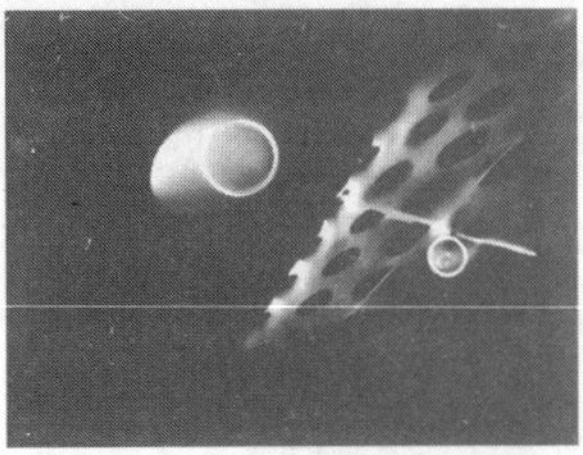

▌사진 5-1▐ ⟨Photogram⟩(1925)

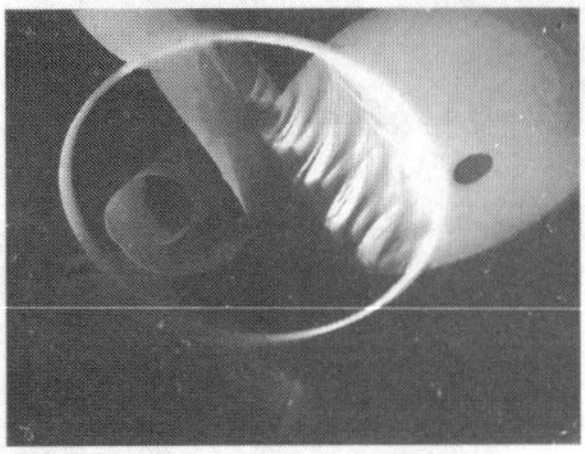

▌사진 5-2▐ ⟨Photogram⟩(1939)

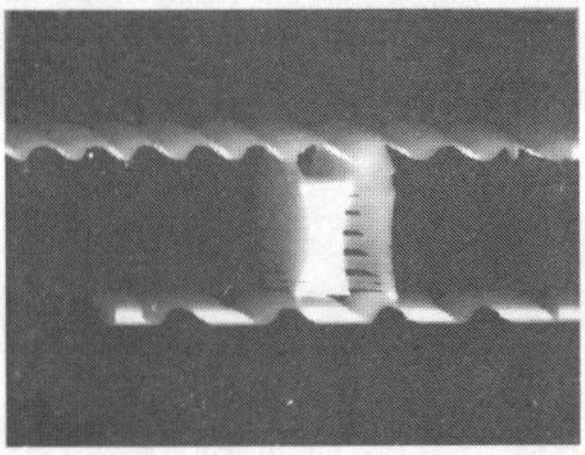

▌사진 5-3▐ ⟨Photogram⟩(1940)

러시아 구성주의나 바우하우스가 예술과 공업생산을 연결시켰던 것은 모더니즘 기계시대의 대표적인 양상이다. 이것이 의미하는 바는 전통적인 엘리트 중심의 고급문화로부터 벗어나 예술을 위한 예술의 허상을 파괴시키는 것이었다. 예술의 위상에 결정적인 전환점을 가져다 준 것은 19세기 후반부터 시작된 다양한 복제기술과 통신기술의 발달이었다. 사진의 발명, 사진으로부터 영화로의 발전, 축음기, 무선통신, 전화로 이어지는 통신기술의 발달은 기술적으로 예술품을 복제함으로써 예술의 절대성을 파기했다. 이러한 러시아 구성주의나 바우하우스는 산업혁명으로부터 시작된 기술복제 시대와 1950년대의 본격적인 대중문화 시대 사이의 가교적 역할을 하였다. 1920년대와 1930년대의 모더니즘 기계시대가 예술과 공업생산, 예술과 일상의 삶을 연결시키는 것이었다면, 1950년대 이후의 대중문화 시대는 TV, 비디오 등을 중심으로 대중의 삶 자체에 초점을 맞추어 환상적 욕망을 충족시킬 수 있는 오락을 제공하였다. 요컨대 대중문화의 출현은 테크놀로지와 깊은 관련을 가진다. 기술을 비롯한 매체가 문화의 패러다임을 바꾸는 결정적 요소가 되었다. 이런 맥락에서 20세기의 모든 아방가르드 운동들이 매체와 깊은 관련을 갖는 것은 당연하다 하겠다.

이미지와 사운드의 결합

역사적으로 예술과 테크놀로지가 결합되는 계기는 아주 오래전으로 거슬러 올라갈 수 있을 것이다. 고대 그리스 신화에서는 최초의 대장장이 헤파이스토스가 등장하며 밀랍으로 날개를 만들어 붙였던 이카루스의 이야기에서도 테크놀로지를 읽을 수 있다. 중국 고전 『산해경』에는 최고의 기술자인 기굉국 사람들 이야기가 등장한다. 팔, 다리가 하나뿐인 기굉국 사람들은 날아다니는 수레를 만들어 타고 다닌다. 인간은 언제나 불가능을 향한 꿈을 꾸었고, 그것이 각종 신화를 통해 드러났던 것이다. 그리고 그 속에는 테크놀로지가 숨어있었다.

본격적으로 테크놀로지가 예술과 결합되는 것은 산업혁명을 거쳐 1920년대 기계시대에 이르러서이다. 위에서 언급한 바와 같이 20세기 초 아방가르드 운동들에서는 여러 장르들이 융합되며 여러 매체들이 접목되는 양상을 보인다. 그런데 이러한 양상들에서 한 가지 특기할 만한 사실은 이미지와 소리, 즉 시각예술과 청각예술이 융합하는 현상을 보이고 있다는 점이다. 회화에서 추상예술이 시작되는 것은 1910년대이다. 그런데 이 추상회화의 탄생은 바로 음악, 즉 소리와 융합하려는 시도에서 출발한다. 1911년 칸딘스키는 쉔베르그에게 "음악가들은 (…) 이렇게 앞서가는 예술을 한다는 점에서 정말 운이 좋아요. 모든 재현적인 기능으로부터 이미 완전히 결별할 수 있는 그야말로 진정한 예술 말입니다. 회화는 아직도 얼마나 이런 순간을 기다려야 하는 것일까요?"라고 말하며 음악의 추상성을 부러워한다. 이때부터 그는 모방적인 재현의 기능으로부터 완전히 자유로운 추상회화를 시도한다. 이와 함께 양차대전 사이의 아방가르드 운동들에서도 추상회화의 움직임을 보이는데, 이처럼 회화가 재현적인 구속으로부터 벗어나기 위해서 기댄 곳은 바로 음악이다. 음악은, 가시적이고 물질적인 세계를 기반으로 하는 회화와는 달리 비물질적인 시간예술이기 때문이다. 재현의 구속으로부터 벗어난 추상회화는 순수하게 형태들을 통하여 이미지를 구성하고 있는데, 이것은 비가시적이고 정신적인 것을 표현하는 음악을 닮은 것이었다. 칸딘스키는 「예술에서의 정신성에 대하여」라는 글에서 새로운 회화에 대해 논하면서 색채와 형태가 가지고 있는 내적인 조화에 절대적인 가치를 두자고 주장하였다. 프란시스 피카비아 Francis Picabia 역시 음악에서의 하모니와 리듬을 회화에서 색채와 형태를 통하여 구현하고자 하였다. 그리고 〈음악을 회화처럼〉(1913~1916)에서는 음악과 회화가 같은 근원을 가지고 있다는 것을 말한다. 이외에도 1910년부터의 추상회화에서는 음악적 모티브를 쉽게 발견할 수 있는 작품들이 많다. 클레와 몬드리안은 바이올린이나 피아노, 또는 재즈, 그리고 바하의 푸가에서 모티브를 발견하고 이를 작품화하기도 한다.

그런데 이처럼 시각예술과 청각예술, 이미지와 사운드를 결합하려는 시도들에서는 당시의 시대적 배경과의 깊은 관련성을 엿볼 수 있다. 1910년경 유럽에서는 음악이 새로운 종교로 부상하고 있었다. 계몽주의 시대를 거치면서 기독교가 쇠퇴하고 있던 당시, 사회는 새로운 이데올로기에 목말라 하고 있었는데 음악이 이러한 시대적 요구에 부응하는 것이었다. 이전에는 종교가

▌사진 6▌ 클람, 〈즉흥곡〉(1914)

▌사진 7▌ 스튜어트 데이비스, 〈재즈스윙〉(1938)

▌사진 8▌ 블라디미르 바라노프 로시네, 〈카프리치오〉(1913)

대중들로 하여금 영혼의 높은 경지를 경험하게 해주었는데, 산업혁명 이후 과학문명이 발달하면서 이러한 신비감이 사라진 시대에는 더 이상 영혼의 경이로운 경험을 할 수 없었던 것이다. 음악은 청중으로 하여금 자신을 뛰어넘어 좀 더 높은 차원의 세계, 신비로운 근원과 교감을 가능케 해주는 것이었다. 그것은 감각적인 감흥을 통하여 시각적인 것을 잊게 하는 것이었다. 음악이 종교적 차원과 연결될 수 있었던 것은 통감각을 통한 다른 세계로의 전이가 가장 직접적으로, 가장 빨리 이루어질 수 있었기 때문이다. 푸리에 Fourier가 오페라를 가장 종합적인 예술 형태로 꼽으면서, 시각과 청각의 결합을 통해 정신을 물질적인 것에 일치시킬 수 있는 예술장르로 규정하고 있는 것은 이런 맥락에서이다. 음악은 예술의 장르들 중 매개가 필요 없이 직접적으로 감성에 전달되며 절대 추상성을 가진 가장 완성도가 높은 장르로 인식되고 있었다. 어떤 연구결과에서는 음악의 오케스트라의 탄생과 볼트 건전지의 발명이 역사적으로 같은 시기에 발생한 것은 우연이 아니라고 한다. 그것은 일종의 동시대적인 요구로서, 개인의 감성의 차원을 넘어서 집단적인 감흥, 감전 상태, 감정의 전이, 또는 오관의 감각적 통합을 통한 텔레파시의 집단적 전달이라는 것이다.

이런 시대적 배경과 관련하여 1910년대의 중요한 화두는 "이미지를 소리로 나타낼 수 있는가" 또는 "소리를 이미지로 나타낼 수 있는가"였다. 1915년 3월 20일 카네기홀에서 연주된 스크리아빈의 〈불의 시, 프로메테우스〉는 음악사에서 가장 중요한 공연 중 하나로 손꼽히고 있는데, 그것은 프로메테우스의 신비로운 힘이 색채로 나타나는 순간을 재현한 것이었다. 1920년대와 1930년대에는 테크놀로지를 이용하여 이미지와 소리를 결합시키는 시도들이 이어졌다. 라울 오스만 Raoul Hausmann은 〈옵토폰 optophone〉(1922)으로 기계적으로 이미지를 소리와 결합시키는 시도를 하였고, 1930년대에는 오스카 피싱거 Oscar Fischinger가 "보는 것을 듣고, 듣는 것을 본다"라는 아이디어로 기계를 발명하였다.

그런데 1910년대에 시각적인 것과 청각적인 것을 동시에 만족시켜주는 장르는 단연 영화였다. 영화는 이전에는 음악을 통해서만 표현될 수 있었던 경험을 시각적으로도 가능하게 하였다.

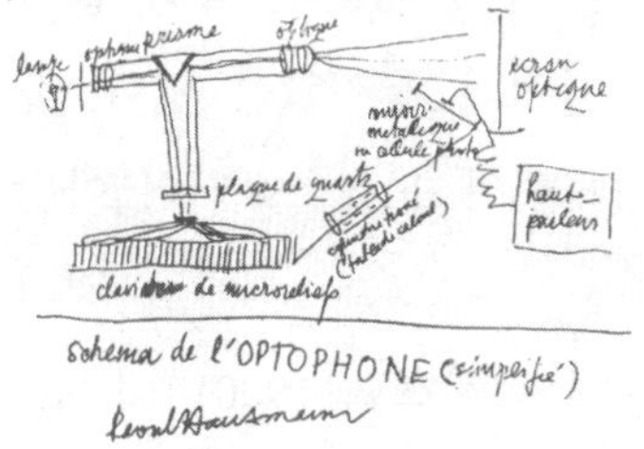

▌사진 9-1▐ 〈옵토폰〉 설계도

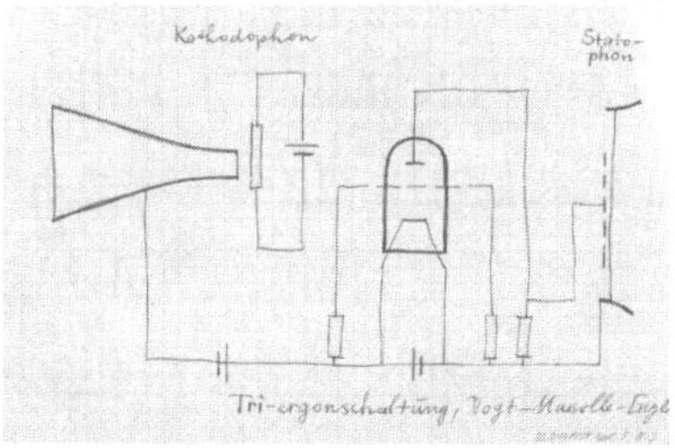

▌사진 9-2▐ 〈옵토폰〉 설계도

▌사진 10-1▐ 손으로 그린 sound tape을 보이고 있는 오스카 피싱거(1932)

▌사진 10-2▐ 에멜카스튜디오에서 sound tape을 그리고 있는 루돌프 페닝거(1932)

영화는 공간의 리듬과 시간의 리듬을 최상으로 조율하며 모든 감각을 동원한 통감각적 전이를 실행시켜주는 예술이었다. 아인슈타인의 상대성 원리가 나오며 공간이 다르게 해석될 수 있고 시간을 다른 차원에서 경험할 수 있다는 것은 예술의 근본 성격을 바꾸어놓는 것이었다.

플럭서스 – 인터미디어

1950년대부터 예술 장르들의 벽이 무너지기 시작하는 것과 맞물리면서 매체의 활용이 더욱 활발히 진행되었다. 특히 플럭서스('플럭서스 Fluxus'란 라틴어로 흐름이나 끊임없는 변화, 움직임을 뜻한다)는 20세기의 중반에 위치하며 20세초부터의 아방가르드 운동을 이어받으면서 이후 예술에 테크놀로지를 본격적으로 도입시키는 가교적 역할을 한다. 플럭서스는 1960년대 초 조지 마키우너스 Georges Maciunas가 바스바덴에서 조직한 〈플럭서스 국제 신음악페스티발〉을 시초로 독일과 미국을 비롯하여 전 세계적으로 확산된 전위적 예술운동이다. 이 운동이 내세운 기본정신은 당시까지의 예술 전통에 대한 저항이자 도전이었다. 플럭서스 운동의 주자들은 무엇보다 전통직 예술개념을 탈피하여 자유로운 표현방식과 새로운 예술개념을 실험하고자 하였는데, 그 실험은 주로 여러 분야의 예술장르들을 접목시키고 융합하면서 장르들 사이의 벽을 허무는 것이었다. 이들은 음악, 회화, 연극, 문학 등에서 탈장르화하며 인터미디어의 개념을 도입하였

❙사진 11❙ 〈플럭서스, 음악과 연극의 새로운 창작 리서치〉 포스터 (프랑스 니스, 1963)

❙사진 12❙ 문화제국주의 반대 시위 장면 (뉴욕, 1964)

❙사진 13❙ 요셉 보이스를 비롯한 플럭서스 멤버들

❙사진 14❙ Ben Patterson의 〈자유표현을 위한 워크샵〉 (파리, 1964)

다. 이 운동을 적극적으로 이끌어간 조지 마키우너스 자신이 건축과 디자인, 음악, 미술사를 고루 섭렵하였다. 인터미디어의 개념을 적극적으로 실천했던 플럭서스 운동은 비디오아트의 발전을 앞당겼다고 할 수 있을 것이다.

백남준의 비디오아트

플럭서스 운동 주자들 중에서 백남준은 플럭서스의 인터미디어 개념을 가장 적극적으로 활용하고 작품화한 예술가 중의 하나이다. 탈장르와 인터미디어는 백남준 예술의 큰 특징들이다. 음악과 회화, 비디오와 음악, 테크놀로지와 인간, 테크놀로지와 자연, 환경, 스포츠와 예술, 예술과 일상 등을 접목시키며 혼합한다. 1950년부터 그의 예술에서의 주된 관심사에 대한 질문에서 그는 "다양한 영역 사이의 경계지역 그리고 음악과 시각예술, 하드웨어와 소프트웨어, 전자공학과 고전적 의미에서의 인간성 같이 서로 상이한 매체와 요소들을 접목시키는 복잡한 문제들"이라고 대답하고 있다.

1963년 3월 부퍼탈 Wuppertal에서 열린 백남준의 첫 전시회 〈음악전시〉는 인터미디어의 개념을 잘 보여준다. 듣는 음악을 보는 전시의 개념과 접목시키면서 백남준은 비디오아트의 선두주자가 된다. 비디오 캠코더가 피아노 건반을 두드리며 소리와 함께 화면에 보여지는 것이다. 〈피아노포르테를 위한 습작〉에서 음악전통과 남성권위주의를 비판하기 위하여 존 케이지의 넥타이를 자르는 퍼포먼스를 비롯하여 공연자들이 공동으로 피아노를 부수거나 못을 박는 행위(사진 18), 바이올린을 땅바닥에 끌며 거리를 걷는 행위(사진 16) 그리고 피아노에 여성의 브래지어, 달걀껍질, 바구니 등 여러 가지 물건들을 콜라주한(사진 17) 백남준의 작품들에 나타나고 있는 공통점은 음악의 전통성을 상징하는 매체들을 모욕하는 것이다. 음악이 자유롭기 위해서는 전통적 매체로부터 벗어나야 함을 보여주었던 것이다. 존 케이지가 피아노 앞에서 침묵하는 것으로 일관하는 작품 〈4분 33초〉는 피아노라는 매체가 없이도 음악이 가능하다는 것을 보여준 것이며, 소음이나 다른 일상적 소품들로 소리를 만들어내는 것 역시 음악매체의 확장 가능성을 입증하는 것이었다. 벤자민 패터슨은 〈7중주〉에서 박수소리, 물방울 떨어지는 소리, 물 끓는 소리, 종이 찢는 소리 등으로 음악을 실험하였다.

샬롯 무어맨과의 협연 작품 또한 이미지와 소리를 결합시키는

❙ 사진 15 ❙ 파르나르 화랑에서 열린 백남준의 〈음악전시〉 포스터(1963)

❙ 사진 16 ❙ 백남준, 〈zen for walking〉, 부퍼탈 파르나스 화랑(1963)

❙ 사진 17 ❙ 백남준, 〈Piano Integral〉 (부퍼탈 파르나스 화랑, 1963)

❙ 사진 18 ❙ 〈Piano Activities〉 (1962)

❙ 사진 19 ❙ 존 케이지, 〈4분 33초〉

시도였다. 〈TV첼로〉는 샬롯 무어맨이 첼로를 켜고 이와 동시에 무어맨의 브래지어에 첼로를 켜는 무어맨 자신의 모습이 영상으로 나타나는 작품으로서 비디오 이미지와 음악을 결합시키고 있다. 그리고 백남준의 현란하고 광대한 비디오 인스털레이션 작품들은 거의 대부분 이미지와 소리, 빛, 움직임을 합성시키는 것들이다. 또한 1970년에는 비디오합성기를 발명하여 보스턴 교향악단의 연주를 이미지로 보여주었다. 백남준은 1969년 전자공학

▮사진 20-1▮ 〈바이바이키플링〉

▮사진 21-1▮ 〈굿모닝미스터오웰〉

▮사진 20-2▮ 〈바이바이키플링〉

▮사진 21-2▮ 〈굿모닝미스터오웰〉

▮사진 20-3▮ 〈바이바이키플링〉

▮사진 21-3▮ 〈굿모닝미스터오웰〉

기술자 아베 슈아와 함께 〈백 – 아베 신시사이저〉를 발명하였는데, 이것은 예술과 테크놀로지를 결합시키는 아주 좋은 예이다.

백남준의 비디오아트가 보여주는 테크놀로지에 대한 관심과 활용은 1950년대와 1960년대의 시대적 상황을 배경으로 한다. 1950년대는 20세기 초 모더니즘시대에 있어서의 기계적 미학이 2차대전 후 다시 활기를 띠기 시작하는 시기이다. 1910년대부터의 아방가르드 운동들이 꿈꾸었던 '새로운 문명에 대한 비전'이 좀더 구체적으로 구현되는 시기라고 할 수 있다. 그리하여 1960년대에는 예술과 테크놀로지를 결합시키려는 일련의 시도들이 일어난다. 1966년 E.A.T.(Experimental in Art & Technology)가 창설되었고, 뉴욕의 MOMA 미술관에서는 1968년 '기계시대의 종말에서 본 기계 The Machine as seen at the End of the Machinal Age'라는 전시회를 개최하였다.

장르의 구속으로부터 벗어나 인터미디어를 실현한 백남준의 예술은 매체를 통하여 소통의 예술을 구현하는 원동력이 된다. 1984년부터 1988년 사이의 대규모 위성중계쇼는 장르들을 혼합시키고 시공을 연결시키는 소통예술을 구현하는 것이었다. 1984년의 〈굿모닝 미스터 오웰〉은 조지 오웰이 『1984』에서 기계문명으로 인하여 인간성이 말살될 것이라고 예언한 것을 비판한다. 이 위성중계쇼는 존 케이지는 독일에서 음악을, 요셉 보이스는 프랑스에서 미술을, 머스 커닝햄은 인도에서 춤을 그리고 백남준은 뉴욕에서 비디오아트를 행하는 것을 동시에 연결시키는 작품으로서, 각기 다른 장소와 시간, 문화를 소통시켰다. 1986년의 〈바이바이 키플링〉에서 백남준은 아시안 게임을 통하여 스포츠와 예술을 접목시킨다. 뉴욕, 도쿄, 서울을 연결하며 동과 서를 소통시킨다는 것인데, 키플링이 하나의 문화가 지배하는 문화 제국주의가 도래함으로써 동과 서가 만나지 못한다고 예언한 것에 대한 풍자이다. 그리고 1988년 한국의 88올림픽의 〈세계와 손잡고〉에서는 가장 폭넓은 차원의 소통을 구현하는 시공예술을 선보였다.

▌사진 22-1▐ 〈세계와 손잡고〉

▌사진 22-2▐ 〈세계와 손잡고〉

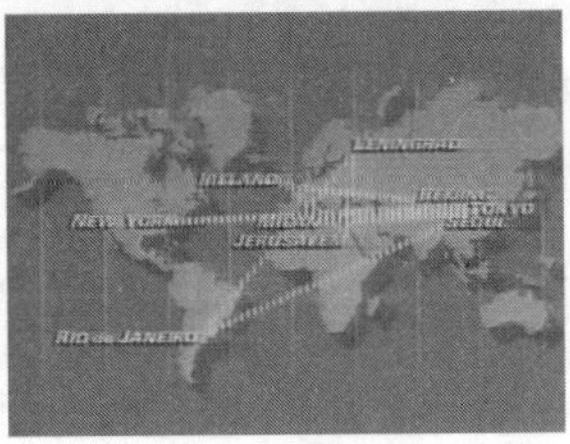

▌사진 22-3▐ 〈세계와 손잡고〉

▌사진 22-4▐ 〈세계와 손잡고〉

▌사진 22-5▐ 〈세계와 손잡고〉

▌사진 22-6▐ 〈세계와 손잡고〉

3
멀티미디어 연극

20세기 연극의 변화

컴퓨터의 발명과 20세기 중후반부터의 퍼스널 컴퓨터의 보급은 우리의 삶을 엄청나게 변화시키고 있다. 새로운 테크놀로지는 과학, 철학, 영화, 게임, 회화 등 거의 모든 영역에서 빼놓을 수 없는 중요한 자리를 차지하게 되었다. 그러한 현상은 연극에서도 예외가 아니다. 매체의 발달로 인하여 17세기로부터 19세기까지의 전통적인 무대 연출은 엄청난 변화를 겪게 되었다. 특히 20세기 후반부터 비디오 이미지나 멀티미디어를 이용한 이미지를 무대에 도입하고 있으며, 새로운 테크놀로지를 이용한 무대 연출은 더욱 가속화되고 있는 추세이다. 연극이 새로운 테크놀로지를 도입하는 것은 무엇보다 기존의 전통적 연극무대에서는 '보여줄 수 없었던 것'을 보여주기 위한 것이다. 연극 연출은 언제나 두 개의 다른 층위를 오가는 이중적 작업이다. 문학적인 것과 무대적인 것, 텍스트와 대사, 읽는 것과 보는 것, 또는 침묵이나 보고 듣는 감각적인 것 사이의 줄다리기이기 때문이다.

서로 상이한 층위를 오가는 무대 연출에 테크놀로지를 도입하는 것은 실제로는 무대에 올려질 수 없는 것들의 한계를 극복하기 위한 방편이다.

연극이 테크놀로지에 관심을 가지기 시작한 것은 이미 19세기 후반부터였다. 영화가 태동할 무렵 이미 연극에서는 이러한 영화적 기법을 활용하는 방법을 구상한 예들이 나타난다(생 폴 루 Saint-Paul Roux는 영화를 활용한 연출기법을 구사하였다). 그 후 20세기 초 이탈리아의 미래파 작가들이나 초현실주의와 같은 아방가르드적 작가들은 의식적으로든 무의식적으로든 연극 연출에 영화적 기법을 도입하는 것을 꿈꾸어 왔다. 그러한 도입의 의도에는 연출가들에 따라 다소의 차이가 있으나, 대부분 초기에는 무대재현에 사실성을 부여하기 위한 것이었다. 그러나 다른 한편으로는 개념적인 것을 가시화하기 위하여 이미지 자체의 효과를 겨냥한 연출가들도 있었다. 그 후 사뮤엘 베케트는 테크닉을 좀 더 적극적으로 사용하였다. 그는 연출에 다른 미디어, 예를 들어 라디오나 녹음기를 동원하기도 하였고, 말년에는 비디오 등을 연출에 중요한 요소로 사용하기도 하였다. 1960년대는 영화가 연극에 처음으로 도입되기 시작한 시기였다. 무대에 영상을 투사할 수 있는 화면을 설치하여 비디오나 영화 이미지를 투사하는 것이었다. 화면을 통한 이미지는 주로 무대의 장면을 그대로 반영하는 거울의 역할을 하거나, 아니면 실제로는 보여줄 수 없는 내면적이고 정신적인 것을 보여주는 몫을 담당하였다. 그리고 때로는 실제로는 연출될 수 없는 왜곡되고 조작된 이미지를 투사하기도 하였다.

그러나 테크놀로지가 본격적으로 사용된 것은 1970년대와 1980년대라고 할 수 있다. 특히 이탈리아에서는 1980년대부터 무대에 비디오를 사용하기 시작하여 그러한 경향은 점점 커지고 있다. 어떤 연출가는 모든 종류의 시각적 이미지를 적극적으로 연극에 도입하기도 한다. 사진, 비디오, 영화, 회화 작품, 만화 등 다양한 매체의 이미지들을 활용하는데, 중요한 특징은 활용된 각 매체들이 서로 중첩되고 상호작용을 일으키도록 한다는 것이다. 또는 역사적으로 다른 시대상을 나타내기 위하여 그 시대의 사진을 재현하거나, 그 시대의 시사영화에서 이미지를 발췌하여 시대상을 표현하기도 한다.

'새로운 테크놀로지와 무대'라는 문제에 대해서는 의견이 찬반으로 나뉘어져 있다. 부정적 입장을 펴는 쪽에서는 전통적 연극 무대와 테크놀로지를 상반되는 것으로 보며, 새로운 테크놀로지의 도입을 부정적인 것으로 본다. 테크놀로지의 도입에 신중한 입장을 고수하는 쪽에서는, 그것이 예술적인 혁신인지 아니면 기술적인 혁신인지를 구분해야한다고 경고한다. 새로운 기술력은 단지 시대의 결과물에 불과한 것으로서, 보다 새로운 기술력이 나타나면 이것 역시 과거의 유물이 될 것이기 때문에, 문제는 기술적 차원에서만 이루어지는 것이 아니라 새로운 테크놀로지가 예술의 의미를 생성하는데 완전히 통합되어 함께 이루어져야 한다는 것이다. 하지만 다른 한편에서는 이미 아리스토텔레스의 시학에서부터 연극은 인터렉션이 작용하는 장이었고, 컴퓨터의 작용 자체가 연극적이라는 주장도 하고 있다. 그 어느 쪽의 입장이건 무대 연출의 테크놀로지의 도입 문제는 오늘날 연극분야의 핫이슈임에는 분명하다.

멀티미디어 연극 〈손님 L'Ospite〉

〈손님〉은 1968년 파솔리니의 소설과 영화 〈명제 Théorème〉를 바탕으로 한 작품이다. 이 작품은 이탈리아의 모튀스 Motus 그룹이 연출한 것으로 프랑스에서는 〈이미지 시간 Temps d'Images〉 페스티벌에서 선보였다('이미지 시간'은 서로 상반되는 공간적 이미지와 시간을 병치시킴으로써 제목에서부터 실험적 성격을 부각시킨다). 〈이미지 시간〉은 프랑스를 중심으로 유럽의 여러 도시들에서 동시다발적으로 매년 열리는 페스티벌 중의 하나이다. 이 페스티벌은 프랑스의 옛날 농가를 개조한 파리 근교의 라 페름므 뒤뷔송 La Ferme du Buisson 극장에서 10월 초에 열린다. 이 극장은 무대예술과 시각예술 분야에서 다매체적으로 장르를 개발하고 있는 팀들을 육성하기 위하여 정부의 보조금으로 운영되고 있다. 이곳에서는 주로 첨단 테크닉과 이미지 중심의 연극, 다른 장르와의 접목을 꾀하는 작가주의 영화, 영화감독과 연극 연출자의 공동 워크숍, 그리고 멀티미디어적 혼합 장르의 공연을 중심테마로 하여 개최된다. 특기할 만한 사실은 멀티미디어를 통하여 장르들이 혼합되고 있는데, 이러한 혼합에 있어서의 키워드가 이미지라는 것이다. 이미지는 영화와 연극, 무용, 시각예술 등을 모두 아우르게 하는 중심 모티브가 되고 있다. 예를 들어 영화 자체를 대상으로 한 영화가 선보이기도 하는데, 헐리우드 고전 영화에서 발췌한 장면들을 선별하여 콜라주하거나 필름을 늘이고 가속화시키는 것과 같이, 테크닉을 동원하여 기존의 영화를 전혀 다른 버전으로 각색하고 있다. 이외에도 무용을 영화화하거나 영화를 무용화하는 작품들이 선보이기도 하는데, 이러한 작품들에서는 감독이나 연출가가 새로운 시각으로 매체를 활용하여 멀티미디어 이미지를 만들어내는 과정을 감상할 수 있다.

모튀스 그룹은 1990년대부터 본다는 것을 중점적으로 작업해왔다. 예를 들어 1994년 〈야생의 눈 Occhio Fauve〉, 1999년 〈오르페의 시선 Orpheus Glance〉, 2001년 〈영광의 비전 Vision Glorieuse〉 등의 작품들은 이들의 작업이 보는 것으로서의 이미지에 중점을 두고 있음을 잘 말해준다. 1999년 이탈리아의 〈우부 Ubu〉상이 그들에게 부여한 타이틀이 "시각연출 연구의 창조적 작업"인 것은 이러한 배경에서이다.

이 그룹은 연극에 있어서 무엇보다 이미지의 역할을 중요시한다. 이탈리아에서는 1980년대부터 무대에 비디오나 영화의 이미지를 사용하기 시작했다. 그리고 그러한 경향은 점점 커져가고 있다. 그런데 대부분의 경우 비디오 이미지나 영화적 이미지는 연극적 언어를 보충하는 부차적인 역할에 국한되고 있다. 그런데 모튀스 그룹의 경우는 멀티미디어 이미지들이 좀 다른 위상을 가진다. 이미지들은 무대 연출에 있어서 없어서는 안 될 필수적 요소로서 연극적 언어에 도전하며 대등한 위치를 차지한다. 〈명제〉에 나오는 대사 중의 하나인 "중요한 것은 있다는 것이다. 그리고 있다는 것은 나타나는 것이다"를 〈손님〉의 명제로 삼는데, 이것은 그들이 연출에 있어서 이미지에 얼마나 많은 비중을 두고 있는지를 잘 설명해준다.

〈손님〉은 1968년 밀라노의 부유한 한 가정을 배경으로 한다. 특별한 문제가 없는 평범한 이 가정에 어느 날 한 손님이 방문하면서 스토리가 전개된다. 이 손님은 반은 천사적이고 반은 악마적인 매력으로 가족 구성원들을 하나씩 차례로 유혹하기 시작한다. 하녀와 어머니, 딸, 그리고 아버지와 아들을. 손님과 가족들 각자는 방탕하고 혼란스러운 성관계를 맺는다. 그런데 그 관계는 곧 각자에게 허탈감을 안겨주고 종말을 향한 위기감을 야기시킨다. 부르주아적 위선적 가치관과 그 가치관을 둘러싼 벽들이 무너지면서, 극도의 카오스 상태를 겪으며 가족 구성원들은 각각 고통을 겪게 된다. 그러나 그러한 고통은 가족 구성원들로 하여금 또 다른 자의식에 눈뜨도록 한다. 결국 각자는 자신의 십자가를 지고 자신의 길을 선택하게 된다.

파솔리니의 영화 〈명제〉를 연극으로 옮기고 있는 〈손님〉은 파솔리니가 파헤쳤던 부르주아적 평범한 일상 뒤에 도사리고 있는 위선적 가치관과 파시스트에 대한 철저한 비판의식을 오늘날 소비주의의 획일화된 사회의식과 오버랩시키고 있다.

〈손님〉은 한 대가의 작품을 단순히 현대적으로 재해석하는데 그치지 않고, 오늘날 연극무대 연출에 있어서 매체의 역할과 이미지의 위상에 대한 문제의식을 잘 담아내고 있다. 특히 다양한 매체들을 혼합시키고 있는 무대연출기법은, 40여 년 전 파솔리니의 시대에는 불가능했던 것을 실현시키는 것으로써 작품을 전혀 다른 차원으로 만든다.

무대 위의 오브제, 자동차 : 아버지의 자리

공연이 시작되기 전, 관객이 가장 먼저 만나는 것은 무대 위에 놓인 자동차이다. 관객은 극이 시작하기 전부터 실제 오브제가 주는 현존에 압도당하며 당혹해한다(사진 1, 사진 2). 그리고 사진 3과 사진 4에서처럼 극이 진행되는 동안에도 자동차는 줄곧 무대에서 큰 비중을 차지하며, 관객들로 하여금 그 존재에 대해 의문을 가지게 한다. 거의 모든 것이 이미지로 보여지는데 왜 자동차만은 실제의 오브제로 등장하는지를.

원작 〈명제〉는 아버지의 자리를 대신하다. 파솔리니는 연출가의 아버지이고, 〈명제〉는 〈손님〉의 아버지이다. 그것을 직접적으로 상징하는 것이 무대에서 가장 크게 부각되고 있는 자동차이다. 이 자동차는 파솔리니가 살해당했을 당시 타고 있던 차와 같은 모델로서 자동차 등록번호도 파솔리니의 것이다. 관객들은 극장을 들어서면서부터 실재하는 자동차를 마주한다. 그리고 헤드라이트가 켜진 그 자동차에 주인공이 있다. 〈손님〉이 아버지로서의 파솔리니를 언제나 안고 있는 것과 같이, 자동차는 파솔리니의 관점에서 극이 진행되고 있음을 상징하는 오브제이다. 자동차가 움직일 때 언제나 파솔리니의 목소리가 들리는 것도 이런 맥락에서이다. 그것은 무대 위의 파솔리니의 존재이다. 파솔리니의 존재를 자동차로 부각시키고 있는 연출가는 "자동차는 시점을 나타낸다. 그런데 시점 자체는 시점이 될 수가 없다. 우리는 촬영을 하는 동안은 자동차를 찍지 않기로 하였다. 왜냐하면 자동차는 파솔리니가 역사와 거리, 외부

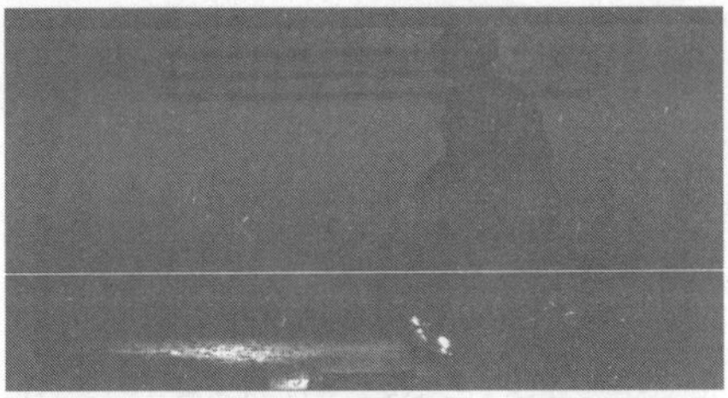

| 사진 1 |

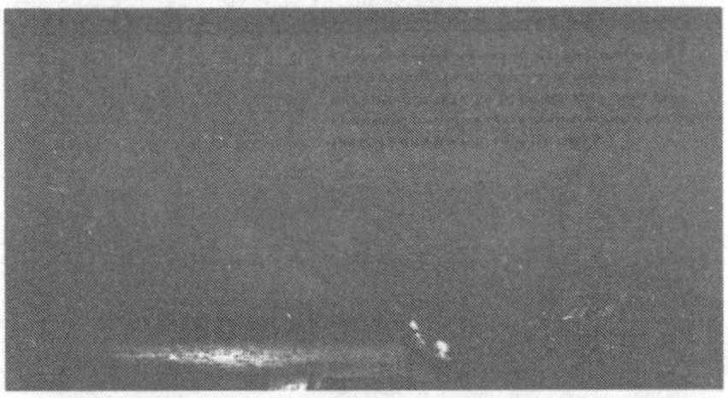

| 사진 2 |

| 사진 3 |

| 사진 4 |

풍경을 바라보는 장소가 되기 때문이다. 그러나 극이 시작될 때 파올로가 집에 도착하는 부분에서는 자동차 안에 있다. 그것이 자동차 안에 있는 유일한 이미지이다. 그것은 자동차의 주인이 누구인지, 시점이 누구로부터 나오는 것인지를 알리는 것이다"라고 말한다.

텍스트 이미지

이미지가 중시되는 이미지 연극에서 중요한 비중을 차지하는 또 다른 요소는 '텍스트 이미지'이다. 관객은 연극이 진행되는 동안 화면이나 벽, 영사막 위에서 텍스트를 읽을 수 있다(사진 5). 오늘날에는 컴퓨터 워드 기술이 발달함에 따라 각종 그래픽과 타이포그라피를 통하여 여러 층위의 글쓰기를 구현할 수 있기 때문에, 텍스트 이미지는 더욱 다양한 기능으로 활용되고 있다. 〈손님〉의 경우도 텍스트 이미지를 다양하게 구사하고 있다.

〈손님〉은 소설 〈명제〉와 영화 〈명제〉, 그리고 그에 대한 〈손님〉의 연출이라는 세 가지 다른 층위의 텍스트를 전제로 하며, 그 다른 층위들은 무대언어를 다양하게 한다. 무대에 설치된 영사막에서 관객들은 파솔리니의 텍스트와 연출가 엔리코 카사그란데 Enrico Casagrande의 창작 대사들, 그리고 불어로 번역된

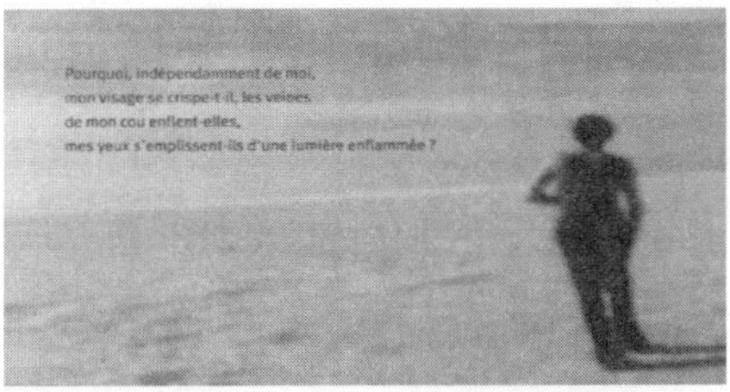

사진 5

사진 6

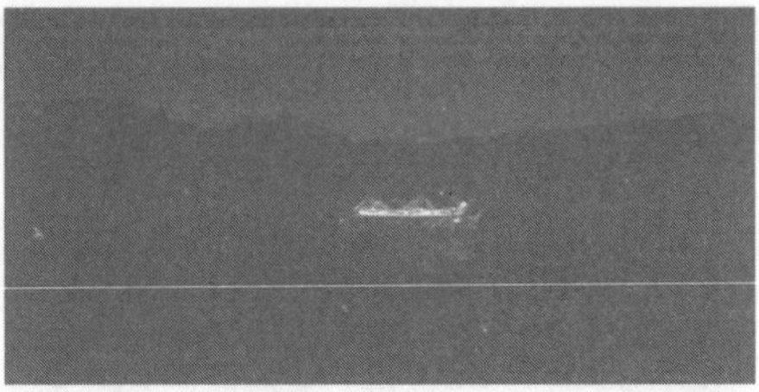

| 사진 7 |

| 사진 8 |

| 사진 9 |

| 사진 10 |

| 사진 11 |

자막 등, 여러 층위의 언어를 접하게 된다. 불어로 번역된 자막에는 배우들이 무대에서 말하는 이탈리아어에 대한 번역, 무대에서 일어나고 있는 것에 대한 설명, 그리고 때로는 여러 배우들의 무대등장을 알리는 정보 등이 나타난다. 배우들의 무대등장에 대한 번역 텍스트는 파솔리니가 자신의 소설에서 등장인물에 대해 묘사한 것으로서 관객들은 프랑스어로 읽게 되며, 이와 동시에 이탈리아어를 이해하는 관객들은 배우들이 자신의 역할을 어떤 관점에서 연기할 것인지에 대한 인터뷰의 내용을 듣기도 한다. 또 때로는 이미지 옆에 작은 나비 모양의 표시가 관객들에게 무대에서 벌어지고 있는 것이 무엇인지를 설명해주기도 하고, 파솔리니 소설의 챕터 제목을 보여주기도 한다. 그리고 무대화면에 불어로 처리된 자막들 역시 이탈리아어를 모국어로 하는 관객들에게조차도 단순한 번역이나 설명이 아니라, 연극적 언어에 대한 의미를 다양화시키는 역할을 한다.

이처럼 여러 층위의 목소리들을 무대에서 보여준다는 것 자체가 〈손님〉의 테마가 되고 있는데, 흥미로운 것은 연출가가 다른 층위의 언어들을 합성하여 단일한 하나의 언어로 연출하지 않는다는 것이다. 오히려 그 다른 층위들 사이의 격차를 그대로 드러냄으로써, 관객들로 하여금 파솔리니의 텍스트와 영화화된 이미지 그리고 배우들 자신의 관점, 연출가의 관점 등에 대한 차이를 그대로 보고 느끼도록 한다는 것이다.

한편 다양한 층위로 구사되고 있는 텍스트 이미지는 날로 가속화되고 있는 세계화에 발맞추기 위한 방편이기도 하다. 직접 파솔리니의 목소리로 전달되는 음성을 연극무대에서 통역하기란 불가능하다. 그런데 이처럼 '텍스트 이미지'를 도입함으로써, 관객들은 파솔리니의 음성과 함께, 번역된 불어 자막을 읽으며 볼 수 있는 것이다. 이것은 또한 연극에 있어서 대사가 가지는 중요성을 살리면서 동시에 그것이 외국어로 번역된 텍스트로 읽히는 데서 오는 이국적인 맛을 선사한다. 이와 함께 읽는 것과 보는 것, 또는 문학 텍스트와 연극의 미장센, 문학과 무대예술의 관계를 직접 관객이 체험할 수 있게 하는 계기를 마련해준다.

이미지의 비판적 기능

멀티미디어를 이용한 무대연출은 다양한 층위들이 겹치면서 나타나는 효과를 가진다. 실제로 연기를 하는 배우들이 있고, 그 뒤에 비디오 화면이 비치며, 때로는 두 개, 세 개의 화면이 무대 공간에 설치됨으로써, 무대공간은 여러 차원의 공간적 부피를 가지게 된다. 사진 6에서는 비디오 이미지, 텍스트 이미지 그리고 그 앞에는 투명 스크린이 드리워져 있다. 그리고 이 투명 스크린 뒤에 있는 배우의 모습을 조명으로 비춤으로써 무대의 깊이감을 주고 있다. 사진 7에서는 야외의 산이 있는 풍경의 비디오 이미지와 가족들의 단란한 저녁식사 모습이 중첩되고 있다. 이 두 이미지의 층위는 배경화면 속에 저녁식사 하는 장면(사진 8)이 파묻혀 있는 듯한 깊이감을 준다. 이렇게 비디오 이미지와 실제 연기하는 저녁식사 장면을 중첩시키는 이유는 단란한 한 부르주아 가족에 야성적인 손님이 곧 들이닥칠 것이라는 것을 예고하고 있다.

사진 9, 사진 10, 사진 11에서는 자동차라는 실제 오브제, 배우들이 연기하는 무대 그리고 뒷배경인 비디오 장면을 통해 무대가 여러 층위들로 다양하게 연출되고 있다. 특히 사진 11은 가족 구성원들의 고통의 모습을 담아내기 위해 다양한 무대 연출을 선보이고 있다. 무대의 다양한 공간 연출은 다양한 매체를 통해 이루어진다. 무대 공간은 실제 잔디와 자동차, 배우들이 연기하는 무대, 더 심층적인 고뇌를 표현하기 위해서 가장 안쪽에 마련된 또 다른 무대로 이루어져 있다. 그리고 가장 안쪽 무대에는 TV 브라운관이 놓여 있는데, 여기에서는 오이디푸스 콤플렉스를 암시하는 영상물을 보여줌으로써 가족들이 겪는 극한의 정신적 고통을 나타내고 있다. 또한 무대 곳곳에 TV와 라디오 전파 수신기를 설치하여 실제 라디오 수신음과 컴퓨터 소음, 오디오를 통해 나오는 천둥번개 소리 등이 연출되며, 공간 연출과 마찬가지로 사운드 역시 다양한 매체를 통하여 복합적인 층위를 가진다.

연출가가 투사시키는 비디오나 영화 이미지는 무대의 장면과는 다른 기능을 가지기도 하는데, 무엇보다 실제적인 것과 가상적인 것 사이의 괴리를 만들면서, 본다는 것을 다층화한다. 어떤 의미에서 이러한 다층적인 괴리는 관객들이 보는 이미지의 확실성을 뒤흔들며 불안하게 만든다. 연출가 카사그란데는 한 인터뷰에서 "우리가 원하는 것은 연극에서 아주 강한 이미지가 나오도록 하여 관객으로 하여금 스스로에게 질문을 던지도록 하는 것이다"라고 연출의도를 밝힌다. 이것은 곧 이들이 연출하는 이미지의 비판적 기능을 잘 말해주는 것인 동시에 현대예술이 추구하는 미학을 대변하는 것이기도 하다. 즉 이미지는 전통적인 재현의 기능을 불안정하게 하고 해체하는 역할을 하는 것이다. 연극적 이미지는 우리에게 무작위로 던져지는 일반적 이미지와는 달리 그것의 의미를 관객 스스로가 찾도록 한다. 관객에게 볼거리를 준다는 것은 본다는 것 자체를 불안정하게 만들며 그것에 대해 문제제기를 하도록 한다. 어떤 의미에서 연극적 이미지는 혼란과 방황, 미로의 장소라고 할 수 있다.

이러한 이미지의 비판적 기능은 연극무대와 멀티미디어 이미지가 투영되는 화면을 병행시킴으로써 본다는 것 또는 보는 것으로서의 연극에 대한 자의식을 반영하는 것이라 할 수 있다. 보는 것을 다시 보도록 함으로써 연극적 무대 이미지가 스스로를 바라보도록 한다는 것이다. 그것은 관객들에게 보여주는 연극이자 동시에 스스로를 반영하는 연극이다. 보는 것 자체를 문제 삼아 관객들로 하여금 보고 있는 것에 대하여 항상 질문을 던지도록 하는 것이다. 본다는 것에 의문을 던지면서 관객으로 하여금 보는 것 이상의 것을 보도록 하는 것, 그것이 바로 이미지의 비판적 기능이다.

이미지의 하이브리드

멀티미디어를 도입한 연극무대는 이미지의 무대라고 할 수 있다. 화면 속의 영상 이미지와 무대의 동작들은 각각의 공간을 끊임없이 다른 공간에 연결시키거나, 이질적인 요소를 드러내며 상호작용시킨다. 그러한 상호작용 속에서 관객들 역시 두 이질적인 공간을 오간다. 연출가는 〈손님〉에서의 이미지 연출이 각 장르들의 혼종에 기반한 것임을 다음과 같이 강조한다.

> 우리는 장식적인 이미지 즉 연극의 한 요소로서의 이미지가 아니라, 우리에게 연극 이외의 또 다른 면을 보여주어야 하는 어떤 것, 예술의 창작에 우리 자신이 들어가 있는 또 다른 시선으로서의 이미지를 만든다는 것이 얼마나 어려운 일인지를 알게 되었다. (…) 그때부터 우리가 철칙으로 삼은 것은 영화에 가깝지만, 동시에 너무 영화적이지 않은 연극을 만드는 것이었다. 다시 말해 우리의 작업노선은 영화와 연극, 시각예술과 연극 사이의 어떤 것, 그것들을 혼합하는 것이다. 섞는다는 것은 혼동한다는 것과는 다른 것이다. 우리가 보여주고자 하는 것은 모든 예술의 진정한 혼합이다. 이 점은 우리에게 매우 중요하다, 어떤 하나의 예술, 예를 들어 연극과 같은 분야에 금을 긋고 가두는 것과 같은 장애물을 갖지 않는다는 것은 매우 중요하다.

멀티미디어에 기반한 혼종적 이미지에서는 무대의 배우와 화면 속의 배우가 상호작용을 하게 된다. 관객은 실제로 무대에서 배우가 연기하는 장면과 함께 화면에서는 이 장면을 재현하는 이미지를 동시에 보게 된다. 그런데 실제 무대의 공간과 화면 속의 가상공간 사이의 괴리는 어떻게 극복될 수 있는가라는 문제가 제기된다. 이질적인 공간들을 매개시키는 것은 바로 관객의 상상에 의한 것이다. 관객은 실제 인물과 화면 속의 인물을 동시에 봄으로써, 이질적 공간들을 혼종시키게 되고, 그 결과 화면 속의 인물이 무대 위로 그대로 이동할 수 있는 가능성을 가지게 된다.

멀티미디어를 활용하는 연극에서는 비디오나 사진, 영화와 같은 자신 이외의 매체를 이용하는 것이 중요한 것이 아니라, 다양한 매체들을 매개시킨다는 것이 중요하다. 단순히 여러 매체들을 도입하는 것이 아니라 진정한 하이브리드를 이루도록 함으로써 다양하고 혼종적인 이미지를 창출해 낼 수 있기 때문이다.

제 4 부

트랜스 컬처의 현장에서

1. 한국 블록버스터영화와 영화 정책
2. 프랑스에서의 한국영화 수용현황
3. 샤머니즘적 주술로서의 미디어와 예술
4. 미디어아트와 역사성

인문학자로 출발해서 인접 장르를 적극 수용하는 다학제적 연구를 해오면서 나는 자연스럽게 통합적인 마인드를 갖게 되었다. 그리고 돌아보니 이러한 과정은 본격적으로 문화기획자로서 활동하게 된 토대를 마련해준 여정이었다고 할 수 있다. 〈트랜스컬처의 현장에서〉는 학문 간의 통합을 이룬다는 차원을 넘어서서 이질적인 문화들 사이의 접목을 시도한 과정을 담고 있다.

〈한국 블록버스터와 영화정책〉이 세계 속의 한국 영화에 대한 글이라면, 〈프랑스에서의 한국영화 수용현황〉은 프랑스에서 바라본 한국영화에 대한 글이다. 프랑스에서 한국영화에 대한 관심이 증대하고 있는 시점에서 쓴 논문인 〈한국 블록버스터와 영화정책〉은 한국영화가 정책과 맺고 있는 밀접한 관계를 실례들을 통해서 프랑스에 소개했던 글이다. 한국영화가 프랑스에서 어떻게 수용되고 있는지를 살피고 있는 〈프랑스에서의 한국 영화 수용현황〉은 부산국제영화제의 국제학술대회에서 발표한 논문을 바탕으로 하고 있다.

영국 플리머스대학의 다학제적 연구 프로그램에서 발표한 내용을 바탕으로 하고 있는 〈샤머니즘적 주술로서의 미디어와 예술〉은 사이버문화와 샤머니즘의 관계를 조망하고 있는데, 한국의 무속적 요소가 어떻게 문화와 결합되고 있는지에 대한 사례 발표라고 할 수 있다. 이 글은 샤머니즘의 의사소통이 오늘날 디지털 시대의 사이버 공간에서의 시공을 초월한 의사소통 방법과 매우 유사하다는 전제로부터 출발한다. 구체적 예로 한국 현대 문학에 있어서의 무속적 요소를 소개하고, 한국무속에 깊은 뿌리를 두고 있는 백남준의 예술정신도 함께 고찰한다. 〈미디어아트와 역사성〉은 프랑스에서 강의를 하는 동안 쓴 논문과 강연을 토대로 한 글이다. 프랑스 파리 3대학의 문화예술경영학과에서 한국의 대학문화 기획 사례를 구체적으로 보여주었던 경우이다.

1

한국 블록버스터영화와 영화 정책

한국 블록버스터 영화의 성공

2004년 한국영화계에서는 아주 이례적인 현상이 발생했다. 〈실미도〉와 〈태극기를 휘날리며〉가 관객 110만명을 넘어서며 연일 기록을 갱신한 것이다(〈실미도〉는 전국 83개 상영관에서 11,746,135명, 〈태극기를 휘날리며〉는 전국 110개 상영관에서 11,081,000명의 관객 동원). 이 경이로운 숫자는 한국인 다섯 명 중 한 명이 이 영화를 보았다는 수치이다. 이러한 성공은 이미 1990년대 중반부터 이러한 조짐이 있었고 국내뿐만 아니라 전 세계 영화인들의 관심을 끌기에 충분했다.

2001년 곽경택감독의 〈친구〉가 개봉 65일 만에 관객 760만 명을 동원하여 개봉 144일에는 818만 명을 동원하는 수치를 기록했다. 이것은 38.3%라는 시장점유율을 나타낸다. 그리고 2000년에는 〈공동경비구역 JSA〉가 관객 9백만 명을 동원했다. 그런데 한국영화의 붐을 조성한 첫 블록버스터영화는 1999년 강제규 감독의 〈쉬리〉로서, 2천5백만 달러의 수익을 냈다. 같은 해 이러한 성공에 뒤이어 수출 역시 상당히 증가하였다. 1999년 당시 한국은 1991년에 비하여 수출이 12배 증가하였다. 이러한 증가는 계속되어 2004년에는 전 세계 39개국에 111개의 영화가 수출되었다.

2004년 한국영화는 연간 관객 천만 명 선을 넘어섰다. 그리고 그 절반을 자국영화가 차지했다. 이러한 현상은 1980년대에는 상상조차 할 수 없었던 것으로서, 한국영화산업이 얼마나 성장했는지를 단적으로 보여주는 것이다. 2004년 2월 당시 자국영화는 시장 점유율 82.2%라는 경이로운 수치를 기록하고 있었다.

한국형 블록버스터영화의 특징

위에서 언급한 모든 영화들은 한 가지 공통점을 가지고 있는데, 그것은 한국적 블록버스터영화라는 것이다. 헐리우드영화의 상징이라고 할 수 있는 블록버스터영화에 한국적이라는 수식어가 의미하는 것은 무엇일까? 우선 그것은 이 분야의 영화산업이 헐리우드를 모델로 삼고 있다는 것이다. 영화제작은 엄청난 예산과 체계적인 마케팅, 그리고 높은 수익률로 특징지워진다. 그런데 한국 블록버스터영화는 한국적 현실을 적용시키고 있다는 특징을 가지고 있다. 다시 말해 미국적 모델을 바탕으로 남북분단이나 이데올로기적 갈등, 또는 한국 특유의 사회적, 정치적 현실과 같은 한국적인 주제를 가지고 한국식으로 영화를 만들어낸다는 것이다.

이러한 독특한 수용방식은 한국 블록버스터영화가 간과할 수 없는 특징을 가지도록 한다. 무엇보다 한국형 블록버스터는 한국 영화산업을 성공으로 이끄는 중요한 요인으로 작용하고 있다. 이와 더불어 더욱 흥미로운 사실은 한국형 블록버스터가 관객동원에 있어서 헐리우드 블록버스터를 능가하고 있다는 것이다. '한국형 블록버스터'라는 용어의 탄생에는 이처럼 다분히 모순적인 요소가 내포되어 있다. 예를 들어 〈쉬리〉는 〈타이타닉〉을 능가하였고, 〈여고괴담〉 역시 〈고질라〉를 능가하였다. 세계 영화시장을 석권하기 위하여 생겨난 헐리우드의 블록버스터가 처음으로 한국에서 패하였던 것이다. 그것은 탈식민지화 현상과 함께 블록버스터의 지역화를 가능하게 하였다.

한국 블록버스터 탄생의 사회·정치적 배경

한국 블록버스터영화들이 왜 그같은 성공을 하였는지를 알아보기 위해서는 한국사회에 있어서 영화가 어떠한 위치를 차지하고 있는지, 그리고 이러한 블록버스터영화가 대두되게 된 사회적 배경을 알아보는 것이 우선되어야 할 것이다. 블록버스터라는 용어는 한국영화산업이 엄청난 위기에 처해있던 순간에 등장했다. 1980년대 말과 1990년대 초, 한국의 자국영화산업은 외국영화 특히 미국영화에 질식되어 거의 빈사상태에 있었다. 외국영화의 시장점유율이 80%를 넘어서고 있었으며 자국영화는 20%에도 미치지 못하고 있었다. 그나마 명맥을 유지한 것도 스크린쿼터제 덕분이었다. 정부는 의무적으로 국내 상영관에서 연간 146일을 자국영화를 상영토록 하는 법을 시행하고 있다. 그런데 146일 중 40일은 권장사항으로서 절대적인 의무사항이 아니다.

영화와 정치

과연 한국영화 위기의 원인은 어디에 있었던 것일까? 한국영화는 탄생 이후 줄곧 정치에 의해 간섭을 받고 영향을 받아왔다. 요컨대 한국영화는 한국의 근대사와 절대로 무관할 수 없었다. 한국영화는 영화정책과 나라의 역사라는 두 축을 중심으로 독특한 성격을 길러왔던 것이다. 그런데 이러한 상황이 아주 독특한 모순을 낳는 요인이 되기도 했다. 역사적, 정치적 고통들이 바로 오늘날 한국영화를 풍성하게 해주는 영화적 주제를 제공하고 있기 때문이다. 한국영화의 위기를 이해하기 위해서는 한국의 정치적, 역사적 수난 속에서 그 열쇠를 찾아야 한다.

한국영화는 1909년에 탄생했다. 그리고 곧바로 일본 식민지 지배체제로 들어가게 된다. 한국영화의 성장은 일본 식민권력의 절대적 감시체제 속에서 이루어지게 된다. 해방의 기쁨도 잠시, 한국은 다시 남북전쟁이라는 역사상 지울 수 없는 운명의 소용돌이 속에 들어가게 된다. 그런데 믿기 어려운 사실은 전쟁이라는 엄청난 시련의 기간 동안에도 열정적인 감독들이 몇 편의 영화를 만들어냈다는 것이다. 한국영화는 일본 식민통치와 남북전쟁으로 인하여 거의 모든 자료를 잃어버렸다. 전쟁이 끝난 후

1961년 또 다시 쿠데타가 일어나 군사독재정치가 시작되어 1979년까지 이어진다. 군사 독재정권 기간 동안 한국영화는 다시 한 번 엄격한 정부의 통제 하에 들어가게 된다. 쿠데타가 일어나기 전까지 전후라는 어려운 상황에도 불구하고 자유로운 표현과 정부의 개입 없이 한국영화는 이른바 '한국영화의 황금기'라고 불리는 시기를 맞아 꽃을 피운다. 이 황금기에 이른바 한국영화 역사의 진정한 개척자라고 할 수 있는 유현목, 김기영, 신상옥과 같은 대 감독들이 배출된다. 그러나 군사 독재정권은 이러한 한국영화의 개화에 종지부를 찍게 한다. 1963년 영화법이 개정은 한국영화 발전에 돌이킬 수 없는 일격을 가한다. 국제 경쟁력 신장과 근대화라는 명분하에 정부는 영화를 만들기 위해서는 영화제작사가 일정수준의 자본력과 기술력을 갖출 것을 의무화시킨다. 이러한 영화법은 일정한 자격여건을 갖춘 영화사에 소속되지 않으면 아무리 재능 있는 감독이라도 영화를 만들지 못하게 하는 상황을 만들어냈다. 이전까지는 조건이 열악하더라도 자유롭게 좋은 영화를 만들어낼 수 있는 가능성과 희망이 있었다. 1961년 유현목감독의 〈오발탄〉은 그에 대한 좋은 예이다. 오늘날까지도 한국영화 최고의 걸작으로 꼽히고 있는 이 영화는 영화사가 제작한 것이 아니었다. 영화법 개정은 감독에게 있어서 가장 중요한 표현의 자유를 앗아갔다.

군사 독재 기간 동안 영화는 권력의 선전수단이 되었다. 정부는 매년 한국영화의 예술성을 증진시킨다는 명분으로 그해 영화제작의 주제를 선정해주었다. 그러한 주제들에는 반공이나 새마을운동, 유교적인 충효사상과 같은 것이 주를 이루었다. 그리고 각 영화사는 매년 일정 수의 영화를 의무적으로 제작해야 했는데, 이것이 바로 영화의 질을 떨어뜨리는 결정적인 요인으로 작용했다. 1973년 정부는 외국영화 한 편을 수입하기 위해서는 자국영화 세 편을 의무적으로 제작해야한다는 법을 내놓았다. 이에 따라 영화제작은 수입쿼터를 획득하기 위한 전략이 되어버렸다. 왜냐하면 외국영화 수입은 곧바로 영화사의 수익과 직결되기 때문이었다. 정부는 1년에 두 번 우수영화 선정제도를 도입하였다. 최악의 해는 모든 영화제작사들이 정부의 의지대로 움직였던 1979년이었다. 이러한 영화정책의 결과는 무엇이었을까? 제작사들의 주된 관심은 우수영화 선정이었을 뿐 영화 상영에는 관심이 없었다. 그 결과 영화들은 상영이 되지도 못한 채 창고에서 썩는 경우가 허다했다. 제작사들이 돈을 버는 것은 수입영화에서였다. 그러나 이 돈은 대부분의 경우 자국영화 제작에 재투자되지 않았다. 상황은 갈수록 악화되었고 감독들은 이 악순환의 고리에 갇혔다. 자국영화에 투자가 되지 않았기 때문에 한국의 관객들은 더 이상 자국영화에 흥미를 느끼지 못했고, 잘 제작된 수입영화에만 관심을 가질 수밖에 없는 상황이 초래되었던 것이다.

1980년대에 이르러 한국 정치와 영화는 다시 한 번 큰 변화를 겪게 된다. 1980년 5월 광주민주항쟁이 발발했다. 정부군이 민간인을 학살하는 엄청난 사건이 발생하고 또 다시 민족적 트라우마를 각인하는 역사가 씌어졌다. 그리고 이것은 영화에 있어서 완전한 표현의 자유가 획득된 이후 가장 자주 등장하는 주제 중의 하나가 되었다. 1980년대는 1990년대 초 최초의 김영삼 문민

정부가 들어서기까지 몇 차례 민주항쟁들이 일어나는 시기이다.

코리안 뉴웨이브

표현의 자유를 외쳤던 민주화운동들은 한국영화의 분위기를 바꾸는 역할을 하였다. 1980년대 중반 특히 1987년과 1988년은 군사정권에서 문민정부로 이행되는 과도기적 정권이었는데, 이 시기에 과거 어두운 시절 터부시되었던 주제를 다루는 박광수, 장선우와 같은 감독들이 등장하였다. 이러한 일련의 움직임들에 대하여 코리안 뉴웨이브라는 이름이 주어졌다. 이전 세대와는 달리 새로운 표현의 자유를 지향하는 뉴웨이브 감독들은 사회에 대한 비판적인 시각과 정치적 쟁점들을 다루었다. 직접적이든 간접적이든 뉴웨이브 감독들은 영화의 형식미와 함께 진정한 한국의 정체성이나 사회 정의를 추구하였다. 정치적 민주화와 함께 태어난 코리안 뉴웨이브는 한국영화를 전 세계에 알리는 데 큰 역할을 하였다.

표현의 자유와 시장 개방

1985년, 외국영화를 수입해야만 자국영화를 제작할 수 있는 영화법이 폐지되었다. 수입 자유화가 이루어진 것이다. 그런데 이러한 수입자유화는 해를 거듭할수록 외화 수입이 엄청나게 증가하는 결과를 초래하였다. 1985년에는 27편이었던 외화 수입이 1986년에는 50편, 1987년에는 84편, 그리고 1988년에는 175편으로 증가하였다. 1987년과 1988년 사이 영화계에 또 다른 중요한 사건이 일어났다. 외국 제작자들이 반드시 한국영화사를 거치지 않고서도 영화를 직접 제작할 수 있는 영화법이 개정되었다. 이러한 일련의 상황들이 1990년에 이르러 외화가 자국시장 점유율 80%라는 결과를 낳게 했던 것이다.

한편 1987년 한국영화 발전에 있어 매우 중요한 사전 시나리오 검열제도가 폐지되었다. 이 검열제도 폐지는 정부의 의지에 의한 것이 아니라 영화인들의 의지에 의해서 쟁취된 것이었다. 영화인들은 서명운동을 통하여 일치단결하여 '영화인 101인 선언문'을 선포하며 투쟁하여 마침내 표현의 자유를 획득하였다. 그런데 1988년 서울올림픽을 계기로 한국 정부와 미국은 미국영화의 한국 직배를 허용하는 합의서에 서명하였다. 이리하여 한편으로는 표현의 자유가 획득되었고, 다른 한편으로는 영화시장의 이른바 완전한 개방이 이루어지게 되었다.

1989년, 외화 시장 점유율은 81%를 기록하였다. 이러한 상황에서 1980년대 말부터 1990년대 초까지 스크린쿼터제는 자국영화에 대한 유일한 보호수단이었다.

경제적 위기와 영화산업의 호황

1990년대 초 한국영화산업은 다시 한 번 엄청난 위기를 겪게 된다. 그런데 아이러니하게도 한국형 블록버스터가 생겨난 것은 이 시기였다. 삼성, LG, SK, CJ와 같은 대기업이 영화산업에 투자하기 시작하여 제작에서부터 배급 및 상영, 그리고 경영에 이르기까지 관여하였다.

여기서 중요한 것은 왜, 어떠한 배경으로 대기업들이 영화에 투자하게 되었는가이다. 군사독재정권의 어두운 시절, 한국영화는 엄청난 양의 생산에도 불구하고 관객의 관심을 끌지 못했다. 그러던 것이 1980년대 중반부터 코리안 뉴웨이브가 국제무대에 알려지기 시작하면서 이러한 분위기를 쇄신하는데 성공했다. 이와 함께 1993년 임권택감독의 〈서편제〉가 한국영화의 커다란 전환점을 마련했다. 〈서편제〉는 모든 언론의 극찬을 받았을 뿐만 아니라 관객 100만을 넘어서는 기록을 세웠다. 대통령도 보았고 추기경도 이 영화를 보았다는 것을 언론들은 앞다투어 발표했다. 이 영화는 '서편제 신드롬'을 만들어내며 수익의 기록을 갱신했다. 그리고 자국영화에 등을 돌렸던 관객들이 서서히 돌아오기 시작하는 계기를 마련했다. 한국의 지식인들조차 한국영화에 관심을 가지기 시작했다. 이것은 영화시장 개방 이후 한국영화의 첫 번째 성공이었다. 〈서편제〉는 서구문화의 침범으로 사라져가고 있었던 한국 전통문화의 아름다움과 풍부함을 재발견하게 해주었다. 전통문화의 운명과 같이 외국영화에 밀린 한국영화의 운명이 오버랩되었던 것이다. 전통문화를 되찾는다는 것은 서구화의 과정에서 잃어버렸던 한국의 정체성을 되찾는 것이었다.

1993년 정부는 투자회사가 영화에 투자하는 것을 허용했다.

하지만 1997년 IMF 사태로 한국경제는 엄청난 위기를 겪게 된다. 그런데 예상치 못한 아이러니한 일이 일어났다. 경제는 엄청난 위기에 놓였던 반면, 영화산업은 엄청난 호황을 맞이하게 되었던 것이다. 삼성이나 LG와 같은 대기업들이 영화투자에서 손을 떼기 시작했지만, 코스닥 등록 투자회사들의 자금이 대거 영화로 몰리게 되었다.

IMF 체제 하에서 한국은 GATT의 회원국이 되었고, 그 결과 미국정부는 문화시장 개방을 위해 압력을 가하기 시작했다. 한미 투자협상 라운드에서 스크린쿼터제의 폐지를 요구했고, 정부는 경제적 이유로 미국의 의지에 따르지 않을 수 없는 상황에 놓이게 되었다.

영화인들의 의지

다시 한 번 한국 영화인들의 의지가 한국영화 역사를 바꾸게 된다. 표현의 자유를 획득하기 위한 투쟁에서 영화인들이 결정적인 역할을 한 것과 같이, 영화인들은 한국 정부와 미국의 압력 앞에서 한국영화의 미래를 수호하기 위하여 다시 뭉쳤다. 영화인들은 스크린쿼터제의 폐지가 가져다줄 위험을 너무나 잘 알고 있었다. 스크린쿼터제 폐지는 사실상 미국 제작사의 배급 독점을 의미하는 것이었다. 배급이 독점이 된다는 것은 한국영화가 더 이상 극장에서 상영할 기회를 갖지 못한다는 것이다. 영화인들은 다시 한 번 일어났다. 단식농성과 삭발까지도 불사했다. 마침내 1998년 12월 1일에 감독, 배우, 제작자, 교수와 학생 등 만 명 이상의 영화인들이 스크린쿼터제를 수호하기 위해 뭉쳤다. 스크린쿼터제의 수호가 없었다면 오늘날과 같은 한국영화의 성공은 나오기 힘들었을 것이다.

이상에서 열거한 한국영화의 긍정적 면이 한국영화를 다 말해주는 것은 분명 아닐 것이다. 이미 많은 사람들이 한국영화에 대한 우려의 진단을 내놓고 있다. 한국영화가 너무 블록버스터 위주 또는 유명 감독 위주 그리고 수익만을 생각하는 구조로 흘러가고 있다는 것이다. 작가주의 감독이나 소수 독립영화 제작도 키워야 할 것이다. 좀 더 장기적인 안목을 가지고 영화의 다양성을 생각할 필요가 분명 있는 것 같다.

2 프랑스에서의 한국영화 수용 현황

한국영화 어떻게 소개되고 있나

한국영화가 국제무대에서 크게 부각되기 시작한 이후 유럽에서의 한국영화에 대한 관심은 날로 증대되고 있다. 유럽의 여러 국가들 중에서도 프랑스는 더욱 그러하다. 특히 2004년 프랑스에서는 크고 작은 거의 모든 영화제에서 한국영화를 조명하지 않은 곳이 없었고, 일반 상영관에서도 한국영화의 주간이나 회고전이 파리를 비롯한 지방 여러 도시들에서 개최될 정도로 한국영화의 붐이 일었던 해라고 할 수 있다. 2005년 1월 파리의 국립시네마떼끄에서 〈한국영화 50년 50편 영화회고전〉이 개최된 것은 이러한 관심과 붐을 입증하는 것이었다. 프랑스의 인터넷을 비롯하여 영화전문 잡지 및 일간지 그리고 단행본과 같은 매체에서 한국영화가 어떻게 수용되고 있는지를 알아보는 것은 향후 유럽에서의 한국영화 수용정책에 밑거름이 될 것으로 본다.

우선 한국영화의 프랑스 수출 현황에 대해서 알아보기로 하자. 5, 6년 전부터 한국영화의 프랑스 수출은 지속으로 증가(아시아

지역 수출이 70%, 유럽이 16%, 북미 11%)하여, 한국이 프랑스에 수출한 영화는 1999년 1건이던 것이 2002년에는 16건, 2003년엔 20건을 넘어서고 있다. 이유로는 한국영화의 인지도가 상승함에 따라 영화제 초청과 수상경력으로 질적 수준이 검증되면서 헐리우드와 다른 새로운 영화를 찾는 배급사들이 관심을 보이기 때문이다. 2002년부터 계약체결이 이루어진 것은 주로 영화제 수상작, 초청작 등의 예술영화 위주이다. 임권택 감독, 홍상수 감독, 김기덕 인지도가 특히 높은데, 이것은 임권택 감독과 홍상수 감독이 칸영화제에 초청되었기 때문이고, 김기덕 감독은 동유럽과 독일, 이탈리아의 영화제에서 소개되었기 때문이다. 2003년 이후 편당가격도 높아졌고, 시장성을 기대할 수 있는 호러나 스릴러와 같은 장르영화도 판매되었다. 회사들도 작은 예술영화를 배급하는 비주류 회사에서 까날 플러스나 빠떼와 같은 메이저 회사로까지 변화되고 있다. 한국영화 구매자들은 자국영화산업이 튼튼하고, 다양성을 겸비하고, 가격도 저렴한 편이라고 평하고 있다. 극장개봉은 한국영화를 포함한 외국어 영화들에게 가장 중요한 수단이며 수익을 낼 수 있는 가능성이 가장 큰 시장이다. 극장개봉을 통해서 그 인지도나 작품성을 인정받아야 비디오 DVD, TV와 같은 매체에도 영향을 줄 수 있기 때문이다.

프랑스에서 개봉된 한국영화 중 가장 성공한 영화는 30만 명의 관객을 동원한 〈취화선〉으로, 그 원인은 평론가들의 호평과 칸영화제의 영향으로 분석되고 있다. 개봉된 영화 중 홍상수 감독의 영화가 2003년 2월 26일 3편이 동시 개봉되어 가장 많이 알려졌다. 홍상수 감독은 〈강원도의 힘〉, 〈돼지가 우물에 빠진 날〉 두 편이 칸영화제에 초청되었다. 2003년 2월 26일 〈강원도의 힘〉, 〈돼지가 우물에 빠진 날〉, 〈오! 수정〉이 파리의 3개관을 비롯하여 전국 50여개 극장에서 개봉되어 꾸준히 상영되며, 좋은 평을 얻고 있다. 〈생활의 발견〉, 〈여자는 남자의 미래다〉는 유명한 예술배급사 MK2가 배급했다. 이제 일반관객에게도 많이 알려진 감독이 되었다.

유럽의 여러 국가들 중 프랑스는 미국영화 점유율이 가장 낮은 편(49.9%)이고, 자국 영화점유율도 다른 유럽 지역에 비해 월등히 높은 35%이다. 그리고 프랑스는 유럽에서 영화 관객이 가장 많은 나라이다. 관객연령층 역시 매우 다양하며, 20~24세의 영화애호가들이 연평균 8회 이상 영화를 관람하는 주요 관객이기는 하지만, 50~60대에도 영화 관람을 즐기는 것으로 나와 연령대가 고른 편이다. 프랑스는 사회적으로 안정되어 있고 교육수준이 높은 상위층일수록 영화를 즐기는 것으로 나타난다. 사회적 지위와 교육적 배경이 영화를 즐기는 데에도 상당한 영향을 미치고 있다. 제작면에서도 가장 활발한 편으로, 2002년에는 163편을 제작하였고, 타문화에 개방된 문화, 예술영화 시장이 존재하는 나라이다. 그리고 무엇보다 다양한 지원제도를 통하여 자문화에 대한 보호정책을 잘 펴나가고 있다.

프랑스에서 한국영화가 붐을 타고 있는 것은 인터넷상에서 한국영화에 대한 정보가 대량으로 유통되고 있다는 사실에서도 확인할 수 있다. 인터넷에서 한국영화를 검색하면 약 137,000개 정도의 검색결과가 나온다. 주요 사이트로는 Nihon-fr.cinema, soju22.net, Wikipedia, La Médiathèque 등이 있다. Nihon-fr.cinema에서는 가장 최근의 한국영화 동향을 심도 있게 다루는 사이트로서 영화줄거리와 요약, 비평, 독자비평을 제공하고 있다. 가장 조회수가 많은 사이트는 soju22.net로서 KBS World Radio, 문광부, Korea Times, Kofic으로부터 정보를 얻어 영화관련 단신들이나 인기연예인의 신상소개 등을 소개하고 있다. 이 사이트에서는 최근 문광부의 Hello Hallyu가 2005년 7월 28일부터 영어와 중국어로 서비스한다는 발표에 대해 곧 프랑스어로도 서비스가 되기를 희망하고 있다.

특히 우리의 주목을 끌고 있는 것은 La Médiathèque로서, 한국영화 비디오 및 DVD를 구비하고 있으며, 나아가 한국영화의 이해를 돕기 위해서 한국문화 전반적인 상식을 제공하고 있다. 이 사이트에서는 초기 한국영화 역사에서부터 1960년대 전성기, 1970, 1980년대 영화까지 소개하며 종악, 가사, 민요, 가야금병창, 가곡도 소개한다.

한편 인터넷의 다른 여러 사이트들에서는 한국 쪽의 단신 뿐 아니라, 한국영화와 관련한 프랑스에서의 다양한 활동들에 대한 서비스도 제공하고 있다. 2005년 6월 18일에서 24일까지 리용에서 한국의 문광부와 리용한국영화학생회 및 한불리용연합회가 공동으로 한국영화 페스티발을 개최하였으며, 11월 9일과 10일에 역시 리용에서 〈효자동 이발사〉를 개막작으로 개최될 〈아시아문화영화페스티발〉에 대한 정보를 올리고 있다. 그리고 배용준의 〈외출〉에 대한 광고가 몇 달 전부터 공지되거나 한국 여자 인기 스타들의 최근 활동을 담은 사진들이 게재되어 높은 조회

횟수를 기록하고 있기도 하다.

인터넷 상에서 한국영화에 대한 공통적인 평은 영화산업이 다이나믹하다는 것과 자국시장에서의 점유율이 미국영화를 능가하는 아주 드문 나라 중의 하나라는 것, 그리고 주로 액션보다는 감정에 호소하는 영화가 많고 이것이 한국영화의 형식과 스타일을 구성한다는 것이다. 그러나 무엇보다 한국영화의 힘을 소재와 장르의 다양함과 풍부함에서 찾고 있다. 이제까지 한국영화를 잘 알지 못하던 관객들이 반응을 보이는 것 역시 무엇보다 한국영화의 소재의 다양성과 다른 영화들에서는 찾아볼 수 없는 한국의 역사적, 정치적 특수상황과 전통문화의 특성들에 대한 새로움이라고 할 수 있다. 파리 대학들의 영화학과 학생들을 대상으로 한 인터뷰에서 가장 많이 들을 수 있었던 사항들이 바로 프랑스영화에서는 찾아볼 수 없는 다양한 소재들과 다양한 감독군들, 그리고 역사적, 국가적 역동성과 맞물리는 영화적 역동성이었다. 프랑스 학생들은 현재 프랑스를 대표할만한 감독이 부재하다는 것과 대부분의 영화들이 어떠한 식으로든 한국영화에서 느낄 수 있는 역동성이 결여되어 있다는 점을 지적해주었다. 이와 함께 학생들은 〈쉬리〉나 〈공동경비구역 JSA〉등과 같은 블록버스터 영화보다는 〈오발탄〉이나 〈달마가 동쪽으로 간 까닭은?〉 또는 〈서편제〉에 대해 더 많은 관심과 영화적 흥미를 보였다.

파리대학의 영화학과 학생들과의 인터뷰에서는 “오랫동안 표현의 자유가 없었다고 들었다. 그러다 갑자기 엄청난 표현의 자유가 분출되었고, 이것은 세계 어느 나라에서도 볼 수 없는 현상이라 생각한다", "영화라는 매체를 통해서 표현을 한다는 것, 이것이 한국영화의 힘인 것 같다", "아쉽게도 프랑스영화에서는 더 이상 이런 표현의 힘을 느낄 수 없다. 그건 예술적 에너지이다. 프랑스 감독들에게는 이런 에너지를 느낄 수 없다. 한국영화는 살아있고, 삶을 말한다"는 등과 같은 한국영화만의 독특한 에너지를 가장 큰 특성으로 꼽고 있다.

한편 한국영화를 다루고 있는 주요 저널로는 Positif, Cahiers du cinema, Le Monde 등을 들 수 있다. 그중에서도 Positif는 1980년대부터 가장 꾸준하게 한국영화에 관심을 가지고 보도하는 저널이다. 당연한 논리겠지만, 저널들에서는 영화제수상이나 영화제 출품, 회고전 등과 같은 특별한 이슈에 따라 보도하는 경향을 띤다는 점을 지적할 수 있다. 임권택 감독에 대한 조명이 시작된 것은 1987년 〈씨받이〉, 1989년 〈아제아제 바라아제〉가 베니스영화제에서 수상한 것에서 비롯되었고, 이어 1993년 〈서편제〉로 언론과 영화계의 관심이 더욱 집중되었다. 그리고 1998년 〈쉬리〉가 〈타이타닉〉을 능가한 관객동원을 기록함으로써 1999년 이후 프랑스에서는 그동안 간과되어 왔던 한국영화의 성공 비결과 배경을 알기 위한 시도들이 연이어졌다. 이와 함께 각종 국제 영화제들을 석권한 수상작들(2000년의 〈박하사탕〉, 2002년 〈오아시스〉와 〈취화선〉, 2004년 〈올드보이〉)이 한국영화에 대한 관심을 더욱 증대시켰다. 이러한 관심과 함께 한국영화 산업의 구조나 주요 감독들, 한국영화의 현대역사, 한국영화의 주요 특징들이 보도되었고, 프랑스 내에서 한국영화에 관한 각종 행사들이 이루어지는 계기를 마련하였다.

한국영화가 소개된 계기들

아시아권의 영화들 중에서도 한국영화는 유럽 진출이 아주 늦은 편이다. 이미 1950년부터 알려진 일본이나 그 뒤를 이은 홍콩, 대만, 중국 영화에 비해 한국영화가 알려지기 시작한 것은 상대적으로 가장 늦었다.

프랑스에서 한국영화가 알려진 것은 1980년대였다. 1984년 페사로 영화제에 한국영화 6편이 출품된 것과 1987년 낭트 영화제의 "3개 대륙 페스티발 Le Festival des trois continants"에서 12편의 한국영화 회고전을 통해 한국영화가 소개되었다. 페사로 영화제에서는 김수용 감독의 작품 2편이 관심을 끌면서 그때까지 전혀 알려지지 않고 있던 한국영화를 소개하는 기사가 보도되었다(Jeune cinema No.161, 1984 Oct.). 이 기사에서는 1919년 영화의 탄생부터 일제시대 무성영화, 유신정권 시절의 검열, 미국영화 수입으로 인한 한국영화의 위기 등을 함께 다루었다.

그리고 낭트 영화제에서는 한국영화 회고전이 비중 있게 기획되었는데, 이 회고전의 작품선정에 대해서는 호평과 혹평이 엇갈리고 있다. 1970년대부터 시행되고 있었던 스크린쿼터제(수입영화 1편당 한국영화 4편 생산 의무화)가 영화의 수준을 떨어뜨리는 원인으로 분석되고 있다. 김수용의 〈갯마을〉은 높이 사는 한편 김기영의 〈하녀〉와 〈충녀〉에 대해서는 시리즈물의 평범한 기법을 구사하는 지루한 영화라고 하는가 하면, 하명중의 〈땡볕〉과 정진우의 〈뻐꾸기도 밤에 우는가?〉를 언급하며 대부분의 한국영화는 형식주의와 미국 TV 연속극 수준 사이에서 갈등하는 정도로 평하고 있다. 반면 이두영의 〈장남〉, 〈뽕〉에 대해서는 보기 드문 작가주의 감독으로 높이 평가하고, 이와 함께 임권택의 〈만다라〉, 〈안개마을〉 등은 영화미학적으로 완성도가 높은 작품으로 극찬하며 낭트 영화제 최고의 영화로 손꼽았다(Positif No. 161, 1987. 5.).

그러나 1980년대 한국영화가 전격적으로 관심을 끈 것은 1989년 로카르노 영화제에서 수상한 배용균의 〈달마가 동쪽으로 간 까닭은?〉 때문이었다. 한국적 자연을 보여주는 아름다운 컷들과 불교세계를 보여주는 그의 수준 높은 영화 이미지는 묘사를 하는 것이 아니라 보여줌으로써 관객 스스로가 읽어내도록 하는 힘을 가지고 있는 것으로 평가되며, 고갱의 붓이나 마르셀 프루스트의 『잃어버린 시간을 찾아서』의 문체에 비유되기도 하였다. 그리고 배용균의 영화적 이미지의 작은 메타포들은 감독 자신의 영화 세계, 나아가서는 불교적 세계관 전체를 보여주는 힘을 가지고 있다고 평하며, 타르코프스키의 〈희생〉에 비교하였다(Positif No. 350, 1990. 4.). 이처럼 배용균은 높은 작품성으로 그때까지 거의 미미하였던 한국영화의 존재를 부각시키는 계기를 마련하였고, 오늘날까지도 한국영화를 말할 때 빠지지 않고 거론되고 있다.

위에서 언급한 1980년대의 행사들에도 불구하고 1990년대 초까지 프랑스에서 한국영화는 거의 불모지였다. 그런 상황에서 1993년 10월에서 1994년 2월까지 퐁피두센터에서 대규모로 기획한 한국영화 회고전은 한국영화를 대중에게 알리는 중요한 전환점을 이루었다. 이 회고전은 엄청난 변혁의 과정을 겪은 역사적,

정치적, 경제적 상황을 다루는 한국영화의 풍부함을 조명하기 위해 총 85편의 한국영화를 선정하였고, 회고전과 함께 『한국영화』 단행본을 발간하였다. 개최측은 한국정부의 영화산업육성책들과 1950년대 이전까지의 모든 영상자료의 소실과 현재 한국영상자료원의 역할과 활동에 관심을 가졌다. 1950년대와 1960년대 작품으로는 이두영, 김수영, 임권택을 선정하였는데, 특히 눈길을 끈 것은 개막작으로 선정된 임권택의 〈서편제〉였다. 이와 함께 1980년대 중반 이후 누벨바그감독들로 하길종의 〈화분〉, 이만희의 〈삼포가는 길〉, 이명세의 〈개그맨〉, 박영종의 〈구로아리랑〉, 박광수의 〈그들도 우리처럼〉 등을 선정하였다.

이후 1994년 제 4회 베를린 영화제에서 아시아영화와 함께 임권택의 〈서편제〉가 집중적으로 조명을 받으면서 한국영화는 좀 더 알려지게 된다. 이 영화제에 대한 특집을 다루는 Positif는 당시 몇 년 전부터 시작되고 있었던 아시아영화의 부상을 조명하며 임권택 감독을 다루었다. "영화에 있어서도 해가 떠오르고 있는 쪽은 아시아이다"라고 시작하면서, 무엇보다 소재의 다양성과 세계 어디에서도 찾아볼 수 없는 에너지에서 아시아영화가 부상하게 된 원인을 찾았다. 대만, 일본 영화를 비롯하여 홍콩 개봉 영화가 자정까지도 만원사례를 빚고 있다는 것을 보도하며, 베를린영화제의 최고걸작으로 임권택 감독의 〈서편제〉를 조명했다. 영혼의 고통을 승화시킨 소리를 담아내는 주인공의 실제 판소리 연기의 감동과 시간과 공간을 뛰어넘는 섬세한 예술혼을 표현하고 있는 점을 높이 샀다(Positif No. 399, 1994. 5.).

Positif는 이보다 앞서 그 동안 간간이 회고전들을 통하여 소개되었던 한국영화를 정리하였다. 기사는 "한국영화가 프랑스 영화관에 선보이기까지는 71년간의 제작기간이 필요했다"로 시작하며, 한국영화로는 처음 프랑스 영화관에서 상영된 1989년의 〈달마가 동쪽으로 간 까닭은?〉을 상기시켰다. 배용균의 작품 이후 1994년 당시 프랑스에 개봉된 한국영화는 12편 정도로서, 1984년과 1992년 페사로 영화제와 1987년 낭트 영화제의 "3개 대륙 페스티발"에서 기획된 회고전들에서 소개된 영화들 그리고 퐁피두센터에서 개최한 한국영화 회고전, 라로셀 영화제 등에서 소개된 영화들이 주로 개봉되었다. 한국영화에 대한 소개는 주로 1962년과 1975년의 영화법제정과 개정법안, 독재정권 하에서의 검열의 문제에 관한 것이었다. 그리고 정부의 검열을 피하기 위해 흔히 성을 사회적 시안을 다루는 표현수단으로 사용하고 있는 것과 과거의 역사물을 통하여 독재정권을 비판하고 있는 것에 관심을 가졌다. 대표적 감독들로 배창호, 신상옥, 이두영을 소개하고 있는데, 특히 임권택을 세계 유명감독과 어깨를 나란히 하는 감독으로 소개하고 있다(Positif, No. 398, 1994. 4).

프랑스에 소개된 아시아 영화속의 한국영화

한국영화는 아시아권 영화 중에서도 또 다른 그 무엇으로 차별화되고 있다. 'Made in Korea'가 홍콩이나 일본, 대만 영화들과 다르게 수용되고 있는 데에는 여러 가지 요인들이 있을 것이다. 그 중 가장 큰 요인으로 한국영화가 근본적으로 기대고 있는 토대, 즉 역사적 트라우마나 민족적 한, 문화적 전통과 한국적 멜로드라마 등과 같은 지극히 한국적이고 민족주의적인 것을 들 수 있다. 특히 임권택의 영화는 한국영화가 수용되는 초기부터 한국의 전통문화를 부각시켰다. 〈씨받이〉, 〈아제아제 바라아제〉를 비롯하여 〈춘향뎐〉, 〈취화선〉에 이르기까지 임권택은 한국적 전통문화를 영화라는 서구적 매체로 재창조함으로써 민족적인 것을 글로벌화한 대표적 사례로 인식되고 있다.

한국영화가 다른 아시아영화들과 차별화되는 것은 한국영화가 부상하게 된 시점과 등장배경에서 기인하기도 한다. 한국영화가 급격하게 부상한 시점은 다른 아시아 영화가 부진한 상태에 있었던 시점이었다. 1990년대 말 홍콩, 대만, 중국, 일본의 경우 영화산업은 엄청난 위기에 놓였던 반면, 한국영화는 이른바 본격적인 산업화의 길을 걷고 있었다. 일본에서는 영화산업이 구조적으로 부진한 쇠퇴기에 있었고 대만 홍콩 영화에서도 소재개발이 되지 않은 채 무협영화는 더 이상 관심을 끌지 못하고 있었다. 한국영화는 1980년대 홍콩영화의 붐에 비교할 수 있지만, 그 성격에서는 큰 차이를 보인다고 본다. 홍콩영화는 주로 액션무협영화인 것에 반해, 한국영화의 폭은 매우 넓다는 분석과 대만영화를 이끄는 허샤오시엔이나 짜이밍리앙은 자국시장에서 겨우 0.2%를 차지하여 그 기반이 매우 약한데 비해 한국에는 상업영화와 예술영화가 공존한다는 분석을 내놓고 있다(Cahiers du cinema, Festival d'aotomne à Paris, 1999.). 르몽드지(2001. 12. 19 일자)에서는 1990년대 말 한국과 일본의 영화산업의 구조를 비교하고 있다. 한국이 산업계 뿐만이 아니라, 영화제작자, 감독들 모두가 다이나믹하게 활동을 펼치며, 장르영화에서부터 예술영화, 상업영화에 이르기까지 관객동원에 성공을 하며 아시아 전역에 영향을 미치고 있는데 반하여, 일본영화는 애니메이션을 제외하고는 부진을 면치 못하고 있다고 보도한다. 그리고 이러한 부진의 원인으로 프로정신의 결핍을 꼽는데, 그것은 일본영화가 지향하는 바가 완전히 예술 쪽도 아니고 그렇다고 완전히 비즈니스 쪽도 아니기 때문이라는 분석을 내놓고 있다.

한국영화의 등장은 드라마틱했다. 1997년 IMF라는 경제적 위기 속에서도 한국형 블록버스터를 낳으며 영화산업이 급격히 발전하는 아이러니한 기적적인 양상을 낳았다. 세계가 한국영화에 주목하게 된 것은 이러한 드라마틱한 발전이 큰 계기가 되었는데, 이것은 아시아권의 다른 영화들이 등장한 배경과는 다른 것이었다. 한국영화가 유럽에 각인되기 시작한 것은 한국이라는 국가와 민족 또는 스크린쿼터제를 둘러싼 영화인들의 놀라운 의지를 배경으로 한 것이었다. IMF 이후 한국형 블록버스터의 첫 번째 성공작인 〈쉬리〉가 〈타이타닉〉을 침몰시켰다는 사실에 대해 유럽은 다윗이 골리앗을 물리쳤다는 비유를 들며 놀라워했다.

프랑스의 임권택

프랑스에서 한국영화가 주목을 받을 수 있게 된 데에는 결코 임권택을 간과할 수 없다. 베니스 영화제의 수상작 1987년 〈씨받이〉와 1989년 〈아제아제바라아제〉는 배용균의 〈달마가 동쪽으로 간 까닭은?〉과 함께 거의 알려지지 않고 있었던 1980년대 한국영화를 대변하는 것이었다. 이러한 그의 위치는 〈서편제〉 이후 더욱 굳혀졌고, 2000년 이후 〈춘향뎐〉과 〈취화선〉으로 임권택은 명실공히 한국을 대표하는 국민감독이 되었다.

베니스영화제에서 주연상을 받은 〈씨받이〉에 대해 프랑스의 언론들은 강수연의 감성적인 연기와 함께 이국적인 면과 에로티시즘이 절묘하게 혼합된 "화려하고 눈부신 의상의 멜로드라마"로 평가하며 서구인들에게 호기심과 기대감을 자극하는 작품이라고 극찬하였다(Positif, No. 321, 1987. 11).

이후 1990년 낭트 영화제에서 임권택의 영화 13편(〈만다라〉, 〈불의 딸〉, 〈안개마을〉, 〈길소뜸〉, 〈씨받이〉, 〈아다다〉, 〈아제아제바라아제〉 등)으로 회고전을 개최하였다. 이 회고전이 기획된 것은 그동안 임권택의 명성이 유럽에서 어느 정도 자리잡게 되었다는 것을 입증하는 것이었다. 프랑스 언론들에서는 1962년 26세에 데뷔하여 25년간 90여편을 제작한 임권택의 영화인생과 영화미학을 통하여 한국영화의 본질과 역사를 알아보고자 하였다. 1960년대 데뷔시절부터 1970년대 독재정권하에서의 영화제작의 조건, 쿼터제, 검열문제, 정권과 제작여건의 관계 등에 관한 구체적인 사례를 실었다.

1993년 한국에서 크게 흥행한 서편제가 프랑스에 소개된 것은 2년 후 1995년이었다. Positif(1995. 12)에서는 300만 이상의 관객을 동원하여 한국영화 역사상 상업적으로도 가장 성공한 영화로 소개하며, 잊혀져가는 전통예술의 운명을 그리며 한국인 자신들의 역사와 문화에 대한 의식을 재인식시키는 영화로 평가했다. 그리고 소리꾼과 배우가 일치되며 진정한 판소리를 담아낸 것에 감탄했다. 주목할 만한 사실은 이미 잘 알려진 임감독의 영화가 일반 영화관에서 상영된 것은 〈서편제〉가 처음이라는 것이다. 다른 한편 이미 그의 다른 영화들에 익숙해있던 비평계에서는 〈서편제〉가 이전의 영화들에 비해 시나리오 면에서는 완성도가 다소 떨어지며, 주로 눈물샘을 자극하는 감각적인 것에 치중한 영화라고 평하기도 했다(Cahiers du cinema, No. 497, 1995. 12). 그러나 수평적이고 명상적인 미장센에는 극찬을 아끼지 않았으며 인물들의 내면적 감동을 담아내는 카메라 기법에 대해 찬사를 보냈다. 〈서편제〉는 그 이후로도 끊임없이 여러 언론매체들에서 언급되고 있다. 2000년 〈춘향뎐〉이 칸느영화제 공식 경쟁작 부문에 오르자 언론들에서는 38년간의 감독생활과 업적에 비해 유럽에서는 너무 오랫동안 조명되지 않고 있었다는 점을 지적하며, 임권택을 비단 한국에만 국한되지 않는 거장으로 칭송하였다. 전통과 역사성을 재현해내는 데 심혈을 기울이는 임감독의 노력을 높이 평가하면서 〈서편제〉에서 관객들이 일어나 영화 속의 판소리 장단에 맞춰 춤추는 장면을 나운규의 〈아리랑〉에서 관객들이 아리랑을 모두 함께 합창했던 신화와 비교하고 있는 것은, 한국영화에서 그가 차지하는 위치를 인식하고 있음을 말해준다. 이어 2001년 프랑스는 임권택에 대하여 "임권택의 영화는 곧 한국이다", 임권택은 "한국인에게 한국의 영화를 부활시키는 한편 이것을 세계에 알리게 한 감독이다", 그리고 "이국적 취향을 뛰어넘어 세계는 지금 임권택의 영화에 민감하다. 그것은 무엇보다 그가 한국에 관한 그리고 한국을 위한 영화를 만들기 때문이다"라는 찬사들로 한국을 대표하는 감독의 위치를 재확인시켰다. 그리고 마침내 2002년 칸느영화제에서 임감독 자신의 자화상이라고 할 수 있는 〈취화선〉으로 감독상을 수상하자 각종 언론들에서는 앞다투어 임감독을 특집으로 다루었다. 임권택은 한국영화가 잘 알려지지 않았던 1980년대와 1990년대 그리고 한국영화의 붐이 일어난 2000년대 이후까지 줄곧 한국영화에 대한 관심의 맥을 이어왔을 뿐 아니라 한국영화의 위상을 높임과 동시에 한국 전통문화를 세계화시킨 한국인이라는 사실에는 누구도 이의를 제기할 수 없을 것 같다.

분기점 1999

1999년은 프랑스에서의 한국영화 수용사에 분기점을 이루는 해라고 할 수 있다. 한국영화가 크게 발전하고 있었음에도 불구하고 1999년 당시까지만 해도 한국영화는 여전히 프랑스에 잘 알려지지 않은 상태였다. 당시 일반 영화관에서 개봉된 한국영화는 〈달마가 동쪽으로 간 까닭은?〉과 〈서편제〉를 비롯하여 열 손가락 안에 들 정도였다. 그런데 프랑스 비평계가 진정으로 관심을 가지기 시작한 것은 1999년이라고 할 수 있다. 중요한 요인으로는 세 가지를 꼽을 수 있는데 〈쉬리〉의 성공과 스크린쿼터제 수호운동 그리고 홍상수감독의 등장을 들 수 있다.

1999년 보도들의 공통된 특징은 1997년 IMF에도 불구하고 급진적인 도약을 한 한국영화의 힘에 대한 놀라움이었다. 그리고 투자전문회사들이 영화산업에 뛰어들어 탄생시킨 최초의 한국형 블록버스터 〈쉬리〉가 〈타이타닉〉을 물리치고 관객 700만을 동원한 사실과 세계에서 보기 드물게 여전히 수호되고 있는 스크린쿼터제에 대해 지대한 관심을 보였다. 스크린쿼터제가 생겨난 역사적 배경과 IMF 이후 미국의 투자를 둘러싼 한국정부와 미국의 긴장관계를 조명하며, 이에 대해 전 영화인들과 국민들이 어떻게 대처하고 있는 가에 대한 관심과 분석의 기사들이 속출했다.

이러한 사실 외에도 1999년은 프랑스에서 한국영화의 수용이 또 다른 양상을 띠기 시작한 해이다. 1998년 5월 칸느영화제에 출품된 홍상수의 〈강원도의 힘〉은 이제까지 임권택의 아름다운 영화만을 보아왔던 비평가들에게 한국영화에 대한 또 다른 호기심을 불러일으켰으며, 한국영화의 지평을 넓혀주었다. 그리고 김기덕의 〈수취인 불명〉(2001)과 〈나쁜 남자〉(2002)가 각각 베니스영화제와 베를린영화제에서 선전을 하고, 2002년 베니스영화제에서 이창동의 〈오아시스〉가 그랑프리를 수상하면서, 프랑스는 임권택 이외의 다른 감독들에게 관심을 가지게 된다. 2003년 Positif(No. 513, 2003. 11)는 〈오아시스〉 이후 한국영화의 위상이 더욱 높아진 점을 시사하면서, 〈오아시스〉와 〈박하사탕〉을 소개하고 이창동과의 인터뷰를 실었다. 그리고 임권택 이전에 한국영화를 세계에 알린 최초의 감독으로 신상옥에 대해 새로운 관심을 보였고(이전에도 회고전을 통하여 신상옥은 소개된 바 있다), 〈상록수〉를 소개하였다.

이렇듯 스크린쿼터제의 수호와 한국형 블록버스터 〈쉬리〉의 성공, 홍상수와 같은 현대적 감각을 지닌 작가주의 감독이 등장한 1999년을 기점으로 프랑스 비평계는 단순한 오리엔탈리즘에 정향된 호기심을 넘어서 한국영화에 좀 더 진지한 관심을 가지게 된다. 2001년 6월 16일자 르몽드지에서는 1999년 홍상수의 〈돼지가 우물에 빠진 날〉이 상영된 이후 한국영화에 대한 관심이 높아졌다는 점을 시사하고 있다.

한국영화의 초국가성

1990년대 초까지 배용균과 임권택으로 대변되었던 한국영화와 1999년 이후 홍상수, 이창동, 김기덕과 같은 감독들의 영화, 〈쉬리〉, 〈공동경비구역 JSA〉와 같은 블록버스터 영화들 그리고 뉴코리안시네마로 불리는 작가들의 영화들이 소개되면서, 'Made In Korea'는 이른바 다양성으로 대변되는 초국가적 양상을 띠게 된다. 이제 한국영화는 지역적이고 민족적인 것과 함께 현대적이고 글로벌한 것을 함께 갖추게 되었다.

임권택의 영화는 한국 특유의 전통문화와 역사의식을 기반으로 하여 보편적 윤리에 접근함으로써 민족주의적 지역주의 문화가 세계화에 성공한 경우이다. 이같은 세계화는 고예산 블록버스터의 네오 식민주의를 표방하며 주변부 국가들의 정체성을 잠식하는 헐리우드식의 세계화에 대한 저항이자 승리라고 볼 수 있을 것이다.

반면에 이창동의 〈오아시스〉나 홍상수, 김기덕의 영화는 서구인들이 아시아영화에서 당연히 기대해왔던 오리엔탈리즘을 깨뜨리고 현대적이고 보편적인 주제를 가지고 프랑스인들에게 다가갔다. 홍상수의 영화미학은 아시아영화에 대한 프랑스인들의 고정관념을 깨뜨렸던 것이다. 많은 사람들이 과연 홍상수가 그려내고 있는 한국의 모습이 실제의 모습인지를 알고 싶어 했다. 프랑스를 비롯한 서구 영화인들이 아시아 영화를 바라보는 시각은 의식적이든 무의식적이든 서구 – 아시아라는 이분법의 논리에 의존하고 있었다. 예를 들어 한국영화에 관한 두 권의 저서를 낸 앙트완 코폴라 Antoine Coppola 는 그의 최근 저서 『아시아영화』의 결론부분에서 아시아영화미학의 기본구조를 언급하면서 다음과 같이 말하고 있다.

> 오랫동안 아시아영화는 단지 서구영화 미학을 어설프게 모방하며, 이국적인 것을 만들어내는 하위 영화로 여겨져 왔다. (…) 오랫동안 아시아영화 미학은 서구 – 아시아라는 변증법의 프리즘을 통해서 분석되어왔다. 정반의 논리에 근거하는 모든 변증법이 그러하듯 그 같은 분석은 한계점을 드러낸다. 다시 말해 '아시아적' 성격에 대하여 지나치게 평가절상을 하거나 그리고 무엇보다 아시아적 모델을 변모하는데 있어서의 감독들의 능력을 평가절하 하는 것이다. (Le Cinéma asiatique, Harmattan, 2004, 468쪽)

이러한 맥락에서 홍상수의 영화는 아시아적 영화라는 편견을 깨고 신선하게 다가갔을 것이다. 2000년에 〈강원도의 힘〉에 이어 두 번째로 선보이는 홍상수의 〈오! 수정〉을 소개하며 연대기적인 순서를 뒤엎으며 시간과 시점을 독특한 방식으로 표현하고 플래쉬 백이 없이 시간을 다른 식으로 읽는 점에서부터 시나리오와 인물묘사에 이르기까지 대담한 기법을 구사하는 그를 마르셀 뒤샹과 비교하기도 한다. 그리고 인물들에 대하여 하나의 시선을 거부하고 다양한 시선과 관점을 제시하는 그의 영화를 큐비즘과 흡사하다고 하며, 하나의 현실에 대한 다양하고 복잡한 층위를 나타내는 그의 영화는 한국 전통 멜로드라마의 통속성을 벗어나 한국영화의 불가능성에 도전하는 것이라고 말한다 (Cahiers du cinema, Festival d'automne à Paris 1999). 다시 말해 그가 그려내고 있는 인간관계는 한국사회에 국한된 것이 아니라 곧 현대영화의 모습과 결부되어 있다고 분석한다.

프랑스 비평계가 홍상수를 높이 사고 있는 것은 한국영화가 급부상하면서 한국영화인들의 부의 축적과 영화산업의 구조적 문제점을 꼬집으면서도 홍상수는 예외적으로 다루는 것에서도 엿볼 수 있다. 한국영화가 대형 투자 자본을 영입하며 힘을 길러온 10년 간 박스오피스 밖에서 유일하게 예술작업을 수행한 감독으로 평한다 ("그는 극단적으로 현대적인 영화를 만들며, 상업적인 것에 절대 굴하지 않기로 유명한 유일한 젊은 감독이다")(Le monde 1999. 9. 18). 이와 함께 박스오피스의 성공과는 관계없이 재능 있는 감독들로 박기형이나 이광모 등을 소개하고 있다. 그리고 급격히 부상하고 있는 한국영화의 성공요인이 상업적 블록버스터영화에서부터 홍상수에 이르기까지 그 폭이 매우 다양하다는 데서 기인하는 것이라고 분석한다. 그리고 1999년 파리에서 개최된 아를르켕 시네마 기획전에서는 1961년에서

1998년까지 6편의 한국영화를 소개하면서 이중에서 가장 좋은 작품으로 강대진의 〈마부〉(1961)와 홍상수의 〈돼지가 우물에 빠진 날〉을 선정하였다(Le monde, 1999. 6. 10). 반면에 허진호의 〈팔월의 크리스마스〉나 임상수의 〈Girls Out Night〉은 실망스러운 영화로 평가하고 있다. 전자는 전통 멜로드라마를 현대화시키려는 영화이지만 거기에 이르지 못한 영화이며, 후자는 헐리웃의 모방에 그친 영화로 본다. 그의 영화미학이 보여주는 현대성은 비서구인이 만들어낸 것이기 때문에 더욱 두드러져 보일지도 모른다.

한편 김기덕에 대해서는 관광객들의 초상화를 그리던 무명의 화가가 일 년에 두 편씩 미친 듯이 영화를 만들어내는 열정과 그만의 독특한 영화기법을 높이 사고 있다. 기법면에 있어서 다소 어설프고, 결점도 많고 직설적이지만, 그는 자신 속에 한국영화의 정신을 담고 있는 것으로 평가되고 있다. 그러한 그에 대해 "세계에서 가장 좋은 영화는 아니지만, 아직도 불가능한 내기를 할 수 있는 영화"로 그의 영화를 분류한다(Positif, No. 513, 2003. 11). 결점이나 악평과 함께 무시할 수 없는 예술적 감수성과 열정을 동시에 가지고 있는 김기덕은 분명 서구적 코드로는 소화하기 힘든 감독일 것이다. 그러나 그런 만큼 더욱 서구영화계에는 관습과 타성에 젖지 않은 신선함으로 받아들여지고 있는지도 모른다. 김기덕의 〈봄, 여름, 가을, 겨울 그리고 봄〉은 〈취화선〉과 함께 유럽에 진출한 한국영화로는 최고의 관객 동원율을 기록하는 영화이다. 또한 김기덕은 인터넷에서 가장 많이 언급되고 소개되는 감독이다. 여러 이유들이 있겠지만 그 중의 하나는 무엇보다도 김기덕이 유럽의 유명한 영화제들에 지속적으로 출품되어 수상작 대열에 오르고 그리고 마침내 〈빈 집〉으로 베니스에서 수상하면서 유럽 영화인들의 주목을 받고 있기 때문일 것이다.

한국영화 성공을 바라보는 두 가지 시각

• 성공에 대한 찬사들

국내외를 비롯하여 1990년대 말부터 시작된 한국영화의 급성장과 발전으로 프랑스의 언론계와 비평계는 그러한 성장의 배경에 대한 진단과 전망을 내놓기에 안달했다. 르몽드지(2000년 5월 23일자)는 'Cannes 2000 한국이 세계영화계를 석권하다'라는 기사를 썼고, 필름프랑세 Le film francais(No. 2912. 2001. 11)는 태극기 이미지와 함께 '한국영화가 헐리우드를 물리친 해'라는 제목으로 한국영화의 급성장과 성공 현황을 다루었다. 한국영화가 지속적으로 국내 박스오피스를 갱신하는가 하면, 헐리우드가 리메이크를 위해 고가로 판권을 사들일 정도로 자국시장에서 헐리우드의 영광을 재현하고 있다고 보도했다. 그리고 2001년 말까지 시장점유율은 50%를 기록할 것으로 전망하며, "한국영화가 역사를 새롭게 쓰고 있다"고 대서특필했다. 르몽드지(2001. 11. 21) 역시 '부산국제영화제에 기적이 일고 있다'라는 제목으로 1990년대에 20%에 불과했던 시장점유율이 10년 만에 50%를 웃돌며 영화산업이 이처럼 발전하고 있는 가운데 열리는 제 6회

부산국제영화제는 그야말로 금상첨화격이라고 부러움을 표하기도 했다.

한국영화의 성공에 대한 기사들은 2003년과 2004년 최정점을 이루기 직전까지는 대체로 긍정적이었다. 그러한 기사들에서 공통적으로 지적되는 사항들은 자질 있는 감독과 높은 학력과 배경을 가진 신진 감독들의 등장, 벤쳐캐피탈의 영화산업 진출과 높은 예산의 블록버스터 영화생산, 헐리우드와 홍콩을 능가하는 기술수준, 다양한 장르의 영화, 감독들의 대중적 취향을 읽어내는 능력, 1990년대 말부터 시작된 영화산업의 구조조정, 멀티플렉스 영화관, 신진배우들의 등장 등이었다.

그리고 비평계와 언론계는 한국영화 성공의 긍정적인 면으로 상업영화와 작가주의 영화가 잘 조화를 이루며 함께 발전하고 있다는 점을 지적한다. 2000년 Positif(No. 473-474, 7~8월호)는 〈춘향뎐〉에 대한 특집기사에서 정지우 감독의 〈해피 엔드〉를 함께 소개하면서, 국제적으로 한국영화가 붐을 일으키고 있는 것은 해피엔드와 같은 좋은 영화가 한국 안에서 큰 성공을 거두고 있기 때문이라고 분석한다. 그리고 한국영화는 "전통과 혁신, 상업과 예술 사이"에서 절묘한 조화를 이루고 있다고 덧붙였다.

• 지적되는 문제점들

한국영화가 국제무대에서 본격적인 조명을 받으며, 경이로운 성공사례들이 연이어 알려지기 시작하면서, 이제까지 단순히 오리엔탈리즘의 시각에서 받아들여졌던 한국영화에 대한 보다 심층적인 분석들이 나왔다. 2003년부터는 성공의 화려한 면만을 비췄던 언론들이 성공의 이면을 들춰내기 시작했다. 한국영화에 대해 꾸준한 관심을 보인 Positif에서는 2003년 11월 한국영화 성공에 대한 심도 있는 분석기사를 내놓았다. "10년 만에 한국은 세계영화의 지형도를 그리는 나라가 되었다. 그러나 이러한 성공은 단단한 기반 위에 세워진 것이 아니다"라고 하며, 그 원인 몇 가지를 내놓았다. 우선 이러한 성공은 연간 자국영화를 146일간 상영해야 하는 스크린쿼터제로 보호받고 있기 때문이라고 본다. 그런데 1999년 영화인들과 국민들이 함께 뭉쳐 수호했던 스크린쿼터제는 당시와는 다른 상황을 보이고 있는데, 그것은 〈쉬리〉 시절과는 달리 이제 영화인들은 있는 자가 되었고, 스크린쿼터제는 특혜로 받아들여진다고 보았다. 1985년 영화법 개정과 1989년 스크린쿼터제 수호를 위한 시위, 1990년 영화사들의 파산위기 그리고 1993년 16%에 불과했던 시장점유율이 이제 52%에 육박하고 재벌투자회사들이 영화산업에 뛰어들면서 시작된 Made in Korea의 성공은 역사의 아이러니를 낳게 되었다는 점을 꼬집는다. 즉 과거 노동자들의 편에 서서 운동을 하던 영화인들이 재벌들과 손잡고 영화를 만들어 성공했다는 것이다. "감옥살이까지 하던 젊은 투사들과 냉장고나 자동차를 만들던 과거의 장사꾼들이 오늘날 한국영화를 만드는 사람들이다"라든가, " '영화유산을 구축하려는 노력'은 한국에서는 받아들여지기 어려운 일이다. 왜냐하면 무조건 새로운 것을 추구하고 과거를 파괴하는데 (서울의 도시정책이 좋은 예이다) 모든 에너지를 쏟아 넣는 나라이기 때문이다"라는 비판을 한다. 그리고 "대부분의 한국인들은 저녁시간을 영화보다는 TV

앞에서 보내는 데 길들여져 있다"라는 실로 신랄한 비판적 시각을 내놓았다.

그리고 2004년에 Studio Magazine에서는 1998년 〈쉬리〉의 성공 이후 재벌기업들이 영화산업에 뛰어들어 블록버스터 영화들이 연이어 속출했고, 국제 구매자들이 한국으로 눈을 돌리기 시작한 것이 사실이라고 쓰고 있다. 그러나 바로 이러한 영화산업의 구조가 한국영화의 위험성이라는 것도 놓치지 않고 분석한다. "한국영화산업은 급격히 제도화되었다. 투자그룹들은 영화제작자들에게 영향력을 행사하며, 유일한 관심사인 수익성을 내세운다. 한국영화는 오늘날 위험한 시기에 처해있다!(Studio Magazine No. 205. 2004. 10월)"고 진단하면서, 한국영화의 미래는 어떻게 이런 제반 문제들을 잘 운영하느냐에 달려있을 것으로 내다본다. 이외에도 홍상수, 김기덕과 같은 감독이 외국에서는 인정을 받고 있지만, 자국 내에서는 여전히 외면당하고 있다는 사실이 한국영화의 기반이 그리 단단한 것만이 아님을 증명하는 것이라는 기사도 나온다. 그리고 프랑스의 언론에서는 많이 알려지고 있지만, 실제로 대중들에게 다가가 한국영화가 프랑스에서 지속적인 뿌리를 내리기에는 무리가 있지 않을까라는 우려를 표명하기도 한다.

2003년 Positif 11월호에서는 한국영화인들의 상에 대한 집착을 "서쪽을 바라보는 토끼"라는 제목의 기사에서 다루고 있다. 이 기사에서는 귀와 머리는 대륙에 붙어있고 코는 서쪽을 향하고 있는 한반도의 지형학적인 비유로부터 한국인 특유의 서구지향적 갈망을 꼬집어낸다. 한국은 한반도의 지형만큼이나 "외국 특히 서구에 비친 자신의 이미지에 항상 신경을 쓴다"라고 하며, "상을 받는다는 것은 전 국가적인 스포츠이고, 모든 주요 인사들의 의무사항이다"라고 보도하고 있다. 그리고 김대중 전 대통령의 노벨평화상에 따른 스캔들은 이처럼 한 인물이 자신의 이미지나 경력에 미칠 위험을 무릅쓰고라도 얼마나 상에 집착하고 있는지를 보여주는 단적인 예로 짚고 있다. 재미있는 것은 김대중의 이같은 상에 대한 집착을 임권택과 비교하고 있다는 점이다. 〈취화선〉으로 칸느영화제 감독상을 수상했을 때, "이 상은 아시아의 모든 영화를 보상한다"라는 임감독의 말을 인용하면서, "짐을 덜었다"라고 말하는 것으로 보아서도 그가 두 어깨에 얼마나 큰 짐을 지고 있었는지 짐작할 수 있다고 한다. 그리고 "서구의 영화 앞에서, 그는 한국을 아시아 전체의 대변인으로 삼으며, 자신의 역할을 수행하는" 것으로 여기고 있음을 간파한다. 또한 만약 이창동이 베니스영화제에서 〈오아시스〉로 두 개의 상을 받지 않았더라도 문화부장관이 될 수 있었을지 반문한다. 그리고 시네마서비스와 같은 배급사가 한국에서는 전혀 성공을 거두지 못했지만 국제적으로 비평계의 많은 주목을 받은 홍상수의 〈생활의 발견〉을 배급한 것도 결국은 "인정을 받고자하는 목마름"에서 이해될 수 있다고 분석한다.

부산국제영화제에 대한 관심

부산국제영화제는 그 개최시기가 한국영화계가 산업화되며 급격히 발전하고 국제무대에서 조명을 받기 시작하는 시점과 맞물리며 아시아를 비롯한 세계의 주목을 받고 있다. 프랑스 언론계에서도 IMF에도 불구하고 급성장을 하는 시점에서 개최된 제 3회와 4회 부산국제영화제에 많은 관심을 보였다. 명실공히 아시아 영화의 중요한 랑데부로 자리매김한 부산영화제가 19만명의 관객을 동원한 것에 경이로움을 표했다. 남포동에 운집한 80%가 젊은 관객(15세에서 25세)이라는 것과 이러한 사실이 한국영화의 원동력이 된다는 것을 보도하며, 이에 비해 칸느영화제는 젊은 관객들이 모여드는 활기찬 이미지보다는 휴양지라는 이미지가 더 크다고 비교한다. 그리고 영화제를 통하여 스크린쿼터제를 수호하기 위해 백만인 서명운동을 벌인 것에 대한 깊은 인상을 기사로 실었다.

출판계 현황

인터넷이나 잡지, 일간지를 비롯한 언론매체에서 한국영화가 많이 거론되며 조명을 받고 있는 것에 비해 상대적으로 너무나 초라한 양상을 보이고 있는 것이 출판계의 단행본 간행이라 할 수 있다. 파리 시내의 유명서점들의 영화코너를 가본 사람들은 한결같이 느끼는 점이 있다. 그것은 한국영화에 대한 서적이 일본, 중국, 홍콩을 비롯한 아시아의 다른 영화들에 비해 거의 없다는 것이다. 한국영화에 관한 단행본으로는 두 세권 정도가 있다. 가장 폭넓게 한국영화를 소개하는 책은 『한국영화 Le Cinéma coréen』이다. 이 책은 1993년 퐁피두센터에서 개최된 한국영화 회고전을 계기로 하여 아드리아노 아프라 Adriano Apra의 기획으로 출간되었는데, 1948년 이후 한국영화의 파노라마를 보여준다. 필진은 주로 한국영화 비평가들이다. 앙투완 코폴라 Antoine Coppola는 1996년 『한국영화: 유교에서 아방가르드까지』(Ed. Harmattan)에 이어 2004년 『아시아영화 Le cinéma asiatique』를 내놓았다. 『아시아영화』에서는 중국, 일본, 홍콩영화들과 함께 아시아적 맥락에서 한국영화를 다루고 있다.

대학의 영화학과에서도 아시아영화 과목들이 개설되어 있는 반면, 한국영화는 아직 개설되지 않고 있는 실정이다. 드물게 한국영화에 관심을 가지고 전공을 하고 싶어 하는 학생들도 없지는 않다. 그러나 현실적으로 전공을 하기에는 여러 가지 어려움이 뒤따르는데, 가장 큰 어려움 중의 하나가 한국영화에 관한 참고서적이 거의 없다는 사실이다. 그리고 한국영화 뿐만이 아니라 한국에 관심을 가지고 한국어를 배우거나 한국을 알고 싶어 하는 프랑스인들이 가장 많이 지적하는 사항이 표준으로 삼을만한 한국역사 서적을 거의 찾아볼 수 없다는 사실이다.

DVD 시장

프랑스를 비롯하여 유럽은 DVD 시장이 크다. 현재 급속도로 팽창하고 있는 매체이므로 수요가 많다. 침체된 VHS 시장을 대체하며 홈비디오 소프트웨어 시장을 주도하고 있다. 프랑스 DVD 시장은 커가는 부피만큼 다양한 컨텐츠를 확보해야 할 필요성이 있고, 물량도 많이 확보해야 한다. 한국영화는 최근 작품성 및 시장성을 인정받으면서 그만큼 기회가 있다. DVD로 호응을 얻는 작품들은 예술영화보다는 호러, 액션 등 장르가 분명한 상업영화가 주를 이루고 있다. 〈화산고〉, 〈2009 로스트 메모리즈〉는 대표적인 흥행 액션영화로서 배급사가 DVD 시장을 염두에 두고 구매한 영화다. 무술, 액션, 공포영화와 같은 장르영화는 거의 모든 지역에서 기본적인 마켓이 형성되어 있기 때문에 시장 경재력이 있고 배급이 비교적 용이하다.

TV 매체

프랑스에는 TV사가 수익의 일부를 영화제작에 투자해야 하는 강제조항이 있다. 때문에 TV방송사들과 영화시장은 상호협력을 해오고 있다. 그런데 이러한 투자가 긍정적인 면만을 지니는 것은 아니다. 소수의 TV 방송사가 제작, 배급, 상영까지 수직통합을 하며 거의 독점하는 상황이 되기 때문이다. 프랑스에서는 TV 방송사들의 영향력이 크며, 중소배급사들이 가장 의존하고 있는 매체가 TV이다. 예술영화이거나 아시아영화를 포함한 외국어영화를 방송하는 방송사는 대략 ARTE, TF1, Canal Plus인데 최근 Canal Plus가 흔들리면서 TV 시장 뿐만 아니라 영화계 전반에 많은 영향을 미치며 상당히 어려운 상황이다.

프랑스에서 한국영화는 아직 시작단계이며 확실하게 성공하여 한국영화에 대한 이미지를 각인시킬 만한 영화가 나오지 못하고 있는 상태이기 때문에, 영화제나 DVD 시장을 통해 프랑스 관객에게 좀 더 친숙해지는 시간이 필요하다. 영화미학자 레몽 벨루르는 한국영화가 프랑스에 수용되기 위해서는 좀더 시간이 필요하다는 것을 강조한다. 그는 "영화는 역사, 문화와 깊은 관련을 가진다. 영화의 역사는 몇 세대를 두고 이루어지는 것이며, 문화적 맥락과 병행한다. 타문화권의 영화 수용의 문제는 시간과 문화에 대한 이해를 필요로 한다. 한국영화는 갑자기 전세계적인 주목을 받으며 부상하고 있다. 아시아권의 다른 나라들의 경우는 어느 정도 서서히 수용되었다. 예를 들어 일본이나 대만, 홍콩 영화는 서서히 시간을 두고 수용되었다. 이미 1950년대 말부터 카이에 뒤 시네마에서 일본의 미조구시에 관한 비중있는 기사들을 볼 수 있다"고 말한다.

마케팅전략

한국에서 큰 성공을 거둔 영화라 할지라도 이것이 프랑스에서의 흥행을 보장하는 것이 아니므로, 영화규모에 따라 어떻게 영화를 배급할 것인가 하는 마케팅전략이 중요하다. 이에 따라 영화결과가 결정되고 한국영화의 이미지를 좌우하게 된다. 프랑스의 영화정책을 잘 알고 이를 이용할 줄도 알아야 한다. 이와 함께 프랑스 영화산업의 특성을 잘 파악하여야 할 것이다. 프랑스에서는 예술영화시장이 일정하게 형성되어 있어, 작가주의 영화 선호 경향이 강하다. 실제로 학생들의 인터뷰 결과 블록버스터 영화들보다 홍상수, 김기덕의 영화나 임권택의 예술영화를 선호하였다. 헐리우드영화에 질린 관객들이 새로운 영화에 대한 관심이 높아지고 이것이 수준높은 아시아영화에 대한 관심으로 이어지고 있다. 유럽에서 아시아영화 한국영화는 예술영화로 인식된다. 예술영화 시장에서는 '감독이 누구'인지가 중요하다. 관객을 모으는 주요 요인 중 하나가 감독이고 실제로 전체 영화 흥행성적에 큰 영향을 준다. 이것은 유럽의 전반적인 경향이지만 특히 프랑스는 감독에 대한 의존도가 높다. 감독을 알리게 하는 계기는 영화제나 회고전 그리고 그에 따른 저널이나 비평계의 관심으로 이어지고 이것은 다시 시장에 영향을 미치게 되는 것이다.

한국영화의 장기적 저변확대를 위한 대안

이러한 단행본 출판의 현실은 어쩌면 한국영화 수용의 현주소를 말해주는 것인지도 모른다. 지금이라도 국제영화제수상을 비롯한 특별한 이벤트에 따른 단파적 기류상승효과에 편승한 관심보다도 한국영화 자체를 이해하고 선호할 수 있는 저변확대에 관심을 기울여야 할 것이다. 한국영화가 발전하고 세계화되기 위해서는 영화를 만드는 감독이나 제작자, 기획가들의 노력도 중요하다. 그러나 장기적 안목으로 본다면, 한국영화에 대한 좀

더 깊이 있는 관심과 연구를 이끌어낼 수 있는 여건마련과 나아가 한국문화 전반을 알리기 위한 노력도 함께 이루어져야 할 것으로 본다.

유럽을 비롯한 프랑스인들에게 아시아 특히 한국은 잘 알려져 있지 않고 아직도 발견할 거리가 많은 '다른 곳' 미지의 나라이다. 그들은 한국이 어떤 나라인지 알고 싶어 한다. 한국영화의 붐은 이러한 호기심을 더욱 부추기고 있다. 인터넷 사이트 La Médiathèque에서 한국영화에 대한 정보보다 한국의 문화상식을 제공하려고 애쓰는 이유도 프랑스인들의 좀더 근본적인 관심과 호기심을 알기 때문이다. "한국이라는 새로운 영화가 언론을 장식하고, 새로운 스타들이 소개되고, 새로운 스타일을 선보이며 세계영화자산을 풍부하게 장식하고 있다. 그런데 이런 한국영화의 양상이 일반 대중에게는 어떻게 다가가고 있을까? 어떻게 한국영화에 접근할 수 있을까?"라는 그들의 접근태도를 좀더 곰곰이 생각해 볼 일이다. 그런데 이 사이트에서 제공하고 있는 문화상식들은 조야하기 그지없다. 그저 사전에서나 찾아볼 수 있는 정도의 화석화된 정보들로서 한국인으로서도 관심을 가지지 힘든 수준이다. 우리 영화를 이해하고 사랑하는 팬들의 저변확대는 어떻게 이루어질 수 있을까?

3
샤머니즘적 주술로서의 미디어와 예술

사이버컬처와 샤머니즘

컴퓨터의 발달은 사이버스페이스를 창출함으로써 우리의 지각방식을 변화시켰다. 사이버스페이스는 요술세계처럼 기존의 시공간을 초월하여 모든 것을 체험하게 해준다. 오늘날의 세계를 정의하는 미디어, 인터미디어, 미디어아트와 같은 것들은 결국 매개 즉 커뮤니케이션을 전제로 하는 것이다. 컴퓨터 기술이 점점 무선을 향해 개발되고 있는 것은 점점 물질적인 것으로부터 비물질적인 것으로 이동한다는 것을 뜻한다.

사이버스페이스는 시간과 공간에 대한 인간의 지각방식을 근본적으로 변화시키고 있다. 우리는 사이버스페이스를 통해서 우리들이 현존하고 있는 '여기'로부터 다른 장소, 다른 시간인 '거기'를 체험할 수 있다. 그것은 일종의 '텔레프레젠스 telepresence'이며, 종래의 시간이나 공간의 본질적인 변화를 의미하는 것이다. 사이버공간의 확산으로 인하여 오늘날에는 가상공간과 현실공간이 상호 소통하게 되었다. 텔레프레젠스는 시간이나 공간에 대해 우리의 지각의 본질적인 변화를 원하고 있다. 그것은 우리들이 살고 있는 현실적 시·공간의 구조 밖에 그것과는 다른 세계가 있고 거기에 들어가기 위한 기술과 방법만 찾아낸다면 그 세계와의 통로를 열 수 있다는 것을 암시한다. 이런 맥락에서 샤머니즘이 많은 주목을 받고 있다. 샤머니즘이란 어떤 의미에서 현재의 텔레프레전스 테크놀로지가 생성시키는 특별한 정신적, 육체적 실천의 상징이라고 할 수 있다. 텔레프레전스 테크놀로지는 지금 우리들 자신이 있는 '여기'에서 떨어진 장소나 다른 시간인 '거기'를 체험할 수 있는 기술의 총칭이다. 텔레비전(떨어져 있는 시각)이나 텔레폰(떨어져 있는 음향) 모두 텔레프레전스의 일종인 것이다. 이러한 테크놀로지는 결국 꿈과 가상의 세계를 실현시키는 주술의 세계와 일맥상통한다.

디지털 미디어가 만들고 있는 가상공간의 의미와 구조를 성찰하기 위해서 우리는 인간의 원초적인 경험, 즉 샤먼적 경험으로 거슬러 올라갈 필요가 있다. 인간은 본성적으로 경험적 현실 외에 또 하나의 초월적 세계를 상정하면서 존재해왔다. 초월적 세계와의 소통이 필요했던 이유도 가난, 결핍, 병, 욕망, 꿈 등 다양하다. 이러한 근본적인 맥락에서 현실과 비현실을 매개해주는 역할을 하는 주술사, 제사장, 샤먼이 모든 문화권에 존재했다는 사실은 이해가 된다. 그들은 모두 신들린 사람들로서 유한적 존재인 인간에게 초월적 세계를 매개해줌으로써 현실에서의 결핍과 고통 그리고 때로는 유희충동을 해결해준 것이다.

이러한 주술적인 요소들이 이성적 과학문화에 의해 축출되기 시작하면서, 시인과 예술가가 그 역할을 넘겨받는다. 오비드의 『변신』, 『걸리버 여행기』의 여행의 모티브(인간의 상상력에 의한 다른 세계로의 여행, 현실을 떠난 유토피아의 경험 등은 샤먼의 정신적 이동이나 인터넷 항해를 통해 전혀 다른 공간으로의 자유로운 이동에 비할 수 있다), 보들레르로 대표되는 낭만주의(이상세계와의 '상응 correspondance'), 말라르메의 상징주의(이상세계와 교신하기 위한 특수한 이미지적 언어를 개발), 초현실주의의 경험(무의식과 꿈) 등은 좋은 예들이다. 특히 낭만주의 시인들은 자신을 이곳의 세계와 저 먼 이상세계를 연결시켜주는 매개자, 주술사, 연금술사, 제 2의 신으로 자처하였다.

장 콕토 역시 자신을 각 예술영역을 넘나드는 매개자, 현실과 가상 사이를 오가는 주술사로 불렀다. 이처럼 예술가는 상상력을 매개로 독자적인 세계를 구축하면서 주술사의 역할을 계승한다. 샤먼이 불러오는 우주, 주술사가 매개해주는 세계, 예술가가 창조해내는 가상의 세계는 모두 오늘날 컴퓨터가 만들어내는 사이버스페이스의 전신들이다. 이들은 모두 이승과 저승, 인간과 우주, 하늘과 땅 등 두 개의 세계를 매개시킨다는 점에서 미디어이다. 그들은 언어, 춤, 노래, 주문을 수단으로 보이지 않는 것을 인간에게 매개시킨다.

우리가 문학을 비롯한 여러 예술 장르와 샤머니즘 그리고 사이버스페이스 사이에서 공통점을 찾는 것은 이것들이 가지는 비물질적인 이동성과 서로 다른 차원의 세계들 사이의 매개성 때문이다. 샤먼의 정신적 이동과 움직임은 오늘날 디지털 미학의 유동성과 흐름의 미학과 연결된다.

미디어아트와 샤머니즘은 이중적인 공간구조와 시간구조를 가진다. 샤머니즘이 기도나 굿을 통하여 두 개의 다른 현실을 매개시키듯이, 미디어아트는 영상이라는 가상공간과 현실의 물리적 공간을 연결하는 인터페이스가 기본 원리이다. 사이버스페이스의 현상들의 특징은 무엇보다도 물리적이고 물질적인 한계로부터 벗어난 자유로운 이동이다. 시간과 공간의 구속을 받지 않고 즉각적으로 이루어지는 전자매체적 소통은 샤먼들의 의사소통 구조와 유사하다. 샤머니즘은 가상현실을 상정하는 사이버 문화이고, 사이보그는 어떤 의미에서 샤먼이라고 할 수 있다. 어쨌든 이 둘 모두는 비물질적 이동을 특징으로 하는 '텔레프레전스'라고 할 수 있다. 들뢰즈는 이러한 사이보그의 특성을 '기관 없는 신체 body without organs'라고 표현하였다.

엘리아데는 샤머니즘을 '엑스터시의 고대 테크닉'으로 정의하였는데, 이러한 엑스터시는 오늘날 사이버스페이스의 엑스터시와 같은 것이다. 그것은 보드리야르가 말하는 사이버스페이스에서의 소통의 엑스터시와 같은 것이다. 소통의 엑스터시는 바로 물리적인 장애가 사라지면서, 형태가 없어지고 초월되는 것을 말한다. 그것은 피에르 레비가 오늘날 디지털 테크놀로지가 만들어내는 컴퓨터네트웍의 세계를 지칭하는 "테크노코스모스"(technocosmos)의 소통구조와 같은 것이다. 이 "테크노코스모스"의 소통의 특징은 샤먼적 소통에서와 같이 정신적 항해를 한다는 것이다.

초월적 세계와 자유롭게 소통하는 샤머니즘은 사이버컬처 뿐만 아니라 문학을 비롯한 예술 전반에서 그 공통적 맥락을 찾아볼 수 있다. 특히 한국의 현대예술에서는 샤머니즘적 뿌리가 강하게 나타나고 있다.

한국 현대예술과 샤머니즘

현대시와 소설, 현대희곡을 비롯하여 현대음악의 몇 가지 예들을 통해 샤머니즘적 전통이 어떻게 한국의 현대문화에 수용되고 있는지를 살펴보자.

한국의 무속은 종교, 예술, 개인적 심성 등과 깊은 관련을 가지고 있다. 다시 말해 한국문화에는 전반적으로 무속적인 요소들이 있다는 것이다. 건국신화에서부터 내세관, 인생관, 종교관 등 한국의 정신문화에는 무속의 뿌리들이 자리 잡고 있다. 무속의 뿌리는 시간이 경과하면서 유교, 불교, 도교 등과 같은 타종교와 융화되어 한국 특유의 문화적 전통을 수립하게 되었다. 아울러 한국의 무속은 한국적 예술창조의 원천으로 작용하였다. 한국 전통예술을 대표하고 있는 시나위, 농악, 판소리 등의 소리예술은 무속으로부터 온 것이다. 한국인들에게 흔히 발견할 수 있는 '신명'과 '한' 또한 무속의 뿌리이다.

무속은 신라시대부터 한국문학의 토착적 정신을 형성하는 근간이었고, 한민족 고유의 정서를 표현하는 소재였다. 많은 문학작품에서 직접 무속적 소재를 다루기도 하고 또는 작중 인물들의 인생관이나 신관, 내세관, 주술성 등을 통하여 무속사상을 간접적으로 나타내기도 하였다.

문학의 장르 중에서도 시는 특히 샤머니즘과 깊은 연관성이 있다. 그것은 시어가 가진 '주술적인 힘'에 근거한다. 상당수의 시인들은 시가 가지고 있는 이러한 주술적인 힘을 강조한다. 시인 박희진은 〈숲과 문화연구회〉에서 "시를 낭송하는 시인은 어떤 의미에서 무당이나 다름없다"라고 말한다. 프랑스의 한 시인은 시란 보이지 않는 힘에 의해 씌어지는 것이며, 머리로써가 아니라 육체를 통하여 보이지 않는 세계의 에너지를 매개하는 것이라고 말한다.

김헌선 교수는 〈무당의 길과 시인의 길〉이라는 주제발표에서 "무당의 길은 시인의 길과 다르지 않다"고 말한다. 그는 "무당의 길은 말을 통해서 신을 발견하고 자신의 정체성을 찾아나가는 과정"이라고 하며, 이것은 곧 시인의 길과 같다고 한다. 무당이 무병을 앓듯이, 시인은 처음에는 쓰지 않을 수 없는 극한의 몸살을 앓다가 점차로 다른 사람의 공감을 얻을 수 있는 시에 도달한다는 것이다. 이것은 어떤 의미에서 혼돈과정을 거치게 되는 예술 창조의 통과의례라고 할 수 있다. 문학적 창조라는 것은 곧 비가시적 세계와 채널링을 하기 위한 진통이다. 사이버스페이스에서는 다른 세계와의 채널링을 테크놀로지가 대신해주고 있는 반면에 작가나 샤먼들은 다른 세계와의 채널링을 위해서 직접 진통을 겪게 된다는 것이다.

한국 현대시에 있어서 샤머니즘적 경향을 띠는 시인으로는 김소월을 들 수 있다. 시인 김소월의 세계는 무속적이다. 유령적 분위기와 비물질적 환영의 이미지가 매우 지배적이며, 현실의 물질성을 초월해서 죽음의 세계와 자유롭게 교통한다. 그의 시적 교통은 죽음을 넘나드는 독특한 샤먼적 비행술과 같다. 「무덤」은 일종의 '샤먼의 저승여행'이다. 「지하국 방문기」와 「천상지옥 왕래기」에서는 과거의 역사적 인물들과 대화한다. 그리고 「초혼」, 「생과 사」, 「인간미」 등의 시들은 삶과 죽음의 경계선에 위치하고 있다. 그의 시들은 고정되지 않은 애매함과 경계적 특성을 가진다.

소설분야에서는 무속적인 소재가 일제시대에 민족의 혼을 일깨우기 위한 방편이었다. 대표적 작가로 김동리를 꼽을 수 있다. 김동리는 「무녀도」에서 샤머니즘과 기독교의 충돌을 시도한다. 이때 무속은 기성종교, 기성의 신을 떠나 새로운 정신적 원천을 찾는 방편으로 이용되는데, 이것은 단순히 동서문화의 충돌이나 신구의 대립을 위해서가 아니라 미래세계를 제시하는 새로운 신의 탄생을 예고하기 위한 것이다. 이 새로운 신의 탄생은 사이버컬처에서의 탈종교적이고 탈민족적인, 그리고 탈시간적이며 탈공간적 특성과 관계될 수 있다.

현대시와 소설 분야에서는 무속이 주제나 소재로서 수용되었던 반면에, 연극에서는 무속이 원래부터 가지고 있었던 멀티미디어적 성격이 활용되었다. 플럭서스를 비롯한 20세기 후반의 예술이 멀티미디어적이고 퍼포먼스적인 성격을 가지고 있는데, 한국의 현대예술 중에서는 연극이 이러한 성격을 가장 잘 수용한 예라고 할 수 있다. 1960년대 이전까지는 서구의 영향을 받아 사실주의 계열의 연극이 주를 이루었지만, 1970년대 이후에는 샤머니즘이 적극 수용된다. 무속의 전통은 일제강점과 서구문화의 유입 때문에 배척되고 천시되었었다. 일제의 전통말살정책에서 무속은 가장 큰 표적이 되어 미신적이라는 이유로 배척

된다. 그러다 1960년대 후반 전통을 부활시키는 움직임과 함께 문화적 차원에서 무속은 다시 활성화된다. 이때 춤과 노래를 동반한 무속의 멀티미디어적 퍼포먼스 성격이 적극 수용된 것이다.

한국의 현대음악에서 무속적 전통이 나타난 작품으로는 황병기의 〈미궁〉을 들 수 있다. 1975년 초연된 이 작품은 음악의 전통적 질서를 파기한 작품이다. 그것은 무속에서 무당이 신병을 앓는 혼돈상태를 표현한다. 탄생에서 죽음까지를 다루는 이 음악은 사람의 목소리와 가야금 소리를 즉흥적으로 접목시키는가 하면, 악보가 없이 연주자는 즉흥적으로 연주하기도 한다. 이때 사람의 목소리는 말이 아니라 소리이다. 이 소리는 웃는 소리, 우는 소리, 신음소리, 신문 읽는 소리, 중얼거림, 절규, 불교의 반야심경 읽는 소리 등이 혼합된 것인데, 이것은 마치 신들린 무당이 뇌까리는 소리와도 같다. 가야금 연주 역시 특별한 연주법을 구사한다. 이렇듯 〈미궁〉은 창작의 원천이 무속적인 에너지와 다르지 않음을 보여준다. 이러한 이질적인 것의 혼합과 즉흥성은 백남준의 미디어아트에서도 확인될 수 있다.

백남준과 샤머니즘

비디오아트의 창시자 백남준은 자신의 예술활동을 통해서 제의, 주술, 미디어 그리고 예술의 상관관계를 가장 확실하게 구현하고 있다. 백남준의 예술 세계는 인류의 근원적 신화와 관련된 무속과 비교될 수 있다. 그는 무속세계와 관련된 인류 역사와 근원에 관심을 갖는다. 그의 예술세계에서는 운명이나 사건, 신비로운 우연적 만남, 불확실성, 음양이론 등을 쉽게 발견할 수 있다.

20세기 후반 플럭서스 운동을 주도한 그는 전 지구적 조화와 합일을 실천하였다. 플럭서스의 어원이 뜻하는 흐름은 유목민적인 이동, 여행이다. 백남준은 자신의 예술 속에서 이질적 문화들의 연결과 통합을 지향한다. 매체 유토피아를 꿈꾸는 예술가 백남준은 자신을 동양과 서양, 삶과 죽음, 인간과 자연을 이어주는 샤먼으로 이해한다. 1990년 서울, 백남준은 자신의 분신이었던 조셉 보이스의 영혼을 달래기 위해 자신이 직접 샤먼으로서 굿을 한다. 자신의 생일이기도 했던 그날, 이 퍼포먼스를 통해서 백남준은 자신 안에서 친구 보이스가 다시 탄생하기를 꿈꾼 것이다. 백남준 연구의 세계적 권위자인 장 폴 파르지에는 일찍이 백남준이 무당이라는 것을 직감했다. 1979년 파르지에와의 대담에서 백남준은 "나는 자주 통증을 느낀다. 그러면 일을 해야 한다. 그렇지 않으면 견디지 못한다. 너무 자주 머리가 아픈 것을 느끼고 그럴 때 아무 것도 하지 않으면 상태는 더 악화된다"라고 말하며 파르지에의 직감을 확인시켜주었다. 1963년 부퍼탈의 파르나스 화랑에서 열린 그의 첫 전시회에서 그는 우리나라 무당이 하는 것처럼 피가 줄줄 흐르는 소머리를 전시장 입구에 걸어놓았다. 백남준의 예술은 한국의 샤머니즘에 뿌리를 두고 있다. 그는 2차 대전 이후 한국의 지식인이 전통문화와 외래문화 사이에서 갈등하고 있을 때, 샤머니즘에서 중재와 통합의 형식을 찾았다. 한국 민속촌 오픈 행사의 기념으로 백남준 작품을 전시한 김홍희와의 대담에서 그는 "비록 내가 의식하지 못했더라도 한국의 무속신앙은 나에게 가장 큰 영향을 끼쳤습니다"라고 말했다.

백남준의 비디오아트는 물리적이고 이성적인 시간과 공간의 개념을 뛰어 넘는다. 그의 비디오 작업은 샤머니즘에서의 가상공간과 같이, 중력이 없는 자유로운 이동, 움직임을 실천한다. 그는 비디오 작업이란 육체적인 이동이 아니라, 생각과 이미지들의 이동한다고 말한다.

해프닝, 비디오아트, 샤머니즘은 모두 시간예술에 속한다. 이러한 시간예술은 일반적인 시간의 법칙에 종속되지 않고 시간을 조작하여 자신만의 독특한 시간규칙을 재창조한다. 백남준의 비디오아트에서의 시간은 비연속적이고 비논리적이며, 비맥락적이고 비합리적이다.

샤먼의 중요한 역할은 인간을 초월적 세계와 매개시켜주고 그 매개를 통하여 조화와 합일을 실현시켜주는 것이다. 이와 마찬가지로 백남준 비디오 예술의 주안점은 매체를 통하여 관람자를 사이버세계와 연결시켜주며 그 세계와의 합일을 꿈꾸게 해주는 것이다. 1976년 11월 18일 쾰른 예술협회의 전시회에서 백남준은 불, 물, 땅, 공기라는 자연의 4원소를 주제로 매개자로서의 예술가가 꿈꾸는 새로운 우주의 합일을 보여준다.

행위음악에서 비디오에 이르기까지 그의 변치 않는 대주제는 관객참여와 소통의 문제였다. 그리고 그는 소통과 통신에 있어서 그의 독특한 예술적 통찰력을 보여주었다. 그가 일찍이 록펠러재단에 제출한 "전자 초고속도로" 계획서는 오늘날의 정보 초고속도로보다 20년 앞선 것이었다. 그는 샤먼들이 우주와의 조화로운 합일을 꿈꾼 것과 같이 전 세계가 매체를 통하여 연결되는 양상을 오래 전에 예견하고 그것을 작품으로 구상하였다. 스페이스오페라 3부작이 바로 그것이다. 스페이스오페라 3부작 중 제1부인 〈굿모닝 미스터 오웰〉은 1984년 뉴욕과 파리를 비롯한 대도시들에서 개최된 비디오 퍼포먼스를 위성 중계하여 전 세계 지구촌을 하나로 연결하는 프로젝트였다. 이 프로젝트는 여러 다른 장르의 예술을 연결시키고 고급문화와 대중문화를 소통시키는 '참여 – TV'에 대한 이상을 실현시킨 것이었다. 2부 〈바이 바이 키플링〉은 1986년 아시안게임에서 서울, 뉴욕, 동경의 공연을 전 세계로 중계하였고, 3부 88 올림픽에서의 〈세계와 손잡고〉는 서방국가와 공산국가를 매개시킴으로써 이념을 초월하는 참여TV를 실현했다. 요컨대 백남준이 기획한 글로벌 빌리지는 공간이 축소되고 시간이 조작된 사이버적 샤머니즘의 구현이라고 할 수 있다.

미디어아트와 전시

21세기에 들어 한국 현대예술은 미디어아트와 샤머니즘의 관계에 특별한 관심을 가지기 시작하였다. 2000년 5월 2일부터 6월 4일까지 환원미술관에서는 '테크놀러지와 무속의 결합, 현대판 주술사들'이라는 제목으로 샤머니즘과 미디어아트를 연계시키는 〈가상공간의 샤머니즘전〉이 개최된 바 있다. 연세대학교 미디어아트 연구소는 2002년에 백남준에 대한 국제학술심포지엄과 함께 〈한국의 미디어아트와 샤머니즘〉 전시회를 개최했다. 그리고 2004년 5월 미디어아트 연구소는 '충돌과 흐름'이라는 주제로 미디어아트 전시회를 개최하였다. 이 전시회는 일제시대의 감옥으로 사용되었던 서대문 형무소에서 열렸다. 이 전시회가 열린 형무소는 일본의 식민지 통치 때부터 이데올로기가 충돌해온 역사의 현장이다. 이곳에서 많은 사람들이 구속되었으며 죽어갔다. 어떤 의미에서, 미디어는 인간을 그 안에 가두는 감옥이다. 그러나 또한 이 감옥은 그 안에서 감옥 밖의 세계를 성찰하게 해주는 미디어이기도 하다. 감방 안에 설치된 미디어아트 작품들은 지금 여기와 그때 거기를 매개하면서 역사의 흐름과 의식의 흐름을 표현한다. 백남준의 후예들은 전통문화와 미디어아트 사이에서 조화와 합일을 꿈꾼다. 전시회의 타이틀이 '충돌과 흐름'인 것은 이런 이유에서이다.

전자매체에 의해 창조된 가상공간은 시간과 공간을 넘어 다른 세계를 만나게 하고, 이를 통하여 과거의 상처를 치유한다. 미디어아트는 과거와 현재, 작품과 관객을 연결시키는 '인터 – 미디어'로서, 산 자와 죽은 자의 소통을 경험하게 해준다. 백남준의 후예들은 샤먼으로서 감방이라는 미디어를 통해 과거와 현재, 죽음과 삶, 구속과 자유를 매개하였고, 자신의 몸 자체를 미디어로 만들었다.

4

미디어아트와 역사성

이 글은 프랑스의 문화경영학과에서 한국문화기획의 사례를 소개하는 초청강연의 원고를 바탕으로 한 것이다. 한국 영화가 유럽에 본격적으로 진출하여 그 위상을 높여가는 가운데 한국에 대한 관심 역시 날로 증대되고 있었다. 그러나 영화를 제외한 한국의 문화는 거의 소개되지 않고 있는 실정이었다. 특히 프랑스의 대학생들은 이제는 어느 정도 알려진 일본이나 중국보다 지금 한창 부상하고 있는 한국 쪽에 많은 관심들을 가진다. 나는 내가 직접 기획에 참여한 〈서울－신촌아트페스티벌〉을 한국의 대학문화의 기획사례로 소개했다.

〈서울 － 신촌아트페스티벌〉 조직 배경

2002년 9월 서울시는 대학들이 밀집해있는 신촌을 문화지구로 지정해 대학로로 조성할 계획을 발표했다. 골목길과 도로가 문화거리로 단장되며 야외 공연장 등 각종 문화시설이 마련될 것이라 한다. 신촌의 대학인들은 이를 무척이나 고무적인 일로 받아들이고 있다. 하지만 신촌의 새로운 대학 문화를 일구기 위해서는 준비되어야 할 것들이 많을 것이다. 신촌 지역이 보유하고 있는 젊은 문화 자산들을 결집시켜 대학문화 소프트웨어를 창출해내는 것이 우선되어야 할 것이다.

서울－신촌아트페스티벌은 연세대학교 미디어아트연구소가 서울시와 함께 신촌을 젊은이들의 문화특구로 조성하기 위한 첫 문화기획의 사례이다. 서울시의 〈Hi-Seoul 페스티벌〉과 연계하여 2004년 5월 첫째 주에 개최되었다.

미디어아트연구소는 서울－신촌아트페스티벌을 대학문화를 새로운 컨셉으로 거듭나게 하기 위한 일환으로 기획하였다. 'Young, Global, Future'라는 세 가지 컨셉을 중심으로 크게 네 가지 섹션으로 구성되었다.

페스티벌의 기획에 앞서 우리가 가장 중점적으로 생각한 것은 과연 신촌에 대학문화가 존재하는가 하는 문제였다. 대학의 문화란 무엇인가? 그리고 대학의 문화가 우리 사회와 맺고 있는 관계는 어떠한 것인가? 대학은 사회로부터 영향을 받기만 하고 주지는 못하는 것인가? 그렇다면 대학문화의 수동성은 어디에서 기인하는 것인가? 대학문화에 있어서 신촌은 어떤 의미를 가지고 있을까? 그리고 대학의 학문과 문화의 함수관계는 무엇일까? 대학은 대학 안에 너무 안주하고 있는 것은 아닐까? 아니면 대학은 대학의 경계를 너무 굳건히 지키고 있는 것은 아닐까?

우리는 이 페스티벌을 대학문화의 해체작업으로 접근해야한다고 생각했다. 그것은 우선 경계에 대한 해체이다. 대학의 안과 밖, 또는 중심과 주변부의 경계에 대해 다시 한번 사유할 기회를 가지자는 것이었다. 우리나라 대학은 다른 나라들에 비해 아주 독특한 문화를 형성하고 있다. 대학의 안과 대학을 둘러싸고 있는 주변부가 너무 큰 대조를 이룬다. 그러나 소위 말하는 대학가란 대학의 내부인 캠퍼스에 국한되는 것이 아니라, 대학의 밖이 대학에 막대한 영향을 끼치고 있고 또는 역으로 대학의 안이 밖의 지역 사회에 영향을 끼치고 있는 것이 현실이다. 그러나 대부분의 사람들은 대학의 안과 밖의 작용에 대하여 생각하고 있지 않다. 우리는 대학의 안과 밖을 연결시키고 서로를 바꿀 수 있는 문화를 만들고자 하였다.

서울-신촌아트페스티벌은 연세대학교 미디어아트연구소는 주관처, 서울시는 후원기관으로, 총 10개국의 주한대사관 및 문화원이 협력기관으로 삼성전자와 SK텔레콤이 후원기업으로 참여하였다. 그리고 신촌 창천교회를 비롯하여 신촌 상인협회, 신촌 걷고싶은 거리 운영위원회, 신촌 지역개발 위원회로 구성된 신촌의 지역 커뮤니티가 주요 협력기관으로 동참하였다. 그 외에도 서울시내 16개교의 대학동아리 및 협력학과가 페스티벌의 주역으로 활약하였다. 5월 4일 개막식을 중심으로 미디어아트 전시와 국제 학술 심포지엄, 서울 국제 대학 영화제, 서울 거리 예술제가 주요 행사로 기획되었다.

문화 – 매개

우리는 문화란 무엇보다 교류여야 한다는 개념으로부터 출발하였다. 대학과 사회, 아카데믹한 것과 아카데믹하지 않은 것, 문화적인 것과 상업적인 것 사이를 소통시키고자 하였다. 페스티벌의 행사들이 이루어지는 장소는 이러한 개념을 바탕으로 선정되어, 대학의 캠퍼스와 거리, 야외공원, 영화관, 문화공간, 그리고 서대문형무소 역사관에서 여러 행사들이 개최되었다. 그리고 페스티벌의 조직 자체에도 이러한 교류의 개념 적용하여 여러 기관들과 협력하여 개최하였다. 11개 외국대사관 및 문화원 (독일, 프랑스, 영국, 러시아, 스페인, 이탈리아, 멕시코, 폴란드, 중국, 일본, 뉴질랜드), 신촌의 지역 커뮤니티 (신촌 창천교회, 신촌 상인협회, 신촌 걷고 싶은 거리 운영위원회, 신촌 지역개발 위원회), 서울시내 16개교의 대학동아리 및 협력학과가 모두 유기적인 관계로 행사에 참여하였다. 페스티벌은 일종의 정부기관 – 기업 – 대학 – 언론 – 지역사회 – 외교기관의 관계망이었다.

예술과 정치

이처럼 다양한 관계망으로 개최된 서울 – 신촌아트페스티벌은 유럽과는 다른 한국형 문화기획의 사례가 되었다. 유럽의 경우는 EU로 통합된 이후 대학과 기업, 정부를 연계시키는 연구프로젝트 및 문화행사가 제도적으로 이미 잘 정착되어 있다. 그러나 제도적으로 정착되지 않은 가운데 대학기관이 기업과 지역사회까지 함께 아우르는 문화기획의 사례는 흔치 않은 사례로 소개될 수 있었다.

문화와 예술이 구현되기 위해서는 여러 가지 많은 요소가 함께 작용해야 한다. 예술은 돈과 정치, 사회현상과 맞물리지 않으면 구현되기 힘들다. 서울 – 신촌아트페스티벌은 그 구체적인 한 예가 되었다. 서울시의 예산을 받는다는 것은 문화와 정치가 결합되어야 한다는 극명한 하나의 사례가 되었던 것이다. 서울시의 예산집행은 서울시의회의 인준과 감사를 받아야 하기 때문에 여러 가지 정치적인 제반 문제들이 결합되지 않을 수 없었다.

예술과 돈

페스티벌을 위해서는 무엇보다도 예산이 중요하다. 서울시의 예산으로는 다양한 행사를 집행하기에 부족했다. 페스티벌을 개최한다는 것은 어떤 의미에서는 예술적인 것과 비예술적인 것을 어떻게 잘 결합하느냐의 문제라고 할 수 있다. 기업들의 스폰서를 끌어내기 위해서는 기업이 어떻게 흥미를 가지고 기여할 수 있는 동기를 유발시키는 것이 관건이다. 우리가 선택한 것은 삼성과 SK텔레콤이었다. 삼성은 핸드폰 단말기 제조 분야에서, 그리고 SK는 통신서비스에 있어서 특화된 기업들이었다. 그들의 관심을 끌 수 있었던 것은 대학밀집지역에 젊은 대학인들이 주동이 되는 행사였기 때문이다.

역사성

페스티벌을 기획함에 있어서 가장 우리의 관심을 끈 것은 신촌이 가진 지역적 특수성이었다. 지리적으로 역사적으로 신촌은 한국의 근대역사에 있어서 중요한 위치를 차지한다. 근대 개화기 이후 외래 문물을 받아들이는 관문으로서 신촌은 지역의 이름 자체가 그 역사성을 담고 있다. 또한 지형적으로 신촌은 청와대, 국회, 시청, 행정기관들, 세종문화회관, 덕수궁, 경복궁, 비원, 독립문 등 각종 행정기관을 비롯하여 역사적 기념물, 그리고 문화기관들이 밀집해있는 곳이다.

시간의 매개

문화는 과거와 단절된 채 존재할 수 없다. 문화행사는 역사성과 분리될 수 없으며 그 역사성을 부각시키지 않을 수 없다. 페스티벌은 궁극적으로 과거와 현재, 나아가 미래를 연결시키는 작업이다. 특히 연세대학교 근처는 19세기 말부터 20세기에 이르기까지 근대 과도기에 있어서의 역사적 기념물과 역사적 장소로 둘러싸여 있다. 1896년에서 1898년 사이에 건축된 독립문은 프랑스의 개선문을 모델로 하여 중국 사신을 영접하던 사대외교의 상징인 영은문을 헐고 그 자리에 세운 자주 독립의 상징적인 기념물이다. 독립문은 1963년 1월 21일 사적 제 32호로 지정되었으며 독립문 앞의 돌기둥 받침대 2개가 독립문의 부속건물처럼 있는데 이것이 사적 제 33호인 영은문 주초이다. 영은문과 모화관은 과거의 사대외교를 상징했던 것인데, 이것이 자주독립을 상징하는 독립문과 독립관으로 탈바꿈하게된 것이다. 또한 서대문형무소 역사관은 일제 식민지 시대에 독립을 부르짖었던 애국투사들의 함성이 서려있는 역사적인 장소이다. 서대문형무소 역사관은 독립공원 가운데 자리 잡고 있어 독립문, 독립관과 함께 의미 있는 지리적 관계망을 형성하고 있다.

그리고 안산에도 몇 개의 중요한 역사 유적지가 있다. 국가안보를 위하여 여진 및 중국 등 북서쪽의 외침에 대비한 국방통신수단이었던 안산 무악봉수대는 일제 식민지 시대 독립운동의 신호탄 역할을 하기도 했다. 또한 889년에 세워져 한국불교역사에 있어서 매우 중요했음은 물론 개화시기에도 큰 역할을 했던 봉원사가 있으며, 조선시대에 서울을 수호하기 위해 세워진 서울특별시 중요 민속자료 제 28호 국사당도 중요한 유적지라 하겠다.

서울 – 신촌아트페스티벌은 신촌이 가진 이러한 지역적, 역사적 풍부함을 고려하지 않을 수 없었다. 그리고 서대문형무소 역사관을 미디어아트 전시관으로 얻기 위해 행정적으로 엄청난 절차와 노력이 필요했다. 그러나 페스티벌의 최대 성과는 서대문형무소 역사관을 문화공간으로 탈바꿈시킨 것이었다. 페스티벌은 역사적 기념물들을 연결시키면서 시간을 매개함은 물론 공간을 매개하는 문화기획이 되었다.

매개된 만남: 개막식

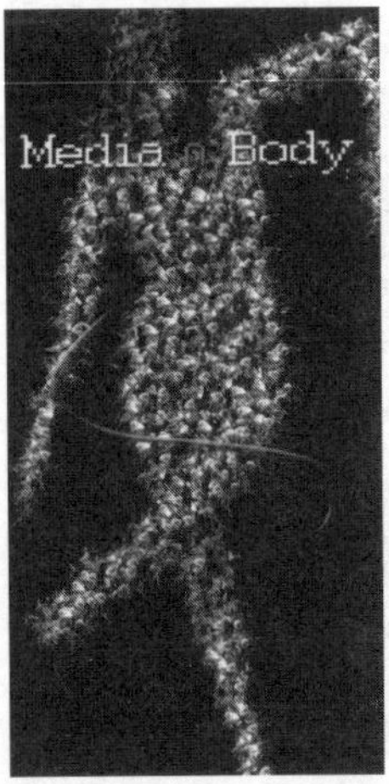

▌사진1▐
모자이크포토: 박진완

개막공연은 이처럼 시간과 공간을 매개시키는 페스티벌의 기본 컨셉을 담고 시작되었다. 미디어아트 전시가 열리는 서대문형무소 역사관에서 5월의 어느 날 늦은 저녁에 있었던 페스티벌 개막식은, 지역 주민, 관련행정 기관 인사들, 국내 거주 해외 대사관 및 문화원 인사들, 스폰서 기업 관계자들, 대학인, 예술가, 큐레이터, 기획진행자들 모두가 만나는 장이었고, 이 만남을 통해서 이들 모두는 매개된 역사를 향유하였다.

개막식의 주제는 미디어 퍼포먼스 〈Media n Body〉로서 전통문화와 미디어아트를 조화시키는 것이었다. 개막공연은 오케스트라, 합창단과 승무, 구음과 같은 전통예술과 3D 와이어 애니, 3D 공간, 인체애니메이션과 같은 디지털 영상, 그리고 퍼포먼스로 이루어졌다. 개막공연은 과학과 기술, 테크놀로지와 예술이 결합하는 오늘날의 디지털 문화 콘텐츠를 담아냈다.

예술, 매개: 미디어아트 전시

전시회는 과거를 현재로 매개하는 것이었다. 서대문형무소는 과거의 기억을 불러일으키는 현재의 몸이었다. 그것은 우리의 기억이 언제나 되살아날 수 있고, 우리의 고통을 항상 상기할 수 있는 구체적인 몸으로서 현재화된 과거이며 또한 과거 속의 현재이기도 하다. 전시회는 머나먼 기억 속에 파묻힌 과거를 이미지들로 매개하였다. 우리가 전시회의 주제로 선택한 미디어아트 또는 매개의 예술은 구체적인 이미지를 통해 존재를 확인시키며 과거와 현재, 작품과 관객 사이를 잇는 인터미디어로 작용하였다. 관객들이 감옥에 들어서면 과거와 현재를 잇는 작품들을 만나며 역사적 시간과 공간을 잇는 열쇠를 열게 된다. 디지털 아트로 형성되는 가상공간은 시간과 공간을 넘어서 또 다른 세계를 만나게 해준다. 현실과 기억이 교차되는 역사적 공간 속에서는 과거와 현재가 충돌을 일으킨다. 하지만 바로 이러한 충돌로 인하여 우리는 과거의 트라우마를 치유하는 기회를 얻게 되고 이로부터 미래를 향한 새로운 에너지를 탄생시킬 수 있다.

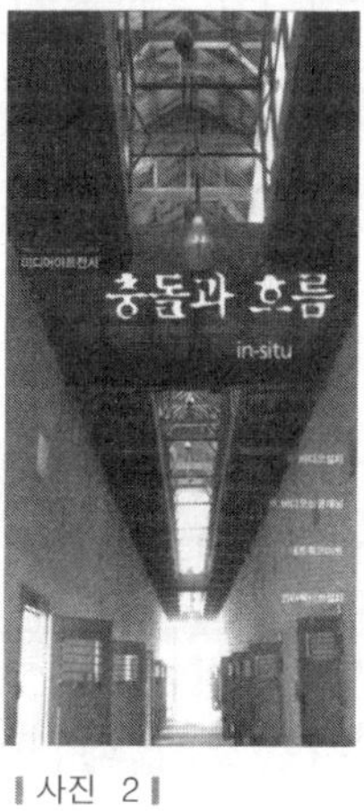

▌사진 2▐
미디어아트 전시

전시회는 과거 감옥에서 고문 받고 고통 받았던 영혼들은 위로하며 그 고통을 미래의 에너지로 전환시키는 일종의 의식이었다. 전시회의 제목을 〈충돌과 흐름〉으로 한 것은 이러한 맥락에서였다. 이것은 전통 문화와 서구 문화 사이의 갈등을 해소하고 과거를 다시 한 번 성찰하는 기회를 가지고자 한 것이었다.

전시회 기간 동안 영혼들을 달래기 위하여 음악극과 퍼포먼스를 공연하였다. 챔버 앙상

블을 위한 〈미루나무의 노래 – 거기, 사람이 있었습니다〉는 7명의 작곡가들에 의해 씌어진 모음곡으로서, 사형장에서 죽어간 영혼들의 한으로 더 이상 자라지 않는다는 미루나무가 화자가 되어 이름도 존재감도 없이 사라져간 그들을 노래한 작품이다. 그리고 〈산 자와 죽은 자의 만남〉이라는 퍼포먼스가 몇 차례 공연되었다. 이 퍼포먼스를 통하여 살아있는 우리와 그동안 움직일 수 없었던 영혼들과의 교류를 시도함으로써 화합의 장을 마련하였다. 그 화합의 장에서는 폐쇄적이고 억압적이었던 공간이 역사적으로 재해석되어 문화의 장으로 변신을 꾀하였다.

서울 – 신촌아트페스티벌의 미디어아트전시는 그 고통이 '현재형'이었던 시대와는 판이한 세상을 살고 있는 우리들이, 전시장이 아니라 역사의 현장에서, 디지털 문명이 열어놓은 '새로운 예술'의 가능성과 신통력을 실험하는 장이었다. 돌이켜보면 현대의 미디어아트는 '예술과 기술의 만남'이라는 오래된 슬로건에 도취되어, 현란한 특수효과를 보여주는 세련된 테크닉이나 '새로 나온' 소프트, 프로그래밍의 매력에 빠져버렸다. 이 전시는 이러한 상황을 경계하면서, '예술에서의 정신적인 것'을 위하여, 그것의 진정한 목표라고 할 수 있는 '새로운 의미와 가치'를 추구하고자 한 것이었다.

전시는 감옥의 안과 밖에서 이루어졌다. 아티스트들은 각자 하나의 감옥을 자신의 작품 전시공간으로 가졌다. 그것은 이 전시회에 절대적인 자유와 함께 작가 내면의 은밀한 내적 공간을 부여하는 독특한 공간컨셉을 제공하였다. 한 작가는 형무소라는 공간의 역사성을 직접 체험하기 위하여 전시회가 열렸던 3주 내내 감방 생활을 하였다. 투옥의 경험 자체가 작품이었는데, 전시 기간 내내 그는 감방 안에서의 체험을 두루마리 종이에 적어 그 글들을 감방이라는 공간 전체에 전시하였다. 미디어아트 전시에는 빅토리아 베스너, 후지하타 마사키, 랜달 파커와 같은 국제적 명성을 가진 미디어 아티스트와 국내 유명 아티스트들을 초대하는 한편, 인터넷을 통하여 젊은 신진작가들을 발굴하는 계기를 마련하였다. 이 전시회의 성과는 예상 외로 역량 있는 젊은 아티스트들을 많이 발굴해낼 수 있었다는 것이다.

전시회는 신체, 시각, 충돌과 흐름, 소통을 주제로 하여 구성되었다. 제 10옥사에서는 이곳에서 고통 받았던 '신체'를 테마로 삼았다. 그것은 스스로가 만든 이미지의 포로가 되는 현대인의 몸이 처한 상황을 드러내는 시도를 담았다. 제 11옥사에서는 '시각'을 주제로 하여 모두를 조망하면서 반대로 감시당하는 현대사회의 두 가지 상반된 시스템인 파노라마와 파놉티콘을 다루었다. 이 두 가지 상반된 시스템은 오늘날 미디어아트의 기능과 역할과 연결되는 것으로서 이 두 시스템에 대한 충돌과 통합을 주제로 하는 작품들을 선보였다. 제 12옥사에서는 '충돌과 흐름'을 주제로 하여 작품을 전시하였다. 한국근대사의 갈등과 충돌이 선각자들의 정신적, 육체적 고난과 투쟁으로 이어졌던 역사의 현장, 그리고 IT혁명에 의해 열린 예술적 표현수단으로 가장 첨예한 창작활동을 전개해가는 현대예술의 아방가르드의 작품이 한 장소에서 만나고 충돌한다. 그러한 충돌 속에서 한국의 근대사를 가로지르는 역사적 상상력이 새로운 시대의 문화적 상황으로 이어진다. 이와 함께 관객 동선의 마지막이 되는 제 9옥사에서는 소통의 장이 마련된다. 이곳에서는 주로 청년 작가들의 신작이 소개되었고, 현장관객과 네티즌, 신체와 텍스트, 과거와 현재가 소통하며 주체와 객체 간의 참여로 작품이 완성되었다.

예술, 네트웍의 에너지 : 신촌 거리 예술제

▮사진 3▮ 거리예술제

페스티벌의 주요 컨셉 중의 하나인 '젊음'을 대학생들 자신이 직접 기획하는 축제를 통하여 실현하였다. '신촌 거리 예술제'는 기존의 대학 축제들과는 달리 대학생이 자신들의 네트워크를 통하여 기획에서부터 실행, 예산집행 및 결산에 이르기까지 모두를 관장하는 대학문화의 모델을 제시하는 것이었다. 이 행사의 또 다른 의의는 학생들이 대학 안에서만 머물지 않고 지역 커뮤니티와 함께 어울리는 축제의 장을 마련했다는 것이다.

신촌 거리 예술제는 몸과 몸들의 만남이 만들어내는 에너지를 주제로 하여 과거의 껍질을 벗고 새로움을 열기 위한 축제였다. 이 행사는 5월 1일부터 8일까지 신촌 '걷고 싶은 거리', 창천공원, 서대문형무소 역사관, 연세대학교 캠퍼스에서 개최되었다. 몸의 생성(5/1~5/4), 몸의 기억(5/5), 몸의 소통(5/6), 몸의 해방(5/7),

몸의 축제(5/8)를 주제로 하여 각종 행사들이 기획되었다. 이 행사의 목적은 이제까지 문화의 소비자였던 대학생들이 문화기획자로서 능동적 역할을 하며 대학과 지역 커뮤니티의 문화적 공감대를 형성하는 것이었다. 이와 함께 대학문화예술의 아마추어리즘과 대중문화의 프로페셔널리즘의 협력관계를 구축하며 신촌의 새로운 문화를 형성하는 것이었다.

예술, 교환 : 서울국제대학영화제

❙사진 4❙
서울국제대학영화제

대학문화에 있어서 영화는 빼놓을 수 없는 중요한 요소인 만큼, 페스티벌은 기성인들과는 달리 젊은 대학인들의 도전적 실험정신과 신선한 아마추어리즘을 보여줄 수 있는 대학영화제를 기획하였다. 서울국제대학영화제는 세계의 대학생들을 대상으로 영화로 꿈을 꾸는 축제의 장을 마련하였다. 여기서 젊은이들은 그들만의 상상력을 실험하며 낯선 문화들과 충돌하고 공감하는 경험을 하였다. '서울국제대학영화제'는 5월 1일부터 8일까지 연세대학교와 신촌의 씨네플렉스 녹색, 창천교회에서 개최되었다. 세계 대학생들의 창작 단편 극영화, 실험, 다큐멘터리, 애니메이션 등 장르의 구분 없이 단편경쟁(30분 이하)방식을 도입했는데, 이를 통하여 영상적 상상력을 고취시키고 젊은이들의 국제적 문화교류의 장을 마련하는데 의의를 두었다. 또한 대학생과 관객 및 기성 영화인들에게 자극을 줄만한 세계 각국의 우수단편영화 특별전을 마련하고 세계 거장의 초기 단편영화를 초청 상영하였다.

예술에 대한 성찰 : 국제학술심포지엄

▌사진 3▐
국제학술심포지엄

대학이 기획하는 페스티벌의 중요한 요소 중의 하나는 학술심포지엄일 것이다. 서울－신촌아트페스티벌에서는 미국, 프랑스, 독일, 일본, 그리고 국내의 연구자들과 함께 "디지털 미학－서사와 상호작용성"을 주제로 한 심포지엄을 개최하였다. 이 심포지엄은 '서사'라는 키워드를 통해 인류의 탄생에서부터 오늘날에 이르기까지 인간과 삶의 변화 양상을 살펴보고, 오늘날 우리가 처한 디지털 환경 속에서의 문화 패러다임이나 예술의 위상에 대한 근본적인 질문을 던졌다. 이로써 급변하고 있는 정보사회에서의 새로운 미학에 대한 성찰을 하는 계기를 마련함과 동시에, 오늘날을 규정짓는 디지털 매체에 대한 성찰, 그리고 멀티미디어와 예술의 새로운 형식에 대한 성찰을 나누는 자리가 마련되었다. 여기에서는 하이퍼미디어 시대에 있어서의 인문학의 위상, 멀티미디어 환경, 디지털 미디어와 문학작품의 관계, 비디오 게임에서의 서사적 구조, 미디어아트의 상호작용성과 가상현실 등이 주제로 다루어졌으며, 이로써 인문학의 원천인 '서사'와 디지털 미디어 사이의 상호작용성을 진단해볼 수 있었다.

트랜스 컬처를 향하여

허정아 지음

| 펴낸곳 | **연세대학교 출판부**
등 록 1955년 10월 13일 제9-60호
주 소 서울특별시 서대문구 신촌동 134
전 화 02) 392-6201, 2123-3380~2
팩 스 02) 393-1421
E-mail ysup@yonsei.ac.kr
홈페이지 http://www.yonsei.ac.kr/press
인 쇄 (주) 태화북스

2006년 10월 20일 1판 1쇄
ISBN 89-7141-750-1 (03600)

값 15,000 원